U0800935

山东艺术学院2019年校级年度课题《新视野新技术下的孝堂山石祠汉画像石研究》成果，项目编号：2019ND06

孝堂山石祠汉画像石研究

A STUDY OF THE HAN DYNASTY STONE RELIEFS OF THE XIAOTANGSHAN SHRINE

黄凌梅◎著

中国戏剧出版社
CHINA THEATRE PRESS

图书在版编目（CIP）数据

孝堂山石祠汉画像石研究 / 黄凌梅著． — 北京：
中国戏剧出版社，2021.3（2022.2 重印）
ISBN 978-7-104-05071-1

Ⅰ．①孝⋯ Ⅱ．①黄⋯ Ⅲ．①祠堂－画像石－研究－
济南－汉代 Ⅳ．①K879.424

中国版本图书馆 CIP 数据核字（2021）第 049806 号

孝堂山石祠汉画像石研究

责任编辑： 张　霞
责任印制： 冯志强

出版发行： 中国戏剧出版社
出 版 人： 樊国宾
社　　址： 北京市西城区天宁寺前街 2 号国家音乐产业基地 L 座
邮　　编： 100055
网　　址： www.theatrebook.cn
电　　话： 010-63385980（总编室）　010-63381560（发行部）
传　　真： 010-63381560

读者服务： 010-63381560
邮购地址： 北京市西城区天宁寺前街 2 号国家音乐产业基地 L 座

印　　刷： 北京九州迅驰传媒文化有限公司
开　　本： 787mm×1092mm　1/16
印　　张： 16.25
字　　数： 260 千字
版　　次： 2021 年 3 月　北京第 1 版第 1 次印刷
2022 年 2 月　北京第 1 版第 3 次印刷
书　　号： 978-7-104-05071-1
定　　价： 98.00 元

版权专有，违者必究；如有质量问题，请与出版社联系调换。

前 言 | Preface

孝堂山石祠位于山东省济南市长清区孝里街道孝堂山顶，建于东汉早期，是目前发现中国现存最早的地面房屋式建筑，1961 年首批公布的国家文物保护单位之一。在所有已发现汉画像祠堂中，孝堂山石祠是唯一原址保护并保持原状的祠堂，其内壁布满绘制精美、内容丰富、雕刻技艺高超的汉代画像，以劲利流畅的线条，再现两千年前齐鲁地区的生活百态、社会风貌、人文内涵和宗教信仰状况，是一座集史学、文学、美术、雕刻和建筑于一体的汉代文化艺术宝库，为历代金石学家、考古学者和艺术家所重视。

自汉以来，学者们对孝堂山石祠主人、建筑结构以及画像石题材内容进行了深入分析和探讨，为本书提供了良好的研究基础。近年来各地越来越多的零散小祠堂汉画像石的出土及复原工作的开展，为孝堂山石祠画像石的研究带来更多新的富有价值的信息。本书借鉴前人研究成果，认真研究了相关古代文献典籍，近、当代理论研究成果和新出土考古发掘的其他汉画像石资料，系统整理和分析了孝堂山石祠图像艺术的相关资料，在前人研究基础上，从美术考古学角度出发，以石祠画像石的历史渊源和图像内容的考究入手，更深入地钩沉画像石蕴含的潜在文化信息，分析其图像意义及内涵，并通过与其他祠堂和墓室画像石进行比对，对孝堂山石祠及其画像石的历史价值、艺术价值以及文化价值作重新的发掘，并在此基础上探索画像石图像与东汉政治、经济和文化是如何互相影响的。

本书从以下几个部分展开研究：第一章对孝堂山石祠汉画像石以往研究成果进行了搜集、梳理和评述，简述其产生的时代背景和地理环境。第二章结合祠堂历史发展和考古发现，阐述了石祠功能和其建筑形制，并对建筑形制与画像石关系及意义进行了阐述。第三、四、五章为重点论述，通过对画像石图像学考证，分布结构与绘画、雕刻技艺特点分析，画像体现的象征世界的讨论及文化人类学意义的综合性研究，展开对石祠汉画像石的深入探讨。本书将整个石祠画像石作为一个整体，从解释每个单独画像的象征性意义，到各个画像之间在形式和内容等方面的关系，及画像组合在石祠内的配置规律，从而铺展出整个画像石祠堂的象征结构，最后揭示出石祠画像石在山东地区古代丧葬礼仪中的意义，以及丧葬礼仪是如何推动汉画像石祠堂的繁荣的。

鉴于石祠内壁图像庞大而繁杂，给研究带来混乱和困难，本书将石祠所有图像进行科学列表分类，对每一幅图像进行准确定位，将石祠里形象丰富的图像做了字典式的排列，既方便了对图像进行下一步的分析，也对以后研究孝堂山石祠画像及其他汉画像石的学者提供了查看、查找、检索与对比的方便，同时对汉画像石研究提供了一种新的方法和思路。本书在图表基础上对每一幅图像进行图像学探析，确定了很多以往研究中没有认识到的图像名称与其深层意义，从美学、史学和汉代民俗等方向，比较其他汉画像遗存，释读画像内容，并对图像和题刻所在位置所具有的特殊意义进行了探讨。这既是对汉画像石研究方法论的有益尝试，也为以后的汉画像图像学研究奠定了基础。

本书最后分析了儒、释、道、法及本地地域文化和宗教文化在画像石中的反映和融合，对孝堂山石祠画像的文化学意义做了深入的阐释。通过对图像背后蕴藏的政治、思想、经济和文化脉络的解读，探讨汉代人的宇宙观如何将道家的自然观念统一在儒教的礼制观念下，在强化宗法社会的礼制与教化的同时，人文思想的萌芽亦在画像中得以体现，这些内容充分展现了两汉时期文化交融与文化繁荣的作用机制。

目 录 | Contents

绪　论

第一节　选题意义及目的

孝堂山石祠位于济南市长清区孝里街道孝堂山顶，是一座建于东汉早期的画像石祠堂。石祠虽历经岁月沧桑，但完整地保存了下来，是中国目前发现现存最早的地面房屋式建筑，也是唯一一座内部图像布局完整有序、外部建筑完好的汉代画像石祠堂，这在汉画像石祠堂中是绝无仅有的，也是建筑史上的奇迹。石祠内壁刻满精美的画像石，再现了两千年前山东地区社会风貌，是研究历史学、考古学、民俗学、美术史和建筑史不可或缺的重要资料和艺术珍品。这些精美的画像石，刻画了拜谒、出行、狩猎、庖厨等各个方面的内容和场景，完整呈现了东汉时期祠堂画像石艺术巅峰时期的面貌，为我们研究以祠堂画像石为代表的画像石艺术提供了绝佳的案例。孝堂山石祠体现了齐鲁地区源远流长的墓葬礼仪与墓葬建造传统，石祠画像石在具有高度的美学研究价值的同时，为研究两汉时期的丧葬文化乃至整个汉文化的发展提供了丰富的资料，为画像石研究提供了一个具有明显地域特点的祠堂画像石个案，使我们可以对东汉早期祠堂汉画像石进行综合深入的系统研究。

一、孝堂山石祠汉画像石研究意义

汉代是中国绘画艺术进入最具有时代特征和典型意义的阶段，壁画、画像石和画像砖是汉代最富时代特征的艺术品。我们从文献记载可知汉代绘画内容丰富，如王延寿《鲁灵光殿赋》中记载灵光殿壁画："图画天地品类群生，杂物奇怪，写载其状，千变万化事各缪形，随色相类，曲得其形，上纪天地遂古之物，五龙比翼，人皇九顶，伏羲鳞身，女娲蛇躯……”[①]。这些绘有天地星辰、人物山川和草木禽兽的早期绘画早已随着它们所依存的木结构建筑的倒圮损毁，而湮灭在历史的长河里，只有极少数零星地保存在汉彩绘明器和墓室壁画上。而模仿壁画的画像石、砖上的刻画，却因材质原因大量留存下来，其图像样式、配置格式与雕刻技法对于了解汉代绘画程式、审美思想及其所体现的社会经济和文化发展状况具有重要意义。

孝堂山石祠规模虽不大，但它所描绘的仙人异兽、车马出行、胡汉战争、庖厨宴饮、百戏、狩猎等画面，涵盖先秦神话传说、汉代生活百态、制度人情、历史故事、礼仪文化等各个方面，对人类早期图像和文化研究的重要性不言而喻。石祠画像石还是不可多得的艺术精品，整体大气有序、布局条理清晰、细节面面俱到，雕刻技法以阴线刻为主，线条劲利、形象突出、构图饱满，有很高的艺术价值，是一座汉代图像的资料宝库，为我们研究中国早期绘画艺术提供了重要的图像资料，也为汉文化的特征以及儒、释、道、神仙方术和本地宗教信仰在画像石上的相融研究提供了依据，对于两汉思想文化艺术的研究和传承具有重要的参考价值。

目前国内外学者对汉画像的研究更重视武梁祠汉画像石，且研究成果颇丰，与之相比，对孝堂山石祠画像的研究明显薄弱，具有综合性、深度性的研究专著几乎没有，这与孝堂山石祠画像自身的文化艺术价值极不相符。关于孝堂山石祠画像在美术和考古等方面的研究也不缺乏，遗址与遗物的图版和照片等资料虽不少，但是由于研究方法、篇幅、技术和制作成本的种种限制，存在着研究不够系统、不够深入和不够完整的问题，有许多重要信息被历代研究者所忽略。同时，石祠已历经了近 2000 年时光，画像石的画面不断在发生变化，有许多刻划不深的图像和榜题信息可能会逐渐消失。目前来说，已经有很多汉代题记被后代题记所覆盖，无法辨认，这些早期题记可能会告诉我们有关墓室

---

① 〔东汉〕王延寿：《鲁灵光殿赋》，载〔梁〕萧统编，〔唐〕李善注：《文选》（第二册），上海古籍出版社 1986 年版，第 515 页。

主人和祠堂图像以及文化的重要信息，但现在已经不得而知。因此，对孝堂山石祠汉画像石进行一次系统的整理研究是迫切急需和极其重要的。本书对石祠及其上石刻图像做了大量基础性整理、分类和研究工作，对石祠中一些被以往研究者忽略的图像，结合古籍文献中记载进行对照，探索图像来源与图像学意义，并通过这些信息探讨汉代以“儒孝”为主、“道巫”并存的文化心理，钩沉出汉代丰富多彩的社会百态。

二、孝堂山石祠汉画像石研究目的

汉画像石是汉代墓室、祠堂和墓阙等建筑上雕刻画像的建筑用石，属于丧葬礼制性建筑构件，主要分布在四川、陕西、山西、河南、山东和苏北等地，以山东、河南、四川最为发达。其中，山东省汉画像石最为丰富，五十多个县市有画像石出土，画像石数量最多，内容最为丰富多彩，画像石墓、石祠堂的规模最大。汉代统治者提倡孝道，东汉实行察举制，因此人们厚葬先人彰显孝道的行为越来越盛行。在这种情况下，除了出现更多形制复杂、随葬品丰富、用壁画和画像石装饰的墓室建筑外，墓上建祠堂、墓阙、神道等附属建筑也越来越多。这些建筑之上多刻满图像和纹饰，作为研究汉代文化的一手资料，比文献资料更直观可靠，有助于我们了解汉代的物质文化和丧葬观念，理解当时人们的艺术审美、道德信仰和心理图式变化。

汉代祠堂兴起于西汉，盛于东汉，祠堂主人的身份多为不同级别的官吏和平民，附属于建筑上的图像对墓室主人的现实生活形象、环境、面貌和状态的记录，有很强的社会历史痕迹，是研究中国早期图像和文化最有价值的切入点。鉴于孝堂山祠堂及其画像的高度的汉文化研究价值，历代学者对其进行了深入细致的考察。本书在参考相关研究成果的基础上，结合实地调察，将孝堂山祠堂及其画像石作为一个整体的研究对象，站在展现汉代丧葬文化乃至整个汉代文化生活的高度，对孝堂山祠堂画像石的题材内容、功能形制、艺术风格、象征内涵和文化意义进行分析、研究。同时，从现实来看，随着对长清区孝里镇文化旅游开发和对汉“儒孝”文化发掘、保护工作的展开，人们也愈加重视孝堂山石祠画像石的基础理论研究工作。本书就有效保护孝堂山石祠及其画像石提出建议，以期能为石祠及其画像石和现当代汉文化的保护及有效利用提供有益借鉴。

第二节　研究现状

对孝堂山石祠及其汉画像石的研究，从建祠后不久就开始了。前人研究主要集中在对孝堂山主人和建造时间考证、石祠画像题材考释及其思想观念考察等方面。石祠自建成以来，以其“孝”文化象征意义引起人们关注，这些“关注”早期以题刻的方式保存在石祠墙壁上，这种“乱刻乱画”的行为无意识地开启了人们对石祠的研究，也为后人研究留下了重要线索。宋、清两代研究偏重对题榜铭刻文字和历史故事画像内容的金石学考证，为石祠画像石研究奠定了基础。从 19 世纪末起，石祠引起现代学者和西方学者的关注，他们从历史学、考古学、艺术史的角度建构起石祠画像石的综合性研究方法。本书对孝堂山石祠汉画像石的研究现状分国内学者研究和国外学者研究两个方面进行总结。

一、国内研究现状

国内学者对孝堂山石祠汉画像石研究首先运用的是金石学方法。金石学研究的目的是证经补史，这种早期研究方法的重心是对榜题内容的考释。金石学家一般是历史学家、古物学家，将古代石刻作为史料看待，将研究重点建立在对资料的调查和考证上，对材料的记录精确严谨。他们认为榜题的价值高于画像，因此专注于铭文的书法而非画像风格。他们运用古器物学研究方法，对孝堂山石祠汉画像石进行了考证，通过释读画像上的榜题来确定画像主题，并把石刻与史书所著录的其他例子对比联系。

孝堂山石祠画像的金石学研究另一个重点就是紧紧围绕石祠的建造年代和主人考证而进行。由于石祠堂本身不易损坏，多独置墓前，不设专人看守，可任人参观，再加上孝堂山所在位置处在中原通往山东以及东北地区的官道旁边，来往人员众多，前来参观祭拜的人也比较多，其中一些人为孝行所感，留下题记。目前学术界认为最早的题记是汉永建四年（129 年）的邵善君题字：“平原湿阴邵善君以永建四年四月二十四日来过此堂叩头谢贤明”。

之后到北朝，几乎都沿用了“籍贯、人名、时间、到此”这样的格式：“泰山高令明永康元年（300 年）十月二十一日敬（故？）来观记之”、西晋永康二年（301 年）的“申上龙以永康二年二月二日来此堂感斯人孝至”、后赵太和三年（330 年）“太和三年三月廿五日，山茌县人王天明、王群、王定虏三人等在此，行到孝堂造此字”、北魏景明二年（500 年）“景明二年吴□□来至此孝子堂”等，可看出都是慕孝子之名来观看的，并知西晋时石祠已被称为“孝堂”。北魏郦道元在《水经注 · 济水》中提到“巫山在平阴东北。……今巫山之上有石室，世谓之孝子堂”[①]，他没有说孝子为谁，“世谓之”三字可看出石祠声名远播，在当地很有影响力。北齐武平元年（570 年），胡长仁赴任齐州刺史时由此而过，他登山观祠，仔细审视画像内壁，受画像内容感召，让擅诗文的申嗣邕撰文，盛篆隶的梁恭之书写，刻《陇东王感孝颂》于石祠西壁外侧，并在祠堂周围建庭宇，栽翠柏，使石祠得到了有效的保护，并更受人瞩目（见图 1）。《感孝颂》提到：“郭巨之墓，马鬣交阡，孝子之堂，鸟翅衔阜。”在这篇颂词中胡长仁定石祠后面墓葬为“郭巨之墓”，对后世影响极大，“郭巨墓”“郭巨祠”名称一直沿用至今。

《陇东王感孝颂》碑额为篆书，两行六字，颂文以隶书刻出，上下 1.24 米，左右 2.18 米，额高 0.4 米。碑文内容充满对郭巨至孝的溢美之词，全文如下：“惟夫德行之本，仁义之基，感洞幽明，扰训禽兽，清音带冰而挺洁，华采映雪而流辉，根矩定于一九，丘吾绝于三失，开府仪同三司尚书右仆射，尚书左仆射，尚书令摄选新除特进，使持节齐州刺史，陇东王胡长仁，雌黄雅俗，雄飞戚里，入膺北斗，执柄端衡，出牧东秦，惚条连率，未脱崔林之屣，

① 〔北魏〕郦道元：《水经注 · 卷八 · 济水》，王国维校，上海人民出版社 1984 年版，第 274—275 页。

图 1　陇东王感孝颂拓片，石祠西壁外墙

访询耆旧，郭巨之墓，马鬣交阡，孝子之堂，鸟翅衔阜。君□爱奇好古，历览俳徊，妃息在傍，宾僚侍侧。壁疑秦镜，炳焕存形；柱讥荆珉，寂寥遗字。所以敛眉长叹，念昔追远，遂若羊公登岘，还同处墨饮泉，慨贤圣之多弊，嗟至德而无纪。兰溪傥不见松，毂城何以知石。于时开府中兵参军梁恭之，盛工篆隶；骑兵参军申嗣邕，微学摛藻，并应命旨，俱营颂笔。以大齐武平元年正月廿二日，权舆彫莹，表建庭宇，栋刻苍文，檐栽翠柏，庶令千叶之下，弥振金声，九原之中，恒浮王树。其词曰：天经地义，启圣通神，重华曾闵，莱子乐春，时多美迹，世有芳尘，前汉逸事，河内真人，分财双季，独养一亲，客舍凶弭，儿埋福臻，穹隆感异，旁薄贻珍，悬车遽落，夜台拂晨，千龄俄古，葛祀犹新，朱骖紫盖，抚俗调民，高山达节，景慕萦嚬，式凭不朽，永播衣布。”颂文后面有唐开元二十三年杨杰题刻，字较颂文小得多：“居士慧朗，侍从至能草隶，世人称朗公书者是也。开府行参军王思尚侍从，能文有节操”。《陇东王感孝颂》字体既有隶书的古拙浑厚，又有楷书的方折规整，点画厚实苍劲，结体宽扁工整、精巧纵逸，波挑翩翩，气势磅礴，是隶楷过渡时期重要的书法作品，反映了当时文人强大的精神和自信的心理，具有独特的艺术魅力。

宋代赵明诚在其《金石录》中提到孝堂山石祠 :“右北齐《陇东王感孝颂》,

陇东王者，胡长仁也，武平中为齐州刺史，道经平阴，有古冢，询访耆旧，以为郭巨之墓，遂命僚佐刻此《颂》焉。墓在今平阴县东北官道侧小山顶上，隧道尚存，惟塞其后，而空其前，与杜预所见邢山上郑大夫冢无异。冢上有石室，制作工巧，其内镌刻人物、车马，似是后汉时人所为。余自青社如京师，往还过之，屡登其上。按刘向《孝子图》云：'郭巨，河内温人。'而郦道元注《水经》云：'平阴东北巫山之上有石室，世谓之孝子堂。'亦不指言何人之冢，不知长仁何所据，遂以为巨墓乎？按：《颂》有'孝子堂'之语，故知即《水经》所载也。"[①] 由此可知，赵明诚曾经多次拜访石祠，并将其年代定为略晚的东汉时期，同时对郭巨墓说法提出疑问。

清代是金石学研究的高峰，清代金石学家比宋代更重视古代金石文字证经补史的作用，他们尽可能把对美术形象的解释建立在文献学基础上，努力寻找图像在相关儒家文献中的记载。翁方纲《两汉金石记》、黄易《小蓬莱阁金石目》、阮元《山左金石志》、孙星衍《寰宇访碑录》、王昶《金石粹编》、冯云鹏和冯云鹓的《金石索》等金石著作中都对孝堂山石祠有详细记载，其后几十名学者都有关于记录和评论孝堂山石祠画像的解释和评论。他们的研究方法主要是依据前人书籍和拓本，并有相互抄录、识别错误的情况。这些清代儒者全力把图像转换成文字形式，尽量复制来自拓本的少数图像，并且重视每幅图片的文献出处。其中涉及的经史文献不仅是画像描绘的内容，而且也为研究这些视觉材料的意义提供了必要的证据。从艺术史学的角度来看，他们对画像主题的辨识大致上等同于图像志研究，这种方法也是现代学者研究孝堂山石祠绘画的方法之一。

在毕沅、阮元合著的《山左金石志》中，介绍了孝堂山石祠，附有画像拓片十幅，并对部分画像石进行了考证。毕沅认为，《长清县志》中"石祠为郭巨葬母之地"的记载是不可信的，理由是与石祠《感孝颂》中"郭巨之墓，马鬣交阡；孝子之堂，鸟翅衔阜"的说法相互矛盾。阮元认为永建题记中所说"叩头谢贤明"是当时常见的感颂之词，与郭巨无关。并推测西壁"胡汉战争

① 〔宋〕赵明诚著，刘晓东、崔燕南点校：《金石录》，齐鲁书社2009年版，第183页。

图”中斩首献俘和三角隔梁石上“覆车堕河”二段为墓主人实录①。

翁方纲对孝堂山画像石的年代进行了考证。在《两汉金石记》中，翁方纲根据“永建四年邵善君题记”推算画像石的年代应在汉顺帝（129 年）之前。历史上以“永建”作为年号的有汉顺帝时期和十六国时期的西凉，但西凉没有永建四年的历史，所以此题记为汉顺帝时期，并由此推断出孝堂山画像石的出现应在汉顺帝之前②。

王昶的《金石粹编》对画像专门进行了点评，对绘画内容进行了考订。冯云鹏、冯云鹓在《金石索》的《石索》部分中说：永建为汉顺帝年号，则此堂之在其前久矣。但他们无法确定墓主人的身份：“《水经注》云：‘平阴东北巫山上有石室’，未指言何人之冢。北齐陇东王《感孝颂》始指为郭巨墓石室。殊未可定。”③《石索》一改金石家只重视文字的习惯，绘制了二十四幅有代表性的石祠画像，将画面内容写在画像旁，并录了部分题记，写了跋尾（见图 2）。

图 2 《石索》大王车页面④

① 〔清〕毕沅、阮元：《山左金石志》，载《石刻史料新编第十九卷》，台北新文丰出版公司 1982 年版，第 14419—14422 页。

② 〔清〕翁方纲：《两汉金石记》，载《石刻史料新编第十卷》，台北新文丰出版公司 1982 年版，第 7399—7402 页。

③ 〔清〕冯云鹏、冯云鹓辑：《金石索》12 卷首 1 卷，载《续修四库全书·金石类》第 886 册，上海古籍出版社 2013 年版，第 312—324 页。

④ 同上书，第 312 页。

黄易曾亲自到石祠查看，并亲手绘制《得碑十二图，肥城孝堂山石室图》，右侧楷书题《肥城孝堂山石室图》黄易仿南华散仙笔。左端跋："赵德甫《金碌》云：北齐陇东王感孝颂在平阴县小山顶上石室，内刻人物车马，似后汉人所为。余遣工拓视，得成王、相、胡王等标题，永建四年邵善君题名及永康、永兴、延昌、武定、太和、景明、先天等年细刻之字，感孝颂后有唐杨杰，石柱间有唐焦昌、宋杨景略等题字。赵氏见画像时不知有标题，盖信勘碑不可不审也。"黄易的发现是有价值的，补充了赵氏《金石录》的记载，并批评赵明诚只记录画面，没著录题刻。[①]（见图 3）他在《武梁祠像》中指出："郭巨石室塞其后而虚其前""石室之制，如肥城之郭巨、金乡之朱，孤撑一柱，架屋两间"[②]。这一观点延续默认了墓主人是郭巨的说法。黄易发现榜题、题记多达三十余目，录于《小蓬莱阁金石目》。为引起其他研究者的兴趣，他还把拓片和题记寄送给阮元和翁方纲等金石学家，希望广开言路，对孝堂山研究做出重要贡献[③]。阮元在《山左金石志》中著录孝堂山："丁巳三月得钱塘黄司马易书云：'郭巨石室尚有建安二年高令春'，及'天保九年刘章'、'武定二年南青州刺史郑伯猷'题刻，郎未见者。"[④]翁方纲《两汉金石记》云："右二室字，皆黄小松于济宁拓得寄来者，云：'是郭巨、朱鲔二墓石刻。'"[⑤]

刘国庆在《黄易与孝堂山石祠题记》（2013 年）中提到新发现汉代题记九种，分别为"刘升高但石以本初元年十一月廿十日口""……以建宁三年……""永建四年九月廿五日泰山庐口赵口上""济北诸侯居山在北十里""平原湿

① 蔡鸿茹：《黄易〈得碑十二图〉》，《文物》1996 年第 3 期，第 75 页。

② 〔清〕黄易：《祥瑞图跋》，载《石刻史料新编第十九卷》，台北新文丰出版公司 1982 年版，第 14254 页。

③ 刘国庆：《黄易与孝堂山石祠题记》，载《黄易与金石学论集》，故宫出版社 2012 年版，第 169 页。

④ 毕沅、阮元：《山左金石志·卷七·孝堂山画像》，载《石刻史料新编》第 1 辑第 19 册，台北新文丰出版公司 1982 年，第 14419、14422 页。

⑤ 翁方纲：《两汉金石记·卷十四·汉郭巨墓石室画像题字》，载《石刻史料新编》第 1 辑第 10 册，台北新文丰出版公司 1982 年版，第 7399、7442 页。

阴……”等①。根据笔者勘查，“济北”与“诸侯居山茌北十里”应为两条，并为前人识读过，但均不准确。这种方位性题记十分重要。另外笔者发现石祠北壁大王车前有“东有小山上孙奉叩冢”题记，它的书写方式和排列特点比“永建四年”题记更早，位置更特殊，包含的信息更丰富，对解决祠堂归属问题、汉画图像研究问题和汉代家族茔域葬制研究，有重要学术价值。

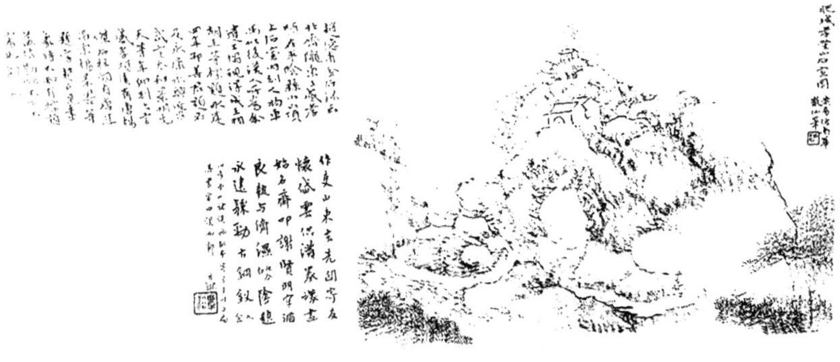

图3 〔清〕黄易《得碑十二图 · 肥城孝堂山石室图》②

金石学研究以对石祠主人身份的考证为出发点，偏重对榜题铭刻文字和历史故事画像内容的考证，对画面考释、建筑形制等方面作出了有价值的结论，对孝堂山画像石的研究有开创之功。但由于时代和治学方法的局限性，其研究也存在局限性：一是研究主要依靠拓片，少实地调查，有断章取义之感；二是着重榜题文字，对画像不够重视。总之，未能对孝堂山石祠汉画像石的时代背景、内容、创作方法、艺术技巧、技法分期等方面进行系统分析、研究和探讨，给其一个全面、综合的评价。正如刘凤君在《美术考古学导论》中总结的:“金石学不重视对器物形制和装饰花纹进行艺术分析，而仅停留在对器物特别是铭文的研究上，置大量的雕塑、建筑、绘画（特别是壁画）于不顾，这是与欧洲古典美术考古的主要差距……尽管如此，如果把金石学与近代考古学和美术考古学进行比较联系，与其说它是中国近代考古学的前身，不如说是早

① 刘国庆:《黄易与孝堂山石祠题记》，载《黄易与金石学论集》，故宫出版社 2012 年版，第 172 页。

② 蔡鸿茹:《黄易〈得碑十二图〉》，《文物》1996 年第 3 期，第 74 页。

于欧洲古典美术考古的中国古典美术考古。”[①]

20 世纪初，考古学、艺术史、社会学等方法引入石祠画像石研究，学者们对不断丰富的研究材料和学术成果进行综合分析，对石祠进行实地考察，将研究纳入考古框架，运用文献对考古图像进行考释，对理解汉代画像艺术的年代学及地域性发展起到关键性作用。这些研究除了对墓祠主人的考证，更多以画面为出发点，通过和同时期相类的祠堂和画像石进行比较研究，对当时历史背景和社会文化进行了解，进一步探索了石祠的艺术价值和文化价值。

在这一阶段，研究者开始重视雕刻技法。滕固在《南阳汉画像石刻之历史及风格的考察》中，把汉画像石分为“拟绘画的”和“拟浮雕的”两种，并认为“孝堂山石祠与武梁祠的画像属于拟绘画的”[②]。杨伯达也着重谈论石祠的雕刻技法，并以雕刻技法判定石祠产生在公元 1—2 世纪前后，属于山东画像石艺术发展的中期阶段。他认为石祠画像石中使用的雕刻技法是以阴线刻与凹像刻为主，兼用平凸刻与隐起刻，四类刻法全部使用，是“拟浮雕的”，不是“拟绘画的”[③]。

罗哲文对石祠进行了草测、摄影和记录工作，写成《孝堂山郭氏墓石祠》一文，对石祠的历史记载、建筑布局、构造、铭刻、画像等做了详细记录，认为石祠是建筑史研究的重要实物例证，总结了石祠题刻题记在书法史上的价值，以及画像在绘画史上的重要意义，并绘制了石祠建筑简图，附录了部分题刻摹本[④]。一年后，罗哲文又发表《孝堂山郭氏墓石祠补正》一文，其中纠正了前文在石祠位置、“胡王”题记和屋脊问题上的错误[⑤]。

夏超雄在《孝堂山石祠画像、年代及墓主试探》一文中对石祠画像内容做了简单介绍，对“大王出行图”和“汉胡交战”图像做了考释。他根据汉代百

---

① 刘凤君:《美术考古学导论》，高等教育出版社 2014 年版，第 29 页。

② 滕固:《南阳汉画像石刻之历史及风格的考察》，载《滕固艺术文集》，上海人民美术出版社 2003 年版，第 290 页。

③ 杨伯达:《试论山东画像石的刻法》，《故宫博物院院刊》1987 年第 4 期。

④ 罗哲文:《孝堂山郭氏墓石祠》，《文物》1961 年第 4、5 期。

⑤ 罗哲文:《孝堂山郭氏墓石祠补正》，《文物》1962 年第 10 期。

官乘舆制度，结合石祠图像上的榜题“大王车”和“相”，判断石祠上层车马出行行列是诸侯王出行图；根据嘉祥吴老洼汉墓画像、肥城栾镇村汉墓画像、武开明祠武荣祠画像和沂南汉墓画像图中均有胡汉战争图像，及两汉与匈奴时打时和的历史，判断胡汉交战图是对汉朝功业的歌颂，与墓主人无关。关于石祠兴建年代，夏超群根据石祠画像内容、技法风格与嘉祥吴老洼墓画像、肥城栾镇村墓画像相近，肥城栾镇村墓有“建初八年八月”的纪年题刻，东汉章帝建初八年即公元 83 年，嘉祥吴老洼墓画像学术界倾向东汉明帝二年即公元 67 年，因此判断石祠的建筑年代在公元 67—83 年间，为东汉和帝时期。关于祠堂主人，他根据石祠兴建年代、地理位置和诸侯王车马出行图，认为祠主是公元 90 年封王，120 年去世的第一代济北王刘寿。①

蒋英炬在《孝堂山石祠管见》中考证其建造年代为公元一世纪中期。1980 年信立祥来到孝堂山石祠，由石祠内壁画像“胡汉战争图”判断石祠建造年代在东汉早中期，原因是表现胡汉战争题材画像通常出现在东汉早期。同时他还认为，在东汉早期未创造出东王公形象时，多在祠堂东侧壁绘制“风伯图”来对应西侧壁的西王母，因此配置风伯和西王母图像的祠堂只能早于东汉初年。②

2000 年，信立祥在《汉代画像石综合研究》一书中对画像石内容的分类方法进行了研究，其中叙述的车马出行图和历史故事等画像所反映的汉代生死观和宇宙观，对我们研究孝堂山图像有很大启发。在该书第四章《论汉代的墓上祠堂及其画像》中，信立祥讨论了墓上祠堂的由来、祠堂建筑形制和画像石风格特点等问题，并把山东的石祠堂分四种类型，判断孝堂山石祠属于第三种双开间单檐悬山顶房屋式建筑。他通过对祠堂的题记和画像石分析后认为祠堂主人可能是太守，他认为祠堂中有“永建四年”的题记既能证明祠堂建于永建四年（129 年）之前不久，而且可以随意进出甚至题刻“题记”。如果是东汉、西汉时期的王侯贵戚的墓地一般都是规模庞大且有专人守护，随意进出并题刻“题记”的事情尚不太可能发生，墓葬一般保存也比较完好。所以“题记”的

① 夏超雄：《孝堂山石祠画像、年代及主人试探》，《文物》1984 年第 8 期。

② 信立祥：《汉代画像石综合研究》，文物出版社 2000 年版，第 76—162 页。

出现正说明了祠堂的主人身份不可能贵为“王”级的贵族。对“车马出行图”进行考证分析后，信立祥认为，“车马出行图”反映的一般是祠堂主人生前活动，可能他只是参与过这类让他及后人感到荣耀的活动，不能确定就是车马出行的主要人物。同时，他还认为，孝堂山画像石中的“胡汉战争图”是模仿皇家宗庙而做，是作为装饰刻画在墓地祠堂中，不能以此证明这就是“王”级贵族的墓室祠堂。[①]

李发林经过对孝堂山石祠的实地考察，在《略谈汉画像石的雕刻技法及其分期》[②]中赞同《石索》一书所认定的石祠画像应早在东汉顺帝永建四年以前，并将石祠的年代提前到西汉武帝时期。他在《孝堂山石室墓主考》[③]一文中认为，孝堂山祠主是死于西汉武帝天汉四年（公元前97年）的济北王刘胡，并以石祠后面的坟丘规模为论据：“从墓的坟堆底边周长达八十米左右，高三米以上的事实看，此墓肯定不是一般人的墓”，他将位于孝堂山石祠前面的东汉早期石室墓看作是祠堂后古墓的“隧道”，认为只有王侯才能筑得起这样大的崖墓。

邢义田在《画为心声——画像石、画像砖与壁画》一书中收录了他的几篇研究画像石的论文，对孝堂山石祠汉画像石都有涉及。他谈论了胡汉战争图、升鼎图的图像意义，根据榜题和格套确定三角石梁东壁“射鸟图”应叫“立官桂树图”，西壁中心图像应为“七女为父报仇图”。邢义田曾到石祠中查看，但因光线太暗，石面光滑反光严重，摄影效果图非常不理想，后根据台湾史语所拓片研究，绘制三角石梁东壁和西壁线描图。[④]

张华松在《孝堂山汉画像石祠与郭巨埋儿传说》一文中，赞同夏超雄提出的墓主人为济北王刘寿的观点，认为石祠画像反映了其生前奢华的生活。文章通过考证郭巨传说，证实郭巨与孝里和孝堂山都无关系，理由是：“第一，无论是从《孝子图》，还是从《搜神记》来看，郭巨埋儿都发生在他的原籍所在

---

① 信立祥：《汉代画像石综合研究》，文物出版社2000年版，第76—162页。

② 李发林：《略谈汉画像石的雕刻技法及其分期》，《考古》1965年第4期。

③ 李发林：《孝堂山石室墓主考》，载《山东汉画像石研究》，齐鲁书社1982年版，第86—92页。

④ 邢义田：《画为心声——画像石、画像砖与壁画》，中华书局2011年版，第112页。

地，也就是隆虑或者温县，而非外地。第二，郭巨死后，或者他的母亲死后，没有必要千里迢迢葬在孝里。第三，郭巨是晋人，孝堂山大墓为东汉墓，时间上不吻合。第四，大墓、享堂、汉画像以及反映的内容，都与郭巨的身份不符。"[①] 至于为什么两者会扯上关系，他认为是孝堂一名由巫山上的享堂讹变而来，因为孝、享两字发声相同，享堂读作孝堂，而附会郭巨是因为巫山慢读就是"无儿山"，所以人们把孝子郭巨埋儿的故事搬来附会到孝堂山上[②]。民国二十三年（1933 年）的长清县志中也提到巫山"俗称无儿山"[③]。

单玉君在《山东长清孝堂山石祠研究的历史回顾》一文中，对前述金石学家和考古学家在石祠题记、年代、主人、建筑形制和画像研究内容和结果等进行了概述和总结。[④] 张从军的《孝堂山石祠》对石祠建筑、建造目的和周围环境做了简单讨论。[⑤] 王曦的《从孝堂山郭氏墓石祠画像石论汉画像石的画面构图艺术》[⑥] 和硕士论文《长清孝堂山石祠汉画像石考释与文化艺术价值探析》[⑦]，探究了石祠文化社会内涵和艺术价值，主要从艺术史的角度讨论其画面构图配置的规律性和层次性、构图方法及风格流变。由山东省石刻艺术博物馆和山东省文物考古所合编的《孝堂山石祠》一书，是在 1981 年蒋英炬等人对石祠进行考古调查工作基础上完成，对石祠建筑、画像、榜题和后人题记进行了全面测绘、记录和考证，为石祠建造年代、石祠主人、"隧道"误识等问题提供新的资料和

---

① 张华松:《孝堂山汉画像石祠与郭巨埋儿传说》,《济南职业学院学报》2010 年第 6 期。

② 同上。

③ 李起元修、王连儒纂:《(民国) 长清县志·卷一·地舆志上》, 民国二十四年 (1934 年) 刻本, 第 17 页 b。

④ 单玉君:《山东长清孝堂山石祠研究的历史回顾》,《美与时代》(上) 2010 年第 1 期。

⑤ 张从军:《孝堂山石祠》,《走向世界》2010 年第 1 期。

⑥ 王曦:《从孝堂山郭氏墓石祠画像石论汉画像石的画面构图艺术》,《中国学术研究》2008 年第 4 期。

⑦ 王曦:《长清孝堂山石祠汉画像石考释与文化艺术价值探析》, 硕士学位论文, 山东大学, 2008 年, 第 1 页。

认识[①]。其他还有一些研究孝堂山的文章，但从建筑形制、画像内容和墓主考证方面，以及新的方法论的应用方面，都没超出上述人的研究。

这些对石祠画像石的综合性研究都是在美术考古的范畴之中，刘凤君提到画像石研究时认为，“他们的研究主要是从考古学和美术史的各自立场出发，研究的方法也都各具有本学科的特点。有一部分学者在尝试把二者结合起来，互相借鉴或融于一体。”[②] 并以此提出美术考古学的研究方法是一种综合的研究方法，可分为基础研究法和综合研究法，“基础研究法是指运用考古学对遗迹和遗物整理研究的区系划分法、层位法和类型排比法；深入综合研究法是指历史研究法和借鉴美术史的艺术分析研究法。”[③] 根据美术考古学的基础理论，上述对孝堂山石祠画像石的研究方法和研究结果，不仅对画像石研究有益，对中国美术考古学的发展也起了一定的促进作用。

二、国外研究现状

刘凤君在《美术考古学导论》中提道：“19 世纪末和 20 世纪初，外国人在中国进行一系列的考古活动，多数人的目的在于寻找中国古代的美术品。但他们有的采用了部分考古学调查和发掘的方法，从事中国古代美术遗迹和遗物的搜集与研究。”[④] 孝堂山石祠就是在这种情况下引起了西方学者的关注。

戴仁在《沙畹和法国的中国碑铭学》一书中记录了法国汉学家沙畹在山东一带考察石刻的情况：“1891 年，当沙畹从泰安的碑估手中买到武氏墓刻石拓片后，便翻译了碑文并作研究。他还翻译了中国学者的考证，特别是黄易在乾隆五十一年（1786 年）以后的新发现。在沙氏书中发表了 66 件石刻，除武

---

① 蒋英炬、杨爱国、信立祥、吴文祺：《孝堂山石祠》，文物出版社 2017 年版，第 10 页。

② 刘凤君：《美术考古学导论》，高等教育出版社 2014 年版，第 43 页。

③ 同上书，第 49 页。

④ 同上书，第 30 页。

梁祠外，还有孝堂山与刘村的。”[①] 沙畹在 1893 年出版的《两汉时期的石刻》和《中国两汉时代的石刻》中用近代考古学方法对石祠进行测量和记录，刊印出一些照相制版的勘察记录，所发表拍摄的照片中石祠内和石祠北壁外侧都有供奉神像[②]，与《山左金石志》上的记录一致：“上横石梁承之两面亦有画像壁，外左间塑神像三俱，南向左壁西向神像二。右间塑神像一，南向右壁，东向神像二，下皆有座，高尺许，以土石筑成。”[③]（见图 4、图 5）这些神像为后人所加，遮挡了一部分画像石，解放后凿去。沙畹自 1909 年着手编写的《华北考古记》中的第一卷着重于汉画像石，图版 488 幅，孝堂山石祠汉画像石也包括在其中。

1907 年，日本关野贞实测了孝堂山石祠，并将实测图公之于世，他引用赵明诚“隧道尚存”的说法，对石祠前东西并列两个隧道“东隧道”和“西隧道”作了测绘记录[④]。1942 年，Wilma Canon Fairbank（费慰梅）发表了《一个理解汉代壁画艺术的要诀》，通过比较朱鲔祠和武氏祠、孝堂山石祠的建筑特点，认为东汉时期存在两种不同的艺术样式，是摹仿两种不同建筑结构的绘画装饰：朱鲔祠引入三维空间，武氏祠和孝堂山石祠摹仿空心画像砖，展示二维平面，缺乏空间感，造型程式化。因为造价更低，这种画像砖在汉代普遍被用来建造祠堂。费慰梅通过对嘉祥武梁祠等墓祠建筑及画像进行复原研究，使大家关注到墓祠的不同装饰体系及所在场景，为后代汉墓建筑及装饰结构的研究奠下基础。[⑤] 德国学者克劳森 1963 年的论文认为，汉代祠堂和墓葬在礼仪中

---

① ［法］戴仁：《沙畹和法国的中国碑铭学》，周长青等译，中华书局 2002 年版，第 587—601 页。

② Edouard Chavannes, La sculpture sur pierre en Chine au temps des deux dynasties Han, Paris, Ernest Leroux, 1893, pp.73—85.

③ 〔清〕毕沅、阮元：《山左金石志》，载《石刻史料新编第十九卷》，台北新文丰出版公司 1982 年版，第 14419—14422 页。

④ ［日］关野贞：《支那的建筑和艺术》，岩波书店，昭和十三年（1938），第 431—432 页。

⑤ Wilma Canon Fairbank, A Structural Key toHan Mural Art, Harvard journal of Asiatic Studies, 1942, p.7.

具有双重象征功能，既象征着死者在另一个世界里的官爵府第，又展示出大众膜拜的某种“官宦英雄”的形象。西方学者认为祠堂及其画像为某种礼仪中具有功能意义的组成部分，人们将典型故事转化为图像代码，赋予其特殊意义，使之能够简单形象地反映一般社会价值。当这类图像被设计出来，它们将形成一种模式体系，并不断地被重复。这些论文讨论的重点逐渐由题材的考释扩展到了图像学研究，其方法学意义对孝堂山石祠图像研究有所启发。

图4 石祠内景

图5 石祠北壁外侧供奉佛像

（采自 Edouard Chavannes, La sculpture sur pierre en Chine au temps des deux dynasties Han, Paris, Ernest Leroux, 1893, pp.73–85.）

简·詹姆斯（Jeanm James）认为汉墓艺术的“程序”最重要的是模式，他解释这种模式为:“对灵魂及其旅途的信仰乃是部分墓室画像的普遍基础，这些画像包括神仙天人、通天绝地的巫师以及灵禽异兽等。社会秩序的原则及政治秩序的实施则是另一类画像的基础，包括孝子图、墓主人图、祭祖图、出行图及宴饮图。”体现建祠者两方面的向往“死者的子孙期望他们已逝的祖先能收下他们的献祭”，“并期望受祭者一旦心满意足，便会回馈给他们福禄及长寿。”此外“他们还希望逝者得以平安抵达天上的仙界。”他在《汉代西王母的图像志研究（下）》中提到孝堂山石祠的西王母，认为跪在西王母的兽首人身可能是人戴着面具，从西王母被戴着面具、拿着嘉禾的随从和人所崇这一情节，他认为西王母是被追随者们为了需要一个形象化的崇拜对象而创作出来的，能给予人们帮助的，具有人格化的汉代民间宗教神。[①]

巫鸿《武梁祠——中国古代画像艺术的思想性》一书对武梁祠进行深入探讨，武梁祠比孝堂山石祠晚一个世纪，作为汉祠堂艺术的最高成就的代表，一直成为中外历史考古和艺术学者研究的重点。巫鸿的研究从对费慰梅、秋山进午和蒋英炬、吴文祺等具有代表性学者的研究成果的总结和梳理开始，首先对以往武梁祠研究作一个系统回顾，接着重新探讨石刻的图像内容，最后探讨画像的图像设计程序及思想内涵。他的研究在“图像志”（iconography）层次上展开，从对“图像志”的文献考据，逐渐发展到“图像学”的阐释阶段，最后通过对综合单独母题的完整图像程序的解说，完成更深层次的文化学和社会学的研究。巫鸿将武梁祠的图像划分为三个部分：“屋顶：上天征兆”“山墙：神仙世界”“墙壁：人类的历史”。文章采用了两种研究方法：一种是文献考据；一种是比较研究，以文献考据为主，比较研究为辅。在文献考据中，他认为，“祥瑞源自《瑞图》，而灾异图像则来自《山海经》”。在与其他地方考古发现的石刻比较中，判断这些图像的来源和类别。在对武梁祠山墙绘画的构图分析中，巫鸿还将形式主义的方法与文化阐释的方法结合起来，他将武梁祠山墙石刻的构图用“偶像型”和“情节型”两种方式来概括：“西王母、东王公及其仙境的形象是以‘偶像型’的构图设计的，而表现孝子列女、忠臣刺客的图画用的则是‘情节型’构图方式。”“区分这两种构图类型对研究早期中国美术的发展极为关键，因为它们隐含着不同的创作观念以及观看艺术作品的基本方式。大量证据表明，情节型构图是东周以来创作早期中国人物画的传统方式，而偶像型构图则是一种新方法，只是到公元 1 世纪才开始流行”。[②] 巫鸿对武梁祠的研究所采用的方法论、研究过程以及最后得出的结论对我们研究孝堂山石祠都很有指导意义。

---

① ［美］简·詹姆斯：《汉代西王母的图像志研究（下）》，贺西林译，《美术研究》1997 年第 3 期。

② ［美］巫鸿：《武梁祠：中国古代画像艺术的思想性》，柳扬、岑河译，生活·读书·新知三联书店 2006 年版，第 157 页。

这些论文讨论的重点逐渐由题材的考释扩展到了图像学研究，采用文献对考古图像进行考释，初步解释了画像的象征意义与深层内涵；采用比较分析法将考古所出的同类祠堂图像进行比对研究；采用社会学和人类学等综合研究方法对东汉价值观深入探讨。这些研究开阔了国内学者的汉画像石研究思路。

第三节 研究思路及方法

孝堂山石祠汉画像石研究是汉代美术史研究中的一个重要方面，也是美术考古学科的一个有机组成部分，故此项研究具有一定的现实发展意义。本书通过对画像进行图像学研究分析、分布结构与画像体现的象征世界的讨论及绘画和雕刻技艺特点，最后深入对画像石文化学意义的综合性研究。通过对画像祭祀、宣教、升仙功能的解读去理解汉人的“画像石心理”，并以此折射出两汉时期社会生活的各个层面。研究内容将整个石祠画像作为一个整体，从解释每个单独画像的符号意义，到各个画像之间在形式和意义等方面的关系，讨论单独画像是如何构成一个结构严谨的画像组合的，从而铺展出整个画像石祠堂的象征结构，最后探讨孝堂山石祠汉画像石与东汉早期政治经济、宗教信仰和文化艺术之间的关系。

一、研究思路

本书研究思路首先利用美术考古学综合性的研究方法对孝堂山石祠汉画像石相关资料进行系统的整理分析。此期工作主要完成对孝堂山石祠汉画像石时代背景、地域特点、功能与建筑形制等问题的总体把握，主要通过对厚葬风气与画像石祠堂兴建互为影响的关系、石祠选址中体现出丧葬中的风水意识及画像石功能与建筑形制关系的分析，探讨其时代性特点、地域性变化规律和画像石建筑的象征意义；其次，通过研究石祠画像石图像内容与布局呈现的规律性，去把握汉代人的宇宙观念。主要集中于通过对典型的题材和内容进行分析，对艺术形象的功能和意义进行解读，对图像布局象征功能进行考证，研究其文献资料渊源，使我们进一步深入了解东汉早期的社会文化情况；最后，从孝堂山石祠汉画像石的文化艺术层面进行研究。同时，将石祠画像石作为美术考古研究中的一个专题项目，对美术考古学科的发展完善有一定的助益。

二、研究方法

本书采用实地观察、考古学比较、对历史文献的分析研究、图像学、艺术史、文化学研究等综合方法对孝堂山画像石进行研究，具体研究方法为文献研究法、调查法、个案研究法和功能分析法。文献研究法为查阅和搜集汉以来有关石祠画像研究古文献和现代学者的研究资料，进行资料的整合与分析研究，从而全面地、正确地了解掌握石祠画像石的历史和现状。调查法是实地调查孝堂山石祠及其周边汉墓，以及各地博物馆、石刻博物馆中的汉代画像实物资料。同时通过个案研究法对石祠汉画像石通过历史、民俗、艺术、图像学、人文社会科学的理论研究和方法，发掘石祠画像的艺术内涵和象征意义。通过功能分析法研究画像石文化和艺术史料价值，说明社会现象怎样满足一个社会系统的需要，通过对功能的还原来解释社会现象，全面阐述孝堂山石祠画像石的文化历史意义。

本书结合文献、实物资料和新出土考古资料，通过对比画像特征和文献材料，去考证画面题材内容。运用图像学与艺术史学进行比较研究，阐释石祠画像石的艺术风格、题材内容、内在涵义及其时代精神，把画像的内容及其社会性与思想性作为自己研究的主题，从对单个图像的考证到对画像题材组合的分类研究，注重在东汉社会和意识形态背景下解释画像的深刻内涵。重点是墓祠画像石的图像学研究和文化学意义，尤其关注画像与丧葬仪式及丧葬观念的关系。结合中国传统金石学和西方美术史研究理论和方法论，借助美术考古学研究方法论和理论基础，依据实地调研与收集整理的图像资料，把建立视觉形象与文学记载的联系作为主要目标和手段，进一步了解东汉艺术中的视觉象征含义。材料与方法的当代性和前沿性，保证本书能够在原有研究基础上产生新观点。

在讨论祠堂建筑结构时，本书采纳了罗哲文、信立祥、蒋英炬等人绘制的建筑图、平面图、剖面图等，长清区文物保护大队测量的所有孝堂山石祠的建筑结构、石刻实测数据等重要研究资料。由于建造年代久远，加上经过原来多次传拓，画像石表面已经变黑，榜题、若干画像及后代题刻都有不同程度的受损，许多画面已漫漶不清。因此，研究孝堂山石祠画像还必须借助早期保存较好的拓片和线描稿，辅以实拍照片，对祠堂结构以及祠堂中的每一幅画像都尽可能地做详细有序的介绍和说明。①

通过对上述相关石祠画像石遗迹遗物等图像艺术进行系统梳理，结合史料典籍、考察笔记、地方志或个人游记资料和书画题跋，将文献资料的引用及考证与实地考察资料结合起来，如陈寅恪提出的“取地下之实物与纸上之遗文互相释证”的治学方法，对孝堂山石祠汉画像石研究思路产生清晰的认识，了解其所在位置的区域文化特点，探究画像石艺术与社会经济、政治以及地区和民族的相互关系。如阮荣春、黄厚明在《美术考古学的学术定位和学科建设》中所定位的:“美术考古学研究目的在于探究古代人类遗留下来的人工作品的文化内涵，还原出其所蕴涵的精神性，并且从中揭示出古人类精神文化内在的发展规律。”②

---

① 本书所采用图片，除已注明外，石祠画像线描图为林巳奈夫 1966 年所绘，其余均为本人拍摄实物或拓片。

② 阮荣春、黄厚明:《美术考古学的学术定位和学科建设》,《南京艺术学院学报》（美术与设计版）2003 年第 4 期。

第一章
孝堂山石祠汉画像石的地理位置及产生的时代背景

汉画像石主要用于装饰墓室墙壁、墓前祠堂、石阙等，属于墓葬建筑和墓葬礼仪的一部分，是特属于两汉时期的宗教历史意味浓厚的艺术品。它由先秦刻在铜器上的纹饰发展演变而来，大量刻在石头上用于墓葬的做法始于西汉早期，兴盛于西汉晚期和东汉早中期，东汉晚期随社会动乱渐渐衰亡，前后历经三百多年的发展历程。由于各地地理位置和经济、文化发展条件不同，汉画像石也呈现出不同的发展面目，在分布较集中的几个大的区域中，山东与河南南阳，是内容最丰富、发展最完善的两个中心区域，特别是东汉早中期的大型墓室画像和石祠堂、石阙画像，孝堂山石祠即是其中保存完好的特例。本章以其为例，讨论石祠汉画像石发展与其地理位置和时代背景的关系，为我们下一步的深入研究奠定良好的基础。

第一节　孝堂山石祠汉画像石的地理位置

一、历史沿革

孝堂山所属长清区位于山东省西北部，泰山西北麓，黄河下游东岸，西距黄河 6 公里。地理坐标为东经 116°　44′，北纬 36°　36′。长清县是我国最早设立的县之一。据 1956 年小屯发掘的商周遗址中的青铜器爵、鼎、戈及破碎陶片等文物考证，境内早在商代（约公元前 17 至公元前 16 世纪）就有原始村落。春秋时期，长清为齐国卢邑。秦代在境内设卢县，县治在卢（今广里），属济北郡。西汉时，卢县为都尉治，属泰山郡。东汉时卢县属济北国。隋开皇十四年（594 年）始设长清县，治升城（今称卢城洼）。长清地处齐鲁交界，济南近郊，隶属关系多次变动，在隋代属济北郡；唐代先属济州，后属齐州；北宋时属京东东路济南府；金代属山东东路济南府；清初隶属济南府。民国成立以后，长清县曾先后属岱北道、济南道、山东省政府。1939 年成立长清县抗日民主政府后，隶属泰西专署。中华人民共和国成立以后，隶属泰安地区。1958 年划属济南市。1959 年撤销长清县。1961 年 5 月复县后划归泰安地区。1978 年 11 月，长清县复划属济南市。2001 年 6 月 26 日，经国务院批准撤县设区[①]。

二、地理环境

长清区境内，山脉连绵，灵岩、青崖诸峰直接泰岱。连山四围，扼塞四固，阻山带河，位置冲要，自古即为兵家必争之地。修建于春秋战国时期巨大的军事防御工程齐长城，其西端即始于区境广里附近，在境南群山中蜿蜒 70 余公里，至今脉络清晰。战国时的齐晋之战、东汉耿伐张步之战、南北朝时的魏宋升城之战，均发生在长清境内[②]。孝堂山位于长清区西南 20.8 公里的孝里铺村南，海拔 62 米，地面高度 38 米，是一座馒头状石灰岩山丘。汉魏至宋代，这里是山东通往中原官道，也正因为交通的便利，历史上许多文人路过此地时会登山去祠内观看。

孝堂山石祠位于山顶，坐北朝南，其后为一汉墓，现残存封土高 3 米。在祠堂南面由北向南渐低的冈坡上，至少分布着四座东汉石室墓。石祠所处的山顶，夏商时代因望其顶形如龟，故曾名龟山，西边是乌龟的身体，东边是乌龟的头，朝着泰山的方向。孝堂山春秋战国时称巫山，“巫”在古代中国是神界、人间和地府之间的中介，上与神仙、下与鬼魂沟通，向人间传达它们的讯息。

---

① 长清县志编纂委员会编《长清县志》，济南出版社 1992 年版，第 1 页。

② 同上。

人类早期文化信仰原始巫术，“巫”的地位也非常高，此处名为“巫山”，说明它位置的重要性。

后来，“巫山”因为东汉初上建祠堂称为“孝子堂”，渐被称为“孝堂山”，对此《左传》中记载：“齐侯登巫山以望晋师。即此山也。山上有石室，俗传云郭巨葬母之所，因名孝堂山焉。在平阴县。”①《齐记》中有：“巫山一名孝堂山。”光绪十七年的《肥城县志·卷二》古迹一条中说：“按孝堂山，一名巫山，春秋传晋师伐齐，齐侯登巫山以往晋师，即此。因山有孝子堂而改今名。孝子堂即郭巨石室，汉永建以前造，四壁皆刻画像，汉晋六朝人多有题名记，今半佚，仅存北齐武平年陇东王感孝颂及唐宋人题字数则而已。山上又有古墓，相传郭巨奉母来此，母没，因葬焉。或云即巨墓。今沂水县西一百里亦有郭巨墓，山西孝义县东北五里亦有郭巨墓。考古者皆以为非是，则此墓最古也。”②光绪三十四年的《肥城县乡土志》中记载：“孝里在县西北七十里东张社孝堂山下，因汉孝子郭巨奉母避难与此乡民感之因名其里曰孝里，山曰孝堂。”③此外，其中还指出了孝堂山郭巨墓的位置——“汉郭巨墓在孝堂山顶”④。民国二十三年的《长清县志》中提到孝堂山曾有“巫山”和“无儿山”的叫法：“见旧制。齐乘清河北迳巫山，俗伪为无儿山。又按《水经注·济水》，京相璠云，巫山在平阴东北。游孝堂山访孝子郭巨墓：‘郭巨埋儿事，高怀不可攀。地能藏孝骨，人即说名山。古墓樵夫识，苍松晚照间。横碑残碣外，伫立望萧闲’。”⑤我们可以从1904年法国汉学家沙畹拍摄的孝堂山外景，想象这首诗的意境（见图6）。

---

① 〔晋〕杜氏注、〔唐〕陆德明音义、孔颖达疏：《左传注疏·襄公十八年·三十六卷》，载《四库全书·经部》（第144册），台湾“商务印书馆”2008年版，第102页。

② 〔清〕邵承熙修、凌绂曾纂《（光绪）肥城县志·卷二》，光绪十七年（1891）刻本，第37页。

③ 〔清〕钟树森修、李传熙纂《（光绪）肥城县乡土志·卷七》，光绪三十四年（1908）石印出版。

④ 同上。

⑤ 李起元修、王连儒纂《（民国）长清县志·卷一·地舆志上》，民国二十四年（1934）刻本，第17页b。

图6　孝堂山与石祠[①]

因郭巨美名，孝堂山石祠历代受人拜谒与保护，院内石碑中有明隆庆二年（1568）《重修孝堂山庙记碑》中记："盖建自唐人，相沿圯坏，且旧有套庙，庇于石室之上。"且石祠本身有后人加固、修缮屋顶和石柱等构件痕迹。1954年山东省文物保护部门又重建了石祠的罩室，并加筑围墙一道。罩室之后是坟墓，主墓正面镶嵌康生所书"汉石室"三字。主墓呈马鬃形，直径30米，东西约21米，南北约20米，高约3米。以前主墓高度高于罩室，因水土流失，现低于罩室，目前周围有石头加固。1961年国务院批准祠堂为国家第一批重点文物保护单位，称其为"孝堂山郭氏墓石祠"，并在旁边立了新的大理石碑（见图7）。1999年，当地政府对石祠重新修建，墓地占地1.5公顷，现归长清区文保大队管理，派有专人看守。

图7　1961年国务院在石祠前竖"孝堂山郭氏墓石祠"石碑

① 采自 Edouard Chavannes, *La sculpture sur pierre en Chine au temps des deux dynasties Han*, Paris, Ernest Leroux, 1893, pp.73-85.

三、选址体现早期风水意识

在选址上，孝堂山石祠的建造体现出丧葬中的风水意识。两汉时，起源于战国时期的葬先荫后、鬼福及人的风水观念已渗透到社会各阶层，人们不仅讲求葬地，而且认为葬地的吉凶直接决定子孙的祸福。对于“事死如生，事亡如存”的汉人来说，能不能找到一块丧葬用的风水好地，是关系到子孙后代能否发达昌盛的一件大事，其选址的重要意义和象征性不言而喻。《史记》记载秦末韩信虽为布衣时，也要为母亲选择高处宽敞的墓地：“其母死，贫无以葬，然乃行营高敞地，令其旁可置万家。”[①] 司马迁将韩信命运与其母葬地相联系，来说明墓葬方位对后代发达的重要性，显示汉之前人们的墓地风水观念已形成，厚葬以及墓葬选址被看成是关系子孙后代的大事。

孝堂山石祠堂所处的封土堆高大，是整个孝里镇的最高点。从石祠门前举目南望，视野开阔，周围松柏成林，环境幽雅，构成了中国最初的理想风水环境意象。画像石建筑修建的第一个步骤也应该是后人研究的第一步，这在以往的研究中经常被忽视。石祠建筑方位体现了当时流行的阴阳五行观念，老子《道德经》说：“万物负阴抱阳，冲气以为和。”石祠堂建筑在孝堂山最高处，并用夯土台基加固的建筑形式，既从外观突出建筑物的至高地位，也有利于通风防潮，保证其长期留存。阳为南，阴为北，石祠坐北朝南，主体建筑坐落于南北中轴线，建筑结构和内里图像安排均体现出对称之美，符合居正位以迎阳气的观念。方正严整的布局，源于儒学中正思想的影响，遵循了汉代建筑的体象天地，经纬阴阳的营造思想。试想孝堂山石祠主人在未死之时，看到自己百年之后的住宅，四周山水环抱环境优美，对死亡的恐惧感减少，而心里的安全感和归属感顿生，这也是早期中国文化习俗重视对人心理抚慰的一个重要特点。

石祠前后共有五座汉墓，石祠后面主墓未发掘，前面四座小型东汉中期

---

① 〔汉〕司马迁：《史记·淮阴侯列传》，中华书局1963年版，第2629—2630页。

石室墓遗址，四个汉墓均遭盗扰，大殿前汉墓出土铜带钩一个，施青釉陶器若干，大门东的两个汉墓出土耳杯、白陶等器物。没有显示与石祠墓主人有关系的资料出土。从这些汉墓埋葬的角度，应为后人占据前人选择的好地方，这在古代墓葬史上是常见的情况（见图 8）。

图 8　孝堂山石祠航拍图（上北、下南）（拍摄：曹建民）

第二节　孝堂山石祠汉画像石产生的时代背景

春秋战国以来，随着经济和社会发展，天道观的衰落和抑天尚土、人本思想的兴起，人们的思想观念也产生了变化。考古挖掘显示，早期画像石出现在富裕的平民墓中，它是对王公贵族壁画墓的代替，符合当时葬俗变化，并满足富裕但地位不高的人对厚葬的欲求。在这种情况下，汉画像石得到了发展和完善。即使墓主生前不是时常过着烹牛宰羊、宴饮乐舞的生活，也要在画像石上反映对这种生活方式的追求。从 20 世纪 50 年代考古发掘的大量小祠堂部件来看，山东地区小祠堂建造有两个高峰期，一个是东汉初年的明帝、章帝、和帝时期（68—96年），一个是安帝、顺帝和桓帝时期（107—167年）。早期画像内容比较单纯，画风比较严谨细密，如同壁画，晚期则内容复杂，雕刻技法全面。从形制和雕刻技法、画像内容布局等因素看，孝堂山石祠应该是东汉章帝时期的产物。

一、两汉时期山东经济文化发展带动当地祠堂画像石发展

汉灭秦后，在国家管理方面大部分承秦制，同时在政治经济和文化方面进行了各种各样的改革，采取“休养生息”政策，社会经济开始高速发展，出现了西汉初的“文景之治”“武帝盛世”和东汉的“光武中兴”“明章之治”，国力逐步兴盛起来。西汉司马迁在《史记·平准书》中记载:“汉兴七十余年间，国家无事，非遇水旱之灾，民则人给家足，都鄙廪庾皆满，而府库余货财。京师之钱累巨万，贯朽而不可校；太仓之粟陈陈相因，充溢露积于外，至腐败不可食。众庶街巷有马，阡陌之间成群……”[①] 在这种历史环境下，山东地区作为自古以来农业与工商业发达之地，更是一派富庶景象，河流纵横，土地肥沃，人民知书守礼。史书中关于汉代强盛的句子多与山东有关:“东海引巨定，泰山下引汶水，皆穿渠为溉田，各万余倾。”[②]“山东多鱼、盐、漆、丝、声色……仓廪实而知礼节，衣食足而知荣辱。”[③] 在手工业生产方面，山东也是最发达的地区之一。冶铁、采矿都是大规模生产，铁制的兵器、农具和手工工具得到较普遍的推广和使用。冶铁业带动了其他手工业部门，木工、制陶和纺织手工业都非常发达。随着大城市的出现，商业也活跃起来。经过几百年的发展，齐、鲁之地成为“膏壤千里”“都邑相望”的地方。

---

① 〔汉〕司马迁:《史记·平准书》(第四册)，中华书局1963年版，第1420页。

② 〔汉〕班固撰,〔唐〕颜师古注:《前汉书·沟洫志》，载《四库全书·史部》(第249册)，台湾“商务印书馆”2008年版，第790页。

③ 〔汉〕司马迁:《史记·货殖列传》(第十册)，中华书局1963年版，第3253—3255页。

在《战国策·齐策一》有关于富裕的齐地人们娱乐生活的描述："齐南有太山，东有琅邪，西有清河，北有渤海，此所谓四塞之国也。齐地方二千里，带甲数十万，粟如丘山。……临淄甚富而实，其民无不吹竽、鼓瑟、击筑、弹琴、斗鸡、走犬、六博、蹹踘者；临淄之途，车毂击，人肩摩，连衽成帷，举袂成幕，挥汗成雨；家敦而富，志高而扬。"[①]这些文献记载在山东地区出土的汉画像石上都有体现，各种写实的生活场景，描写了豪强地主们浮华的生活场景。人们不甘心只有活着的时候享受富贵，还要把生前的豪华生活带到地下，世代享用。同时，因为大量铁器制造，砖石材料逐渐替代木材用于墓室、祠堂建筑中，在石面上雕刻各种花纹图案开始流行起来。石材的坚固性、石壁的光滑性、画面的耐久性，满足了不同阶层人们的需求，有很多图案和构图形式成为汉代的经典造型程式，作为固定模式传承下来。现代考古也证实，墓上石祠堂集中分布在今山东省西南部及江苏北部的徐州地区以及安徽省的北部等地区，石祠和石祠画像的兴盛，与当地的富庶有很大关系。

在政治经济发展影响下，文化也不断得到成熟与发展。发源于齐鲁之地的"儒学"为统治者利用，大批鲁儒被任用，奉行"外儒内法"统治理念，实现以儒家基本精神为核心的举荐制度，施行"持以道德，辅以仁义"的政治对策，收集整理先秦诸家思想的文化政策以及儒家和黄老等学说，提倡"百家争鸣""兼容并蓄"，在总结了春秋战国时期百家争鸣得到的文化成果的基础上，形成了具有自身独特特征的文化体系。就儒家文化而言，汉朝进一步将先秦的儒家思想演化为"大一统""天人感应""神授皇权"以及长幼尊卑等级、三纲五常等思想行为规范，而其中核心的内容就是"生，事之以礼；死，葬之以礼，祭之以礼"的孝德思想。

在儒家"家国同构"的影响下，"孝道"既包含了国家、君臣之间的忠义，又包含了家庭内部的孝道，可以理解为孝德的外延相当宽泛。徐复观《两汉思想史》中总结道："汉代自文帝起，特别强调孝悌与农事，有政治的意义，也

① 〔汉〕高诱注，〔宋〕姚宏续注：《战国策·齐策一》，载《四库全书·史部》（第406册），台湾"商务印书馆"2008年版，第301页。

有社会的意义。”[①] 西汉晚期，大规模的家族出现之后，便是家族墓地流行，每个墓地内有十几座或数十座墓葬，祠堂、碑刻、阙观等墓上建筑也常见起来。这不仅是子孙体现“孝德”的最好方式，也是基于社会政治经济环境影响下的社会文化的反映。孝堂山石祠及其汉画像石正是这种国家文化形态的反映。首先，它刚建造时世人称之为“孝子堂”，说明它就是后人向先人表达孝心而建的；其次，画像内容处处体现儒家文化礼仪，如阁楼拜谒、孔子见老子、周公辅成王等，其中又穿插了仙人异兽等道家因素；最后石祠从建筑到画像构图无不展现儒家中正、仁义、规范的大一统思想规范。可以说，祠堂画像石这一艺术形态是汉代经济文化的产物，在起到装饰作用的同时，反过来大大促进了儒家孝德文化的传播，并进一步促进了其政治教化作用的发挥。

二、两汉时期厚葬风气促进石祠汉画像石繁荣

汉画像石的产生和流行，和两汉时期的厚葬风气密不可分。厚葬是百姓长期相沿、积淀而成的丧葬风尚，此项习俗不仅要花费时间和精力，还要耗费相当的财力和物力，“从北京山顶洞人有意识地埋葬死者开始，这样的消费就出现了。”[②] 约 5500 年前，随着社会等级的出现，墓葬开始分级，用在丧葬活动中的财物越来越多，东北红山文化的积石冢，浙江良渚文化的玉敛葬，山东大汶口文化的木椁葬，都大量耗资。商周以降，厚葬之风愈演愈烈，花费越来越大，至秦始皇把整个宇宙象征性地浓缩到了陵墓设计中。西汉初期由于社会经济没有恢复，不允许厚葬。至汉武帝，国家积累了大量财富，厚葬之风重新刮起，王符在《潜夫论》中记录了时人厚葬盛行的状况：“今京师贵戚，郡县豪家，生不极养，死乃崇丧。或至刻金镂玉，糯梓楩柟，良田造茔，黄壤致藏，多埋珍宝、偶人车马。造起大冢，广种松柏，庐舍祠堂，崇侈上簪。宠臣贵戚，州郡世家，每有丧葬，都官属县，各当遣吏责奉，车马帷帐，货假待客之

---

① 徐复观：《两汉思想史》（第一卷），华东师范大学出版社 2001 年版，第 194 页。

② 杨爱国：《山东汉画像石》，山东文艺出版社 2004 年版，第 39 页。

具，竞为华观”①。墓室壁画和画像石正是在这种情况下繁荣起来的。

厚葬同时与两汉以儒治国，实行“举孝廉”制度有关。汉朝统治者把“孝悌力田”作为长期统治的重要政策措施大力推行，将“孝悌”列为选拔、任用官吏的最重要的标准。这种提升制度用“孝道”来证明一个人的能力，而对父母先人盛行厚葬是“孝”的最突出表现，通过操办丧事来博取孝名，继而博取功名，成为升官晋爵的捷径，极大地推动了厚葬的疯狂发展。当时的厚葬达到了“法令不能禁，礼义不能止”②的程度。由于全民对于丧葬文化的重视，人们无不修造规模巨大的墓室以展示自己的孝心，丧葬建筑的修建和建筑的雕琢也成了一个重要的方面，建筑力求华美，装饰极尽美化，木结构装饰壁画，石结构雕刻画像，往往是：“工匠雕制，积累日月，计一棺之成，功将千万。夫极其终用，非大众不能举，非大车不能輓”③。一副棺椁都极尽奢华，何况墓室、祠堂、阙、神道、石像等的建造与雕琢，以及一整套繁琐的丧葬仪式和后续频繁的祭奠礼仪。举贷办墓，或是原本殷实的家道因一场丧事破落而倾家荡产的例子有很多。原涉为父“大治起家舍，周阁重门”，“费用皆印富人长者，然身衣服车马才具，妻子内困”，东汉名士范滂的父亲叔矩“遭母忧，既葬之后饘粥不赡”，东汉崔寔父死时“剽卖田宅，造家茔，立碑颂。葬讫，资产竭尽，因穷困，以酤酿贩鬻为业。时人多以〔此〕讥之，是终不改”④。遍布山东的画像石祠堂，就是在这种情况下出现的，孝堂山石祠即这种丧葬文化影响的具体产物，作为唯一原地保存完整的汉代祠堂，可窥两汉制墓造祠刻石之盛状。

---

① 〔东汉〕王符：《潜夫论笺校正》，〔清〕汪继培笺，彭铎校正，中华书局1985年版，第137页。

② 〔南朝宋〕范晔：《后汉书·光武帝纪》，浙江古籍出版社2000年版，第11页。

③ 〔东汉〕王符：《潜夫论笺校正》，〔清〕汪继培笺，彭铎校正，中华书局1985年版，第134页。

④ 〔南朝宋〕范晔：《后汉书·崔骃列传》，浙江古籍出版社2000年版，第490页。

第二章
孝堂山石祠汉画像石功能及其与建筑形制关系

祠堂为古代专门用作祭祀的建筑物，分石质和木质两种，因木祠堂难以长期保存，目前存世的只有石祠堂及其零部件。汉代石祠堂大多建于墓前，有庙堂、祠庙、石庙、石堂、祠堂、宗祠、石祠等不同称呼，《水经注》中记载了很多墓前石祠，如“城南有数碑无字，又有石庙数间，依于墓则，栋宇崩毁，惟石壁而已，亦不知谁之族矣。”“庙堂皆以青石为阶陛，庙北有石堂，珍之玄孙桂阳太守玚以廷熹四年遭母忧，于墓次立石祠，勒铭于梁，石宇倾颓，而梁字无毁……以延熹四年立石祠……”[①]等等。

祠堂建筑在东汉有两个高峰期，一个出现在汉明帝、汉章帝和汉和帝时期；一个是汉安帝、汉顺帝和汉桓帝时期。从20世纪30年代以来出土大量有画像石的墓地祠堂构件来看，山东和苏北地区分别是画像石祠堂最集中的两个地区，年代以东汉早中期为多。在目前所发现的有纪年的17座石祠堂中，山东省境内有15座，建造年代为新莽政权以及东汉时代者居多。有明确纪年，年代最早的祠堂是建造于王莽天凤三年（16年）的汶上县的路公享堂，最晚的是嘉祥县武氏祠堂中的武荣祠（168年），而孝堂山祠堂则是保存最完好、画像石最为丰富的地上墓地祠堂。建初八年（83年）的肥城栾城镇村祠堂画像与孝堂山祠堂建造年代相仿，画像风格比较相像。其他还有永元十年（98年）的滕县食堂画像、济宁两城山刘安石祠（113年）、永初七年（113年）戴氏祠堂画像、永建五年（139年）两城山食堂画像、鱼台建康元年（144年）

① 〔北魏〕郦道元：《水经注》，华夏出版社2006年版，第576页。

文淑阳食堂画像、嘉祥元嘉元年（151年）武梁祠、永兴二年（154年）芗他君祠堂画像、嘉祥宋山永寿三年（157年）许安国祠堂刻石、曲阜徐家村延熹元年（158年）食堂画像等，此外还有微山、邹城和滕州等地发现的小祠堂。东汉晚期因社会动乱，经济凋零，出现了将小祠堂的构件拆卸用于新墓室改建的现象。近年来，这些石祠画像石零散构件不断因考古挖掘出土，为汉画像石研究提供了许多重要的信息。

第一节　孝堂山石祠汉画像石的功能

"祠堂"一词最早出现于《汉书·循吏传·文翁传》："吏民为立祠堂，岁时祭祀不绝。"[①] 可见祠堂主要用作祭祀先人。作为定期进行祭祀的重要活动场所，那么附着其上的画像的主要功能也是祭祀。对于祠堂画像功能的把握有助于我们对图像内涵的理解。作为宗教祭祀性艺术，祠堂画像的构图和内容形式总是比其他艺术显得稳定，这从近年出土的小祠堂画像石也可看出，比如楼阁拜谒图一般在北壁正中，拜谒图下方总是有一列车马出行图等，这些图像配置规律能帮助我们给零散的小祠堂画像石部件定位。总之，从祠堂画像的功能来看，汉代人的祭祀心理、宇宙和价值观、儒家礼制观念和道家自然观念，都杂糅在其中。细分起来，除了祭祀功能，祠堂画像还有宣教和表彰的功能，当然它们的意义指向都是一致的。

一、祭祀功能

原始人类自从有了神的观念，就有了祭祀的行为，上古中国，人人都可以祭祀，家家自为巫史。殷商王朝掌握政权后，牢牢地掌握了祭祀权，开启以

---

① 〔汉〕班固撰，〔唐〕颜师古注：《前汉书·循吏传》，载《四库全书·史部》（第251册），台湾"商务印书馆"2008年版，第120页。

神为本的神权统治时代，统治者将民众的祭祀权剥夺，实现了王权与神权的统一。当时的祭祀中心在宗庙，是祖先灵魂所在的地方，王充在《论衡》中说："鬼神所在，祭祀之处。"[①]宗庙修筑在都城中，形制模仿宫殿，统治者在此祭祀祖先或举行朝聘、策命、出军、献俘等国家及军队中之重要政务活动。春秋战国之时，祭祀活动重心渐渐由宗庙转为家族墓地。到汉代时高级贵族模仿帝陵，在墓地建立祠堂进行祭祀成为一种风气，至于中下级官吏和平民，则受经济影响和制度约束，墓上建筑规模小得多，一般祠堂兼具庙、寝、斋室的功能。《史记·礼书》曰：天地者，生之本也；先祖者，类之本也；君师者，治之本也。故礼，上事天，下事地，尊先祖而隆君师，是礼之三本也。[②]《艺文类聚》引《尚书》大传："祭之为言察也……言人事至于神也"。祭祀是人与鬼神沟通的方式，而画像能把人类的意图很好地传达出去，因此在宗庙和祠堂发挥祭祀功能的时候，画像不可或缺。文献与考古发掘所见，宗庙和祠堂建筑大多装饰有壁画或画像石，东汉王逸《章句》在注《楚辞·天问》中显示，屈原（公元前340—前278年）所见到的宗庙和祠堂类建筑，上面是画满壁画的："见楚有先王之庙及公卿祠堂，图画天地山川神灵，琦玮谲诡，及古贤圣怪物行事，周流罢倦，休息其下，仰见图画，因书其壁。"所绘神灵、古贤和怪物这些内容在几百年后的孝堂山石祠画像中也有体现，可见画像在祭祀活动中的传承性和重要性。

祭祀，既是与鬼神交流、祈福的方法，同时亦表达生人的哀思。死者已逝，而生者的感情未断，担心地下的亲人受饥寒，祭祀行为可以让生者心里得到安慰。王充《论衡》中记载："夫祭者，供食鬼也……推生事死，推人事鬼，见生人有饮食，死为鬼当能复饮食，感物思亲，故祭祀也"[③]。"祠堂"的"祠"

---

① 〔汉〕王充、黄晖撰《论衡校释》，载《新编诸子集成》（第一辑），中华书局1990年版，第972页。

② 〔汉〕班固撰，〔唐〕颜师古注：《前汉书·循吏传》，载《四库全书·史部》（第251册），台湾"商务印书馆"2008年版，第120页。

③ 〔汉〕王充、黄晖撰《论衡校释》，载《新编诸子集成》（第一辑），中华书局1990年版，第992页。

字在汉代字书中被训为祭祀之义，在山东多被称为“食堂”“翟寺”和“享堂”，与在祭祀时摆放供品食物供祖先祠主享用这一功能相关。如山东汶上县路公祠堂画像石（公元16年）上刻铭曰：“昆弟□天凤三年立食堂”；山东微山县两城山桓氏食堂画像石（139年）上，刻有“永和四年四月丙申朔廿七日壬戌，桓孨终亡。二弟文山、叔山悲哀，治此食堂，到六年正月廿五日毕成。”延平元年十二月（106）山东济宁阳三老食堂画像题记：“朝半祠祭，随时进食。”山东东阿县芗他君祠堂石柱榜题：“起立石祠堂，冀二亲魂零（灵）有所依止。……财立小堂，示有子道，差于路食。”山东嘉祥宋山许安国祠堂画像榜题：“朝莫祭祀，甘珍设，随时进纳，省定若生时。”理解到“祠堂”就是逝者的“食堂”，供祠主亡人享用祭食的处所，那么我们在孝堂山石祠画像中看到狩猎、庖厨、宴飨、收租的情景，就不足为奇了。

二、宣教功能

根据王延寿对建于西汉的鲁灵光殿的描述，“图画天地，品类群生……忠臣孝子，烈士贞女。贤愚成败，靡不载叙。恶以诫世，善以示后”[①]，知汉代宫殿墙壁上装饰壁画有其教化功能。两汉时，统治者在楼阁壁上图画功臣肖像以示激励：西汉宣帝于未央宫的麒麟阁图画十一功臣，并署官爵姓名；东汉明帝追感前世功臣于南宫云台图绘二十八人，又加当世大将共计三十二人。壁画宣传功效巨大，以至于如王充《论衡·须颂》中记载的“或不在于画上者，子孙耻之。何则？父祖不贤，故不画图也。”之后壁画普及地方官府、学校，内容以忠孝节烈事迹为主。

地下世界是对地上世界的模仿，石祠画像是对壁画的模仿，因此墓室、祠堂等建筑中同样经常刻画歌颂死者功德或教化子孙等内容的画面。立于地上的祠堂比墓室更具宣教功能。《论衡》曰：“世信祭祀，以为祭祀者必有福，不祭祀者必有祸。是以病作小祟，祟得修祀，祀必意解，意解病已，执意以为祭祀

① 〔东汉〕王延寿：《鲁灵光殿赋》，载〔梁〕萧统编、〔唐〕李善注：《昭明文选》第二册，上海古籍出版社1986年版，第516页。

之助，勉奉不绝”[①]。到东汉时期，建于家族墓地前的祠堂成为整个家族的祠堂，在对祖先祭拜的祭祀中，对象是整个家庭成员。修祠、祭祀成为整个家族的重要行为，并且长期不断地接连进行，再加上金石雕刻的长久保持功能，祠堂画像凝聚族人、训诫子孙的功能得以实现。

晋人戴延之所作的《西征记》也描述他所见画像石的内容："冢有石祠、石庙，四壁皆青石隐起。自书契以来，忠臣孝子、贞妇、孔子及弟子七十二形像，像边皆刻石记之，文字分明。"[②]祠堂画像石上的历史故事画，往往都是相同的内容，如“明帝贤臣”“二十四孝”“孔子见老子”“周公辅成王”等，宣教作用明显，就是为了直接规矩后人的。微山县两城画像石（石祠构件）上还特意注明："慎勿相忘，传后世子孙令知之"，表达了其训诫家族子弟的功能。综合文献记载、考古出土和后人拜访孝堂山石祠题记、题刻，我们可看出，石祠修建后其内壁的画像，不仅对自己来祭拜的子孙，还对其他参观人员有着宣传教育的功能。

三、表彰功能

表彰是祠堂画像的另外一项功能，这一点从建立祠堂之时有意识地在图像旁边标示建造费用可以看出。如嘉祥宋山许安国祠堂画像榜题着重提及“以其余财造此堂”“贾钱二万七千”。微山县两城乡陈庄画像石榜题则为“值钱五千”。山东微山两城山出土祠堂侧壁画像石榜题指出“财弗直万”。山东肥城建初八年石祠后壁刻铭曰："建初八年八月成，孝子张文思哭父而礼"[③]。武氏画像石榜题："孝子仲章、季章、季立，孝孙子侨，躬修子道，竭家所有，选择名石"，"使石工孟孚，李弟卯造此阙，直钱十五万，孙宗作狮子，直

① 王充:《四讳》，载《论衡：卷十五》，中华书局 1979 年版，第 151 页。

② 王建中:《汉代画像石通论》，紫禁城出版社 2001 年版，第 17 页。

③ 王思礼:《山东肥城汉画象石墓调查》，《文物参考资料》1958 年第 4 期。

四万。"[①]自称为"孝子"，并将花费刻在石头上，似乎不符合山东人含蓄低调的性格特点，但也道出了立祠祭墓的意图，那就是《盐铁论·散不足》中写到的："今，生不能致其爱敬，死以奢侈相高，虽无哀戚之心，而厚葬重币者则称以为孝，显名立于世，光荣著于俗，故黎民相倾慕，至于发屋卖业。"[②]除了提到花费多少，画像榜题中还经常提到画工和石工的名字，宋山许安国祠堂画像石榜题刻意提到"名工"一词，而高平的石工和画师在山东东阿县芗他君祠堂榜题中也曾出现过，"师操义、山阳虾丘荣保，画师高平代盛，邵强生等十余人"[③]。由雕刻石工名字于其中，并非一种随意的举动，说明了自己为先人造墓室、祠堂的慎重心情。

两汉时期有国家为功臣勋戚建造墓地祠堂的风气，这对死者家族来说是一件值得炫耀的事情。与墓主人生前利用过的"都亭"一样，他们到了地下"皆食太仓"，具有和生前一样的高贵身份。这些都是向他人炫耀、表彰自己，表现其重孝道的意味，实现了祠堂展示孝悌之心，博取功名的社会功能。

总之，如朱存明在《汉祠堂画像的象征主义研究》一文中所说："祠堂是为死去的人建造的，却是为活着的人服务的。"[④]祠堂的功能展示了后代兴建其的用意，生者按照礼仪安排定期来祭祀死者，希冀死者按时过来享用自己的祠斋。只要诚心供奉，祖先们就会运用天界和地府所赋予的神秘力量来佑护自己及后代，使其家族人丁兴旺，富贵长存。

---

① 蒋英炬、吴文祺：《汉代武氏墓群石刻研究》（修订本），人民美术出版社2014年版，第47页。

② 〔汉〕恒宽撰，〔明〕张之象注：《盐铁论·散不足》，载《四库全书·史部》（第695册），台湾"商务印书馆"2008年版，第580页。

③ 信立祥：《汉代画像石综合研究》，文物出版社2000年版，第2页。

④ 朱存明：《汉祠堂画像的象征主义研究》，《民族艺术》2003年第2期。

第二节 孝堂山石祠汉画像石与建筑形制关系及意义

汉画像石祠是将绘画、雕刻、建筑和仪式行为融为一体的古代艺术品，绘画结合于雕刻，雕刻附着于建筑，建筑又为整个丧葬仪式服务。信立祥曾说："在本质意义上，汉画像石是一种祭祀性丧葬艺术。"[①] 在祠堂内配置的作为整个丧葬礼仪的一部分的画像石，既是装饰画，又是建筑构件的一部分，还是丧葬礼仪的一部分，只有将其放置在建筑的空间环境中研究，才能把握画像石的雕刻方法、绘画风格及其局部形式的特征和内涵，孝堂山石祠在这方面有得天独厚的优势。因此，对画像石的研究离不开对石祠建筑形制和功能的理解，将石祠画像研究置于建筑整体中进行比较，从而揭示出祠堂画像、建筑、雕刻与祠堂营造、墓葬环境和丧葬礼仪之间的关系，这不仅有助于我们更深入理解画像石内容和意义，对其他汉代祠堂的复原和研究也有非常重要的意义。

中国古代建筑在汉代以前已经取得极高成就，文献记载虽然不少，但实物几乎不存，研究者只能从文献和考古发掘出土的明器、壁画、画像石等资料着手研究。孝堂山作为唯一保存完整的汉代石祠建筑是研究我国建筑史的重要实物例证。作为附着在石祠建筑上的画像，对于祠堂画像及墓室画像的研究具有重要价值。石祠画像中还有许多表现建筑的画面，对汉代建筑的研究也有很重要的意义。

一、石祠汉画像石与建筑形制关系

东汉祠堂往往与墓冢、石阙、石庙一起，是一个墓地建筑群的组成部分。祠堂、墓阙和墓室虽然具体功能不同，但它们同属礼仪性丧葬建筑，在丧葬礼仪中相互关联。考古发现这种墓地建筑群有两大类：一种以单个墓地和祠堂为中心；另一种由众多墓地和祠堂组成墓群。东汉墓地的标准模式为各建筑依

① 信立祥：《汉代画像石综合研究》，文物出版社 2000 年版，第 4 页。

中轴线建造，入口有双阙、石兽，石祠建于墓前，紧挨祠堂立着一排三座石碑，立于碑旁的是两个石人、数对石柱以及另外一些石兽。如河南鲁山县尹俭墓，墓和祠坐东朝西，祠堂前矗立着纪念性石碑，墓地入口有双阙和一对石狮标志。山东金乡朱鲔墓和江苏徐州白集汉墓，墓、祠堂和神道都建造在中轴线上，坟墓都由多个墓室组成，每一座墓都有一个主室和数个耳室和后室。祭品置于主室，家庭成员的棺椁则放于后室之中。[①] 在这种多室墓里，一个家庭的各个成员可以被安葬在一处，形成一个地下家庭。据考古学家研究，这类墓葬大约从东汉初年起渐渐取代西汉时期的单穴墓，进而在东汉中晚期成为中国东部和南部地区的墓葬规范。[②]

两汉时期祠堂非常普遍，从制作材料上看，可分为土木结构和石结构两种，从发展过程看，先有土木祠堂，后有石祠堂。皇帝和贵族高官的墓上祠堂一般是土木结构，规模较大，祠堂内装饰壁画。中下级官员和土豪的祠堂为石结构，以石面刻画装饰为主。从孝堂山石祠的立面图和剖面图可以看出，石祠堂是对土木祠堂的模仿，石面刻画是对壁画的模仿。土木祠堂有普遍性，但因材料限制在自然侵蚀和战乱人祸中没有保留下来。石祠堂有很强的区域性特点，仅在汉画像石墓流行的地区出现，因为石材能保存，因此我们现在见到的都是石祠堂或其残余部分。从大小形状上看，信立祥认为墓地祠堂一般有四种形状：一种是像普通祠堂一样拥有起脊；一种是采用三个石头做成的楼宇，其形状约如倒“凹”字形；一种是双开间，前面有一个立柱石梁支撑；一种是在双开间后壁中间，有一个单独小神龛。孝堂山祠堂建筑属于第三种双开间单檐悬山顶房屋式建筑（见图 9）。早期的石祠结构大多为“凹”字形的小祠堂，画面简单，线条细弱，构图和造型较为严谨拘束；后期石祠建筑空间扩大，雕刻技术趋于成熟，画像内容也变得复杂。

---

① 中国社会科学院考古研究所:《新中国的考古发现和研究》，文物出版社 1984 年版，第 433 页。

② 同上书，第 413—415 页。

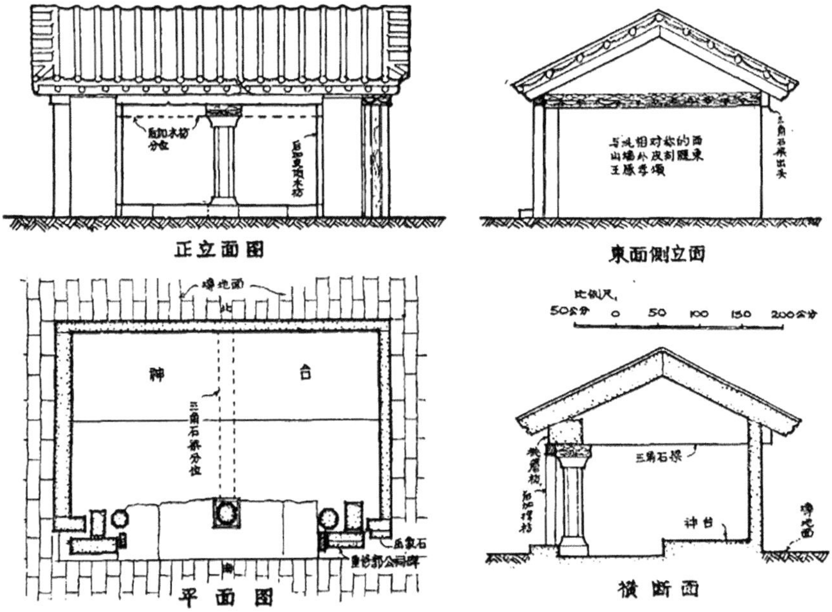

图 9　罗哲文绘孝堂山石祠建筑简图[①]

孝堂山石祠南北向，墓冢在祠堂后方。院中正厅前立着数十方古碑，大厅是为保护祠堂而建的罩室。祠堂只是仪式性的建筑，其建筑规模比现实生活中的祠堂小很多，人们无法随意进出。祠堂北壁下方有矮石台一座，横贯东西，放置祠主的神主之位。祭品放在石祠门口，祭祀在室外进行。石祠平面为长方形，长 4.14 米，宽 3.805 米，内高深 2.08 米，整个建筑占地面积不足 10 平方米，平均高不过 1.6 米。屋顶刻有连檐、脊背、沟头、瓦垄的形状。祠堂朝南，正中用八角石柱分隔为两间，石柱与山墙之间有三角隔梁石。由于外周加铺墁砖，室内地面已较外面略低（见图 10）。

图 10　石祠现状

① 罗哲文：《孝堂山郭氏墓石祠》，《文物》1961 年第 4、5 期合刊。

石祠建筑，有墙壁、柱子、梁、枋、斗、屋顶等各种组成部分，由大小石材共 31 块石拼接构筑而成。石祠墙壁用整块大青石板砌成，厚 20 厘米左右，上端是三角形的大石，与房顶巨石交叉做出房顶的形状，以承托屋顶两头的重量。祠顶石板东西宽度近 5 米，由于过于沉重，为防断塌，在前檐加 3 根八角形石柱，中间一根最大，两端各一根较小，中间八角柱的上下两端均有大斗一个，罗哲文认为："近 2000 年来石祠没有坍塌，当与此柱有关。"[①] 两旁的小八角柱为后代添加，用于补充前檐的两端支顶力量。后墙为长方形石块，承受后半坡屋顶的重量。石祠顶部为巨石筑成，真实地雕刻出房顶形状，瓦陇作成弯卷式。坡西半部的屋顶，为后代仿照原来形式补配。除空间略嫌狭窄以外，其建筑模式均是参照当时活人的住宅样式进行建造的。

作为阴界与阳界的转折处，祠堂是一个神圣空间，是沟通天、地、人、神的神圣场所，人们按照对宇宙的理解，模照地上世界和对地下世界的幻想，来建构这一神圣空间。天、地、君、亲、师是汉人崇拜祭献的偶像，祠堂画像正是对这种礼制的表现，因此在内容布置上有明确的层次方向感。为了建构这个"小宇宙"，祠堂的结构、图像和图像位置，都有其象征结构和图像学意义。结合其他出土祠堂画像石构件来看，图像的分布结构大体一致。石祠北壁一般摆设祠堂主人神位，后面的画像内容多生活化，有墓主人在楼阁内接受拜谒和车马出行等各种场景；东壁代表东方，与大海方向一致，其画像内容则多安排东王公等神仙及其生活画卷；西壁代表西方，与昆仑山方向一致，其画像内容包括如西王母等神仙及其生活场景。星象、仙人类在祠堂顶部或各壁上部表示天空，鱼和水在下部表示地下世界，中部大多是人类活动，表示地上世界。孝堂山石祠内壁的画像正是完全按照这种规律来制作的。

1907 年日本人藏田信吉在长清孝堂山下挖掘到祠堂三面墙壁的构件，现藏日本东京帝国大学[②]（关野贞：《支那山东省汉代坟墓の表饰》与《支那の建筑と艺术》上也有著录）。美费慰梅在《汉"武梁祠"建筑原形考》（该文译载

---

① 罗哲文：《孝堂山郭氏墓石祠》，《文物》1961 年第 4、5 期合刊。

② ［日］大村西崖：《支那美术史雕塑篇》，国书刊行会刊 1972 年版，第 82、271—275 页。

《中国营造学社汇刊》第七卷第二期）中曾引用此小祠堂，作为复原武氏祠石室后壁小龛的依据，因其构成形式和大小都和武氏祠前石室的后龛相近，所以她认为这不是独立的小祠堂，是一座大祠堂的后龛。蒋英炬引用了费尉梅女士发表的《汉“武梁祠”建筑原形考》一文，指出其残存三面墙壁构件，并刊出结构图。[①]残石中有一幅祠堂祭祀图，画面左边为一座四合封闭式院落，前有人祭祀，应为祠堂。正房与两侧厢房围合起来，房顶为两面坡屋顶，起脊，大门向右开，没有门扇，前一人对院门方向跪拜，其面前地上有一钵祭品、一盏灯，背后有一个仆人在喂马（见图 11）。这幅祠堂祭祀图显示，祭祀在祠堂门口的户外举行。正在祭祀的人物、仆人及马代表来自人间的祈祷，扶桑树、飞鸟、房顶的猿猴代表来自仙界的指引，而祠堂是连接人间和仙界的重要媒介。扶桑树、飞鸟、猿猴这些象征性图像与祠堂内画像一致，是我们看不见的祠堂内图像的延伸，等于将祠堂内平面的画像石内容，立体地呈现在祠堂外部，它所表达的涵义，与祠内图像一致：后世子孙表达对孝亲逝亡的哀思，希望绘刻的祥瑞图像能为先人挡辟邪灵，以及希冀先人升仙、福佑后人绵绵无绝。

图 11　1907 年日本人藏田信吉在长清孝堂山下挖掘的小祠堂画像石上的祠堂祭祀图[②]

二、石祠汉画像石中的建筑及其象征意义

孝堂山石祠画像是附着在建筑上的。有趣的是，画面中也多次出现建筑图

① 蒋英炬：《汉代的小祠堂——嘉祥宋山汉画像祠的建筑复原》，《考古》1983 年第 8 期。

② ［日］大村西崖：《支那美术史雕塑篇》，国书刊行会刊 1972 年版，第 82、271—275 页。

像，有楼阁、汉阙、桥梁等古建筑造型，为后人研究提供了图像造型借鉴。石祠图像中共有四次出现楼阁建筑图像：北壁第二层的楼阙拜谒图中，3座两层殿阁，以4个两层阙门隔开。每个两层殿阁以4个斗拱柱子支撑，形制为五铺作出两跳。房檐刻垂直瓦陇，上有屋脊。屋脊平直，形状如倒置的梯形。上层殿阁有栏杆，阙门上出五铺作斗拱。楼顶与阙顶都站了许多仙禽和一位仙人。此楼阙建筑类似地上宫殿、陵墓之前置阙门，作为建筑的入口，以壮观瞻。西壁第四层胡汉战争中左侧绘有汉军营帐，1个双层楼阁，上有屋脊。屋脊平直，形状如倒置的梯形。上层殿阁设平座，旁边有栏杆。东壁第六层的交租图中也有建筑，与汉军营帐类似，有楼梯可以上楼。此外还有东壁三角的风伯的房屋，单层，形状类前。

此外还有两处桥梁。三角石梁东壁的升鼎故事中，两岸用石块叠涩挑出呈平桥状，当中有缺口。三角石梁西壁“七女为父报仇”故事中的渭水桥用极细的曲线画出，为三折平拱形大桥，桥上刻出栏杆，两端立2柱。这些古代建筑图样在汉画像石刻画面的真实再现，记录了汉代建筑的风格样式，具有难得的古建筑形象史料价值。

无论是石祠建筑，还是石祠内画像中的建筑，除了建筑本身的功能外，还具有帮助墓主人升仙的象征意义，汉人相信神仙“好楼居”，置高楼可招引神仙。《史记》记载，元封二年（公元前109年），方士公孙卿建议汉武帝盖高楼，并放置祭品来招引神仙：“今陛下可为馆如缑氏城，置脯枣，神人宜可致。且仙人好楼居”①，汉武帝派人在长安建了蜚廉观和桂观馆，在甘泉宫建了益寿观和“延寿观”，让公孙卿持节设具，等候神人。其后各帝也多建各种神祠，《汉书·郊祀志》也有载：“长安厨官、县官给祠郡国候神方士使者所祠，凡六百八十三所”，“哀帝继位，寝疾，博征方术士，京师诸县皆有侍祠使者，尽复前世所常兴神祠官，凡七百余所，一岁三万七千祠云”②。这些建筑之上还多装饰凤、鹤等仙禽，尤其是在阙上装饰凤的凤阙，在汉代盛行。西汉时长安建

---

① 〔汉〕班固撰，〔唐〕颜师古注：《前汉书·郊祀志》，载《四库全书·史部》（第294册），台湾“商务印书馆”2008年版，第591页。

② 同上书，第598页。

章宫前有凤阙高十丈五尺；东汉时洛阳德阳殿前的凤阙高耸入云，据说人们在四十里外的偃师即可看见。可见石祠中的楼阁、楼阙图都为现实中的反映，传达了汉人渴望升仙的心理。建于山顶部的石祠具有可以招引神仙的功能，绘制于图像中的楼阁同样具有此功能，这既是对现实的反映，也具有强化叠加招神、升仙的效果。

第三章
孝堂山石祠汉画像石图像学研究

石祠汉画像石早为历代金石家记叙，宋赵明诚《金石录》、清翁方纲《两汉金石志》、王昶《金石粹编》、阮元《山左金石志》、冯云鹏和冯云鹓合著《金石索》的“石索”中都有记叙。石祠中技艺高超的汉代画像，以流畅洒脱的阴文线条，再现了两千年前齐鲁地区的社会风貌和人们的思想面貌与生活状况，是珍贵又生动的历史画卷。

石祠画像除了装饰作用以外，更重要的价值是其中蕴含的深刻内涵、象征意义和情感寄托，表达了修建石祠之人祈福御凶禳灾，希冀死者早日超脱幽冥、羽化升天，“在天之灵”佑护家族兴旺、苗胤不绝的内心需求。因此，对石祠画像图像内容与配置规律，应结合汉代人的丧葬意识和宇宙观来解读，其中有丰富的空间层次变化：图像底部是地下世界层面，中间是现实生活与历史故事层面，上部是神兽灵物、人神共处层面，最上层是天上的神秘空间层面，四个层面有机结合在一起，共同完成祠堂主人的升天夙愿。

山东汉画像石建筑中的石祠堂和石室墓的图像内容与布局有很强的规律性和一致性，研究其图像配置规律可以帮助我们了解汉代人的宇宙观。无论是祠堂还是墓室，都是一个缩小的宇宙，墓主的魂魄寄存其中。汉人认为死人有知，与生人无异，唯恐死者“闵死独葬，魂孤无依，丘墓闭藏，谷物乏匮”，因此“故作偶人以侍尸柩，多藏食品，以歆精魂。”[①] 简言之，害怕死者在地下挨饿受冻，受地下邪魔欺凌，变成鬼魂出来与生者捣乱，因此给他备足所能想

① 〔汉〕王充、黄晖撰:《论衡·薄葬》，载《新编诸子集成》(第一辑)，中华书局 1990 年版，第 961 页。

到的一切需要，希望死者魂由神仙指引升仙而去，魄在墓里享受地下生活，并保佑地上自己的家族兴旺。陪葬器物毕竟还受财力和空间的限制，画像石则可以将所有需要刻画到画面上。因此，墓室与祠堂中的画像，作为陪葬的重要部分，与其他陪葬实物一起，安抚死者的地下生涯，让其食有宴飨，行有车马，玩有乐舞百戏，时刻受神明庇护。这些普遍使用的图像有传下来的范本可以参照，因此具有规则化和程式化的特点。同时，又会根据时代变化、死者及家属的特殊要求，再加上某些有才华的工匠的自由发挥，三者合一，不断增添和删改，呈现出画像石有规律可循又异常丰富的面貌和艺术特点。

体现观念的图像布局和画像内容存在祠堂不同建筑部位有不同的意义，刘凤君在《美术考古学导论》中说："美术作品自己会说话，它们以形式所表示的传统，都是依据它们特殊的法则呈现各自风格的，它们的内容和形式是统一的。"[①] 本章节通过对石祠画像分布结构、图像内容及其象征意义、雕刻技法与画像艺术特点的分析，探讨石祠画像是如何实现构造与装饰功能的统一，内容与意义的结合，探索祠堂营造与画像的关系，以及孝堂山石祠画像所反映的汉代人心理图式变化和时代精神。石祠通过建筑形式和图案排列组合方式，展示他们对宇宙层次的不同划分，通过图像内容、内涵、位置说明他们的生死观和价值观。以此为例，我们可以详细分析，汉代人是如何在一个缩小的空间里再现他们眼中的宇宙以及他们的生存方式的，画像石是研究汉代人丧葬观念和制度的最佳范本。

第一节　孝堂山石祠汉画像石的分布结构

由于石祠图像面积大，内容繁杂，加上石祠内光线不好，给人们的研究增加了难度。鉴于此，本书将图像进行表格化处理。首先将石祠画像分成五大部分：西壁、北壁、东壁、三角隔梁石和石祠前檐东立柱画像；然后将三大墙壁

① 刘凤君：《美术考古学导论》，高等教育出版社2014年版，第13页。

按图像内容横向分层，西壁分成六层，北壁分四层，东壁分七层，三角隔梁石按结构分东壁、西壁和底部三部分；最后，把每一层图像按从左到右的顺序拆解，编号，列表，标注位置，并对图像中所有信息做了简单描述和记录。（见文后附录）

这项工作的意义非常大：第一，具有开创性。孝堂山石祠画像几乎具备了东汉早期所有画像内容，所以本项研究对图像内容进行字典式系统编排，对石祠汉画像石研究提供了巨大的方便。不仅让本书接下来的研究能够顺利深入开展，也为后人研究提供了快速有效的检索、查阅和对比的方便。前人对石祠研究虽多，但是由于图像内容过多，没有人能关注所有图像，研究者通常都是选择最突出最受重视的图像，致使许多图像信息一再被遗漏和忽略。而本书所采用的列表分析，使所有的图像处在同样重要的位置，无一挂漏、一目了然。第二，以本石祠为例给画像石研究提供了一个范例，全国各地画像石已以万计数，还有不断新增出土，新的图像内容和榜题，不断为我们刷新过去的陈旧信息，但这些研究都是零散的，不系统的。如果全国范围的画像石、画像砖，能如本书进行统一表格化处理，并有电子版大图可供检索，这将使汉画像石和艺术史论的研究工作能在短时间内提升到一个新的高度，因此本书对画像石研究提供了一个新的方法论的案例。

本节对石祠画像的五大部分内容做一个简单介绍，并按内容列表表示。在其后的第二节对石祠汉画像石按题材内容分为四类，并详细描述图像内容，对比古籍内容，深入探讨其象征意义。为阅读方便，将西壁、北壁、东壁、三角隔梁石的图像详细内容、位置、分析、汇总图表置于文后附录，它们也是本章的有机组成部分。

石祠西、北、东三壁画面布满墙面，以横向分格，分层内容如表1。

表1

西壁 （长2.19米、宽2.11米）	北壁 （长2.07米、宽3.6米）	东壁 （长1.46米、宽1.99米）
第一层：以女娲、西王母为中心的神仙世界		第一层：以伏羲、风伯为中心的神仙世界
第二层：大王车马出行图（西壁段）	第一层：大王车马出行图（北壁段）	第二层：大王车马出行图（东壁段）

续表

西壁（长 2.19 米、宽 2.11 米）	北壁（长 2.07 米、宽 3.6 米）	东壁（长 1.46 米、宽 1.99 米）
第三层：拜谒图	第二层：楼阙拜谒图	第三层：历史故事
第四层：胡汉战争	第三层：孔子见老子图	第四层：庖厨乐舞图
第五层：狩猎图	第四层：二千石出行图	第五层：历史故事
第六层：宴飨图		第六层：升仙图、收租图
		第七层：舞剑、拜谒

一、西壁画像内容简述

西壁画像刻在石祠内西面墙壁，画面高 1.8 米，宽 2.11 米，画像内容分为六层：第一层是以女娲和西王母为主的仙界，女娲氏蛇身人首、持规状物，前方有男女对坐。下方西王母正面而坐，位于画面中心，周围有仙人、贯胸国人、人身兽首、捣药玉兔及其他异兽与云气纹；第二层是自左向右行进的与北壁相连的大王车马出行图，人马皆昂首阔步；第三层是拜谒图，排列整齐，有作为上下层分隔界限之意；第四层是场面宏大的胡汉战争场面，汉王营帐为二层楼阁，一层拜谒，二层妇女端坐，前面是献俘场面。胡王在野外指挥战斗，背后刻有“胡王”标题，为原刻，背后有山坳

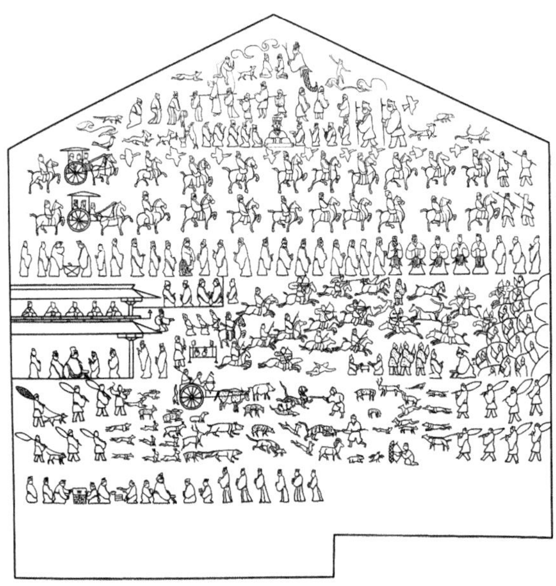

图 12　西壁线描图①

① 蒋英炬、杨爱国、信立祥、吴文祺:《孝堂山石祠》，文物出版社 2017 年版，第 41 页。

和胡人士兵。中间是浴血酣战的场面，汉军在战争中占有压倒性优势，胡军深目高鼻，戴尖帽，异常骁勇。第五层是狩猎图，采取合围的方式，猎人携训练有素的猎犬，持弓、戈、荜等武器包抄猎物。中间野兽四下奔跑，有长角鹿、梅花鹿、豕、狐狸、野鸡、老虎等，场面热烈紧凑；第六层是宴飨图，有下六博棋、对饮与拜谒场景（见图 12）。

西壁分层内容如表 2。

表 2

第一层：以女娲、西王母为中心的天上和神仙世界
第二层：大王车马出行图（西壁段）
第三层：拜谒图
第四层：胡汉战争
第五层：狩猎图
第六层：宴飨图

二、北壁画像内容简述

北壁由并列的二石构成，分东西两部分。东部分高 1.03 米、宽 1.80 米，西部分高 1.04 米、宽 1.80 米，画面构图分作上下两部分，上面部分刻与东、西壁相连接的王者出巡的巨大行列，共有伍佰、骑吏、马、轺车、鼓车等，其中盖系四维，驾四马的轺车车盖极为华丽，为出行主车，榜题“大王车”，属原来的题刻。下面部分是北壁画像的中心。首先是并列三座两层楼房和四座重檐阙，画面雄壮。阙脊上有仙人和各种鸟兽，楼上有妇女端坐，楼下皆为人物拜谒场面。上、左、右方向从里向外有 4 层双线纹饰、菱形纹加五铢钱纹、菱形纹和斜线纹，将画面围起来。下面刻孔子见老子故事，中间孔子拄鸠杖，榜题“孔子”，也是原刻，与孔子相对应的为拄曲杖的老子和推轮童子项橐。孔子与老子身后弟子皆捧简侧立，当为孔子的弟子。最下面刻一列车骑右向行，其中主车盖系四维，有屏，榜题“二千石”，与“大王车”“孔子”笔迹刻工一样，属原刻。车骑队伍右端一人捧盾恭迎，左端一人执笏恭送（见图 13）。

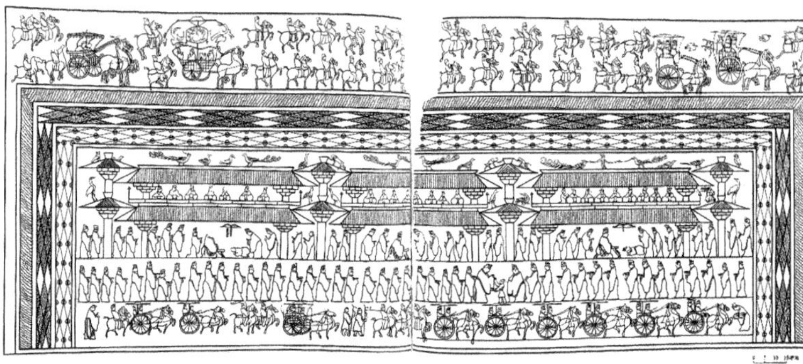

图 13 北壁线描图[①]

北壁分层内容如表 3。

表 3

第一层：大王车马出行图（北壁段）
第二层：楼阙拜谒图
第三层：孔子见老子
第四层：二千石出行图

三、东壁画像内容简述

东壁画像刻于祠内东墙壁，画面高 1.92 米，宽 2.1 米，由上下二石构成，本书将画像自上而下共分七层。第一层是以伏羲、雷神、风伯为中心的神仙世界；第二层是大王车马出行图东壁段，有榜题“相”“令”的官员，左向恭迎有伍佰、骑吏、乘坐骆驼和大象为导从的胡人车骑队伍。车骑上方有一列飞翔的大雁；第三层是历史故事，左端一人榜题“周公”为周公辅成王的故事。右端一人负笼荷锸，一妇人持弓欲射，新释读为“韩朋与贞夫”的故事[②]；第四层

① 蒋英炬、杨爱国、信立祥、吴文祺：《孝堂山石祠》，文物出版社 2017 年版，第 36—37 页。

② 陈长虹：《贞夫故事图像考》，《艺术史研究》（第十五集），中山大学出版社 2013 年版，第 77—102 页。

是庖厨、乐舞、百戏场面，庖厨安排了杀牛、宰羊、屠狗等准备美食的过程。乐舞百戏图以建鼓为中心，乐队在一侧弹奏乐器伴奏，舞人翩翩起舞，旁边有缘竿、弄丸等高难度杂技节目；第五层是历史故事；第六层左端是乘鹿车和鱼车的仙人，旁边环绕虎、鹿、兔、龟、鱼等兽类、水族，右端是账量、交纳贡品画面；第七层是舞剑、拜谒图（见图 14）。

图 14 东壁线描图①

东壁分层内容如表 4。

表 4

第一层：以伏羲、风伯为中心的天上和神仙世界
第二层：大王车马出行图（东壁段）
第三层：历史故事
第四层：庖厨乐舞图
第五层：历史故事
第六层：升仙图和收租图
第七层：舞剑、拜谒图

① 蒋英炬、杨爱国、信立祥、吴文祺:《孝堂山石祠》，文物出版社 2017 年版，第 31 页。

四、三角隔梁石画像内容简述

三角隔梁石横 2.03 米、顶高 0.78 米，与三面石墙和南面 3 根八角柱上一起承受石祠重量达 4 万多斤的屋顶，石祠屹立 2000 年不倒，与此三角隔梁石有很大关系。在三角隔梁石的东部、西部和底部都刻有图案。

隔梁石东壁正中是“升鼎”故事，两岸用石块叠涩挑出呈平桥状，当中有缺口，岩上两边各有 4 人用杠杆拉拽，鼎已升到井口，但鼎耳突然折断，北岸拉绳松弛。桥下有船，船上有人划桨，正中船上的人正用竿支鼎，船下有鱼。在河岸南侧有飞鸟与人。岸北侧有扶桑树，上旁飞 2 鸟，1 人正引弓射之，旁边还有并封、山猝、三头鸟、人面鸟身这几种山海经中描述的神兽。最下面一行有骑行列自南而北，有吹箫的人前后护送，中间有敞车，北端有人持笏躬身作迎候状。

隔梁石西壁中心为“七女为父报仇”图。正中刻 1 弯弓状垂虹，两端作龙首，内有 1 仙人正坐，四周绕以云气。在画的上边有飞雁 12 只。桥为平拱形，两端立 2 柱，上有 2 鸟。桥上有战斗，桥的正中有一翻仰马车，车上乘者已坠于桥下，桥下舟中人用长矛顶住坠桥人，舟旁有鱼。《金石萃编》《石索》称为坠车故事，武梁祠及沂南汉墓等处汉代画像石，称此类画像为水陆攻战图，邢义田认为应为文献已失传的“七女为父报仇”故事。

三角隔梁石梁底画像为日月星辰，左端刻日中金乌。右端刻月中一蛙一兔。在日之旁刻 1 女坐于织机上，头上刻三星相连，是织女星座，旁边有九星，应为牛郎星，图案已失。日、月之两外端刻南斗与北斗，南斗之下刻三曲浮云，其下有一大雁南飞。整个三角隔梁石上图案都象征天上世界（见图 15、图 16、图 17）。

图 15　三角隔梁石东壁线描图①

图 16　三角隔梁石西壁线描图②

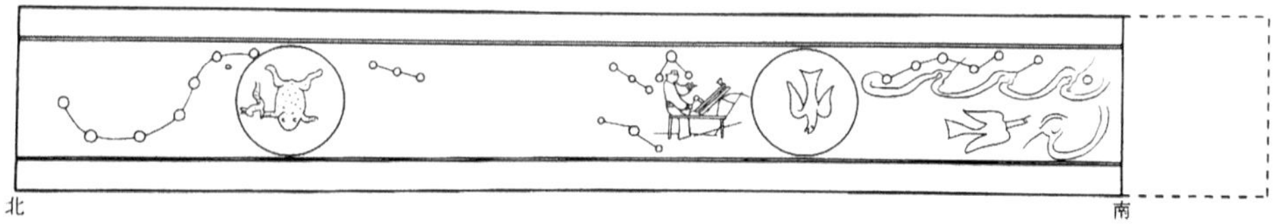

图 17　三角隔梁石梁底线描图③

五、石祠前檐东立柱画像内容简述

这块画像在石祠的东南角，立于支顶檐角的石块上（见图 18）。清冯云

① 蒋英炬、杨爱国、信立祥、吴文祺:《孝堂山石祠》，文物出版社 2017 年版，第 44—45 页。

② 同上书，第 46—47 页。

③ 同上书，第 48 页。

图 18 石祠前檐东立柱画像石

鹏、冯云鹓的《石索》中称之为“续得石”。画面左边刻两行双线，装饰连缀五铢钱纹，右边饰菱形纹。画像上部刻一上行带翼的龙，有长长的尾巴，龙下有云气纹。中部刻一人身兽爪的动物，下部刻一人侧立执彗，画风与雕刻技艺都与内壁画像类似。执彗侍者是墓门前常有的图像，表示打扫干净欢迎逝者。龙也常被安放在墓门，有镇邪的作用。因此安放在石祠门口的本组图像的意义就是接引和辟邪。此组图像龙与人身兽爪的动物占了画面主要位置，似在告诉人们，里面已经不是人间世界。按照汉代人喜欢对称的习惯，祠堂右侧门口应该也有一组与其对应的画像石，但不知何故目前仅余这一块。本书只能这样推测：祠堂曾倒塌或局部损坏过一段时间，后来被人重新组装起来时，右侧的画像石不知所终，所以用一块别的石头支撑起来。或者左侧缺石，本块画像石被从别的地方挪移而来。

六、榜题

石祠画像中共有七条原刻榜题，隶书，分别为“相”“令”“成王”“大王车”“孔子”“二千石”“胡王”（见图 19）。字体蚕头雁尾，收尾部分以双线勾出波磔，字形舒张，线刻精妙，与 1956 年出土于山东肥城栾庄张氏墓的“建初八年（83 年）画像石榜题”的书体和刀法均十分相似（见图 20）。孝堂山一带古属肥城，距栾庄村仅有 30 余公里，两者画像石的铭文、阴线刻雕刻技法、造型风格和装饰花纹都极其相似，属于同一时期同一地缘风格作品，这也为我们判定孝堂山石祠建造年代提供了依据，即在 83 年前后的明帝（58—75 年）、章帝（76—88 年）与和帝（89—105 年）时期，也就是公元 1 世纪即东汉早期。

图 19　孝堂山石祠画像石榜题

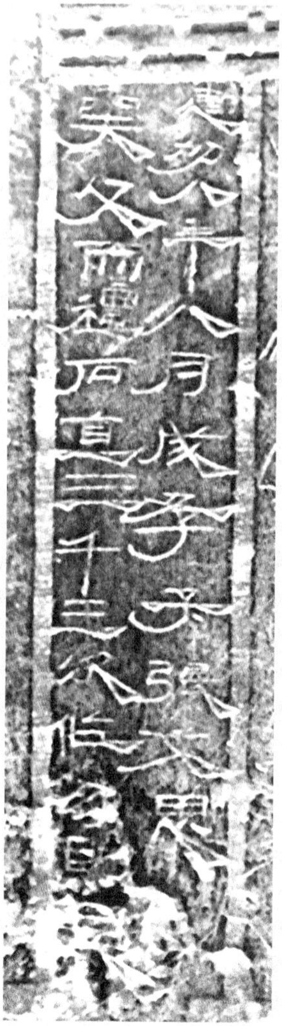

图 20　肥城栾庄张氏墓画像石榜题

第二节 孝堂山石祠汉画像石题材内容及象征意义

石祠汉画像石是墓葬艺术，属于实用美术的范畴，功能性的意义在它的美学意义之上，因此对它题材内容的考证和图像系统象征意义的探究，是研究最重要的部分。

东汉之前的社会动荡，鲁中、鲁南地区很多贵族、士大夫阶层沦为平民，他们在墓室和祠堂中绘制图像，把死者描绘成达官贵人，这些画像内容，活灵活现地刻画了当时的贵族生活方式和活动场景，这些图像在孝堂山石祠中都有极其丰富的体现。从题材来看主要可以分为以下四类：一是神话题材类，包括西王母、伏羲、女娲、风伯、贯胸国、扶桑树等神话题材；二是社会生活类，包括拜谒、狩猎图、出行、宴飨、庖厨、百戏、乐舞等；三是历史故事类，包括孔子见老子、胡汉战争、泗水升鼎、周公辅成王等；四是装饰纹样类，包括斜线纹、穿壁纹、菱格纹、云气纹等。这些题材反映了汉代社会物质与精神文化层次的丰富性，对了解汉代社会生活、文化价值、宗教信仰、思想观念具有重要价值。下面我们将就各种题材的象征意义进行进一步阐述。

一、神话题材类的象征意义

神话类题材主要描绘了伏羲、女娲、西王母、风伯、雨师、雷神、虹神、牛郎织女星、南斗北斗星和各种奇禽异兽等，这些内容主要分布在祠堂东西两壁的上方山墙部分，石祠中间上部的三角隔梁石上，以及穿插在三壁图像之间。它们都有其特殊的象征意义：一是表示墓地或祠堂中这个封闭世界的天空；二是将汉代的天文观念用于社会政治伦理的预示与警告；三是帮助墓主人升仙的祥瑞符号。汉代流行谶纬学说，相信天人感应，重视神灵。王充在《论衡·福虚篇》中驳斥当时社会上流传福与祸的报应，都是由天来决定的说法："福祸之应，皆天也。人为之，天应之。阳恩，人君赏其行；阴惠，天地报其德。"因此神话类题材是画像石内最不可或缺的内容。

汉代宇宙观认为阴阳为对立统一的两极，是万物内在的本质，在任何具体事物中都有所体现，他们用阴阳概念和相生相克模式来解释所有社会关系和自然事物，“解释宇宙间诸现象”[①]。石祠中代表天上世界的神话题材类图像基本都是有阳即有阴，从位置和象征涵义都是两两相对的。伏羲和女娲，西王母和箕星原本都是互不相干的神祇，但在汉代，人们把它们凑在一起，分刻在祠堂上东西两壁表示阴阳。石祠三角隔梁石底面，北端刻月和北斗星，南端刻日和南斗星，中间的牛郎织女星两相对望。日为阳，月为阴，北斗主死，南斗主生。王娟在博士论文《汉代画像石审美研究》中提到，汉人就是通过图像在空间位置和自身意义的对称来体现“一种对阴阳和谐、万物随顺的宇宙秩序的理解和追求。”[②] 阴阳虚实、天地相交、风调雨顺的对比，包含宇宙中万物化生的丰富内涵，既是万物生长之道，又能产生一种特殊的艺术生命力，形成中华民族特有的美学形态。

（一）天上世界

世界文明古国都对天文历法进行关注，中国古天文学当时处于世界领先水平，受到后世天文学家高度评价，英国人李约瑟在《中国科学技术史》一书中指出：“中国人在阿拉伯人以前，是全世界最坚毅、最精确的天文观测者”[③]。无论中外，对天象的观测和记录，都与远古的通天巫术或占星术密不可分，众星之象和云气之象都是具有意义的，都表现着人间事物，负载着人类的体验。汉代人有关“天”的概念的理解比起周人更为具体和形象化，天具有目的性、意志和理智，可以表达对善恶的评判，这是由于古代人对自然宇宙的认识具有很大的局限性，许多自然天文现象被拟人化和神化，于是古代神话题材和天文题材往往混合在一起。与此同时，天象被人为用来与社会政治的状况联系在一起。

孝堂山石祠顶部描写占星术的天象，把一些星图按一定图式描绘出来。

---

① 冯友兰：《中国哲学史》，华东师范大学出版社 2000 年版，第 282 页。

② 王娟：《汉代画像石审美研究》，文物出版社 2013 年版，第 143 页。

③ ［英］李约瑟：《中国科学技术史》（第 4 卷），科学出版社 2008 年版，第 3 页。

风、雨、雷、电等自然现象都是天的组成部分，把原始神话用于祭祀，把星宿与自然神灵相结合，把自然力加以人格化、神灵化，借神灵的形象来暗示天的力量，是原始“万物有灵观”的图像呈现。例如东壁上方的雷神出行、风伯吹屋和三角隔梁石底部的牛郎织女星、三角隔梁石东壁上方的虹神都被人格化了（见图 21）。

图 21　东壁三角线描图

1. 伏羲、女娲图

石祠图像中伏羲、女娲分在东西两壁，伏羲作为“阳”的首领管理东壁世界，女娲作为“阴”的首领管理西壁世界。位于东壁最顶端的伏羲人首蛇身，手持矩，侧向右，左旁有云气纹。伏羲是古代传说中中华民族人文始祖，传说他发明医药，结绳为网，创作曲子，并根据天地阴阳变化之理，创造了八卦，用八种简单却寓义深刻的符号来概括天地之间的万事万物。画像中，以伏羲为中心的天上世界中，有风伯、雷神、雨师、裸体仙人等星宿神仙，还有持棍棒、树枝和类似耕具状的人物，并有实施刑法的场面，表现了伏羲定规矩准绳、设立刑法，显示了农耕社会的起源，与文献记载中关于伏羲的记录一致，正如《国语 · 卷十八 · 楚语下》所表达的一样：“于是乎有天地神民类物之官，是谓五官，各司其序，不相乱也。民是以能有忠信，神是以能有明德，民神异业，敬而不渎，故神降之嘉生，民以物享，祸灾不至，求用不匮。”表现了人们希冀风调雨顺、治理家园的愿望（见图 22、图 23）。

位于西壁图像最顶端的女娲人首蛇身，持规，侧向左。女娲又称女娲氏，娲皇，是中国传说时代的上古氏族首领，也是中国神话中的人类始祖，是伏羲的妹妹和妻子，主要功绩为炼石补天和抟土造人，因此被作为人类始祖和婚姻之神来崇拜。造人传说对汉族影响深远，在本图中女娲面前就有戴高冠、着裤装二人跪立，应该是为表达诞生于女娲时期的两位早期帝王。伏羲和女娲时代的汉族，处在由母系社会向父系社会过渡时期。孝堂山石祠画面的主要部分或突出部分是西王母，而伏羲和女娲不占据画面中心，成为仙界配角。

图 22　伏羲，东壁第一层第一行左 2

图 23　女娲，西壁第一层第二行左 4

2. 雷神、风伯、雨师、虹神图

图 24　雷神，东壁第一层第三行左 5

雷神出行在东壁三角左端，一行 6 人从左向右行进。前面 4 人拉车，后 1 人推车，雷神坐在敞车中，双手持槌击鼓，鼓在古代常用来祀神，具有沟通神人的作用。《周礼 · 鼓人》记载“以雷鼓鼓神祀。”[①] 雷神头顶有 4 个圆球状物系于圆环之上，与车连接，表示星座。《山海经 · 海内东经》中有：“雷泽中有雷神，龙身而人头，鼓其腹。在吴西”[②]，但石祠中的雷神已经完全是人类官员的模样（见图 24）。

风伯是东壁三角顶端的中心人物，与西壁此位置西王母对应。一组图像共 6 人，展现了风伯吹屋的场景。图像最左边一个身躯庞大的人物正腾身跃起，

① 〔清〕阮元校刻《周礼》，载《十三经注疏》（影印），中华书局 1982 年版，第 720 页。

② 〔晋〕郭璞注《山海经详注 · 卷十三 · 海内东经》，栾保群详注，中华书局 2019 年版，第 492 页。

同时用一件不明物将房屋的屋顶吹走，这个形象一般定为箕星或风伯。[①] 风伯面前屋顶已被掀起一角，屋外一人回头看风伯。屋内两人都面向风伯，侍者拱手而立，衣袍鼓起，显示亭中有风。主人跪坐，怀抱弓箭，房顶下也挂一张弓，衣角也鼓起。房屋外面另有两人面向屋内持笏恭立。风伯代表东方之神，应劭《风俗通义·祀典》《风俗通义·祭典》中载当时广受崇拜的6位神祇，都和农业有关："风师者，箕星也。箕主簸扬，能致风气。""以风雨养成万物，有功于人王者"。[②] 司马迁《史记·天官书》中载箕星位于天之东方，是青龙座的组成部分。[③] 这些记载，指明风伯是箕星的人格神，属东方的苍龙星座，风伯也就是东方之神，因此在东汉早期祠堂，箕星作为"阳"的象征，与代表"阴"的西王母对应。孝堂山石祠画像中是最早将西王母与箕星相配的例子，当时东王公的神话尚未出现，因此在其他祠堂画像中，与西壁西王母形象相对应的东壁第一层内容几乎全部是风伯吹屋，这也成为判断祠堂年代的标准之一（见图25）。

图25 风伯，第一层第三行左10

雨师在东壁风伯右上方，正面而坐，脸侧向右，头顶有彩虹和云气纹。雨神亦称雨师，其信仰与风神一样，起源甚古，汉人在以箕星为风伯的同时，则以毕星为雨师。《山海经·大荒北经》中风伯和雨师帮蚩尤作兵："蚩尤作兵伐黄帝，黄帝乃令应龙攻之冀州之野。应龙畜水，蚩尤请风伯、雨师纵大风雨"[④]。后来黄帝下天女曰魃，止住雨杀掉蚩尤，风伯和雨师又变成黄帝的属臣，《韩非子·十过》中记载："昔

① 信立祥:《汉画像石的分区和分期》，北京大学出版社1982年版，第50页。

② 〔东汉〕应劭:《风俗通义·卷八》，中华书局1962年版，第57页。

③ 〔西汉〕司马迁:《史记》，中华书局1962年版，第1295—1296页。

④ 〔晋〕郭璞注《山海经详注·卷十七·大荒北经》，栾保群详注，中华书局2019年版，第598页。

者黄帝合鬼神于西泰山之上……蚩尤居前，风伯进扫，雨师洒道。”①《抱朴子》中说：“山中辰日有自称雨师者，龙也。”② 在古代中国，风伯、雨师都是地位崇高的神，人们求雨往往要祭祀风伯、雨师。雨师的奉祀，秦汉时已列入国家的祀典。道教宫观也设殿供奉风伯雨师、雷公电母。在塑像中雨师经常被描写成一个乌髯壮汉，左手执内里有一龙的盂，右手做洒水状，称雨师陈天君，其诞日为十一月二十日。后来龙王崇拜逐渐代替雨师崇拜，只是在道教大型斋醮仪礼上，仍然设置有雨师的神位，随着众神一起受拜（见图 26）。

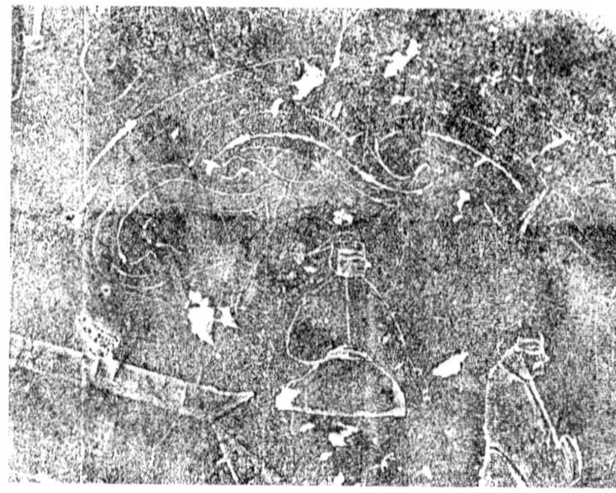

图 26　雨师，东壁第一层第二行左 5

西壁顶端有仙人正面坐像，脸侧向右，身旁有云气纹缭绕，头顶一垂虹，两端刻龙首，为虹神。虹神与雷神、风神、雨神及云神一样都属气象神，因此在汉画像中多一起出现，并且都为弯成弧形的“双首龙蛇形”：在武氏祠画像中虹神与雷神、风伯、雨师处于同一画面中；徐州铜山大庙画像中虹神在雷神和河伯中间；徐州邳州占城画像中虹神下面为河伯乘鱼车。孝堂山石祠中的虹神独立位于三角隔梁石西壁顶端，虹下有一人端坐，周围饰以云气纹，同风伯和雷神一样，以人格化的组图形式出现。虹神形象早在新石器时代就已经出现，为两端雕成龙首状的玉璜，将虹的形象与龙蛇崇拜结合起来，并很好地传达了祈雨的功效。双首合体龙的形象，同时彰显出阴阳交合的虹龙神性，例如山东沂水汉画中的虹体上有相互交织缠绕的两条线，表示两龙交合。因此虹也是具有降雨、表示祯祥之兆和祈福禳灾的多重宗教功能之神（见图 27）。

---

① 〔周〕韩非撰，〔元〕何犿注《韩非子·十过》，载《四库全书·子部》（第 729 册），台湾“商务印书馆”2008 年版，第 624 页。

② 〔晋〕葛洪撰《抱朴子·内篇·登涉》，载《四库全书·子部》（第 1059 册），台湾“商务印书馆”2008 年版，第 100 页。

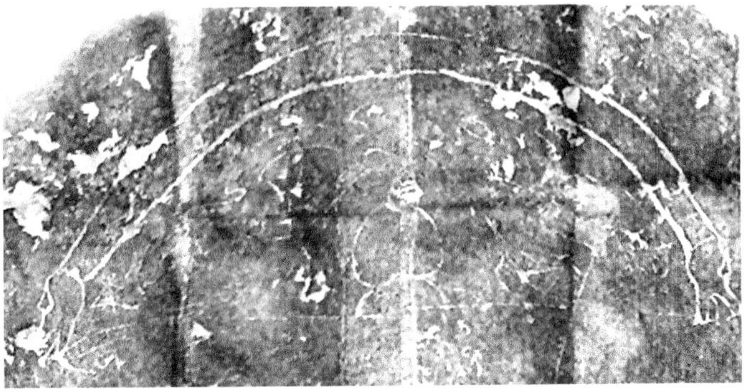

图 27　虹神，三角隔梁石西壁顶端

3. 日、月、北斗星、南斗星、牛郎星、织女星图

石祠三角隔梁石底面，石祠的正中顶上，为日月星辰图像。靠近石祠北端刻一月，中有玉兔和蟾蜍，与北斗星相连；靠近石祠南端刻一日，中有金乌，与南斗星相连，画像中间部位是拟人化的牛郎星和织女星形象（见图 28）。

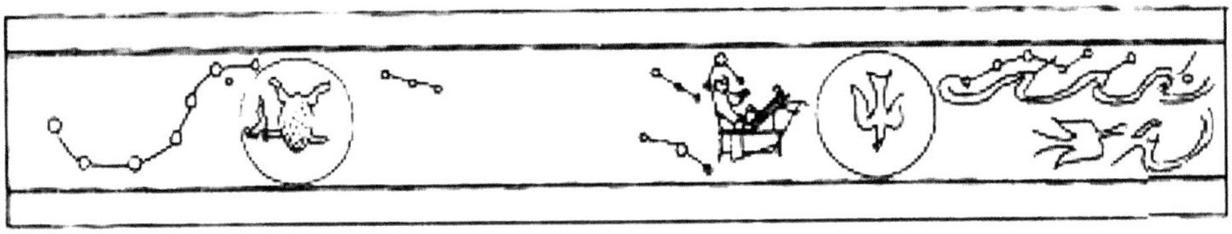

图 28　三角隔梁石底部线描图

汉王充《论衡·说日》卷 11："日中有三足乌，月中有兔、蟾蜍。"朱雀（朱鸟）为炎帝族的观念，日"皆载于乌"也源于此。《山海经》中有许多相关记载:《山海经·大荒东经》云:"汤谷上有扶木，一日方至，一日方出，皆载于乌。"郭璞注:"中有三足乌。"汪绂曰:"'载'与'戴'通"①。《山海经·海外东经》云:"下有汤谷，汤谷上有扶桑，十日所浴。在黑齿北，居水中，有大木，九日居下枝，一日居上枝。"② 扶桑树为东方神树，在东海东岸，长数千尺，

① 〔晋〕郭璞注:《山海经详注·卷十四·大荒东经》，栾保群详注，中华书局 2019 年版，第 525 页。

② 〔晋〕郭璞注:《山海经详注·卷九·海外东经》，栾保群详注，中华书局 2019 年版，第 430 页。

大二千围，两两同根生，十日并在其上，以次第迭出运照。若君有失道，则两日、三日甚至十日并出，则天下大乱。石祠三角隔梁石东有扶桑树形象，右下角有后羿张弓射箭，与此图呼应。

《诗经·玄鸟》描述“天命玄鸟，降而生商”。[①]因商族与玄鸟的这种关系，有了商族人对“鸟”图腾的崇拜。涂敏华认为现在所见最早的有关“金乌负日”的图像资料是“双鸟负日”骨雕和“双鸟朝阳”牙雕，[②]在距今约7000年的浙江余姚河姆渡文化遗址出土，仰韶文化陶器上也有太阳中的鸟的图案，对“鸟”图腾的崇拜，一直延续到汉代。孝堂山石祠画像中关于鸟的图案很多，西王母图像系统中的三青鸟，隔梁石上的三足鸟和人面鸟身，在横跨三壁的车马出行图上方、三角隔梁石西壁马骑行列上方、三角隔梁石东壁上方等都出现成排的大雁。在汉人心中，鸟是天空必不可缺的因素，有引领魂灵升仙的作用。

画像月亮中是蟾蜍和兔的组合。屈原在《天问》中说：“夜光何德，死则又育？厥利惟何，而顾菟在腹？”一般人都认为，顾是顾望，而菟就是兔子，闻一多《天问释天》考证，顾菟不是兔子，而是蟾蜍：“考月中阴影，古者传说不一。《天问》而外，先秦之说无足徵焉。其在两汉，言蟾蜍者莫早于《淮南》；两言蟾蜍与兔者莫早于刘向；单言兔者莫早于诸纬书。由上观之，传说之起，谅以蟾蜍为最先，蟾与兔次之，兔又次之。”[③]据闻一多所说，是月中先有蟾蜍，后有蟾、兔并列，最后只有兔子。石祠画像显示的正是蟾蜍和兔子都代表月精的时间，因此二者并立于月亮中。

北斗七星君是道教崇奉的七位星神，即“北斗七星”。南斗共有六颗星，也排成斗状。《石氏星经》中记：“斗六星赤，状如北斗，在天市垣南，半在河中。”南斗主天子寿命或宰相爵禄，《晋书·天文志》载：“北方南斗，六星、

---

① 〔清〕阮元校刻：《毛诗正义》，载《十三经注疏［A］》（影印），中华书局1982年版，第622页。

② 涂敏华：《〈山海经〉太阳鸟神话的考古印证及其文化内涵》，《漳州师范学院学报》2009年第2期。

③ 闻一多：《天问释天》，《清华大学学报》（自然科学版）1934年第4期。

天庙也，丞相太宰之位，主褒贤进士禀授爵禄。”① 这里说南斗掌爵禄，民间也有南斗专掌生存的说法，故又称为“延寿司”。南斗刻画在太阳的右方，位置和北斗对称。共有七星，五星有线联，“图像上比南斗多出一星，这是误把附近的星绘入所致。”② 画像中在南斗星下刻画浪形卷云纹，云纹下一只飞雁。

图像中间的织女星图，三星相联成三角形，其中最大的为织女星，三星下刻一女子坐织机上，表示这是织女星座。织女星身旁共有六星，七颗星形成一架七弦琴的样子，西方把它叫做天琴座。左方月亮附近，有三星一线，即河鼓或叫牵牛，中间为牛郎，为河鼓二，他所挑的担子两头的箩筐里装着两个孩子，为河鼓一和河鼓三。《诗经・小雅・大东》中有“岐彼织女，终日七襄”的诗句，是牛郎、织女最早以星宿的形式在古籍中出现的例子，牛郎、织女相会常见于画像石、棺椁顶部表示天上世界。

在古代中国文化中，对星辰的崇拜信仰由来已久，道家将星辰人格化为重要的天神加以崇拜，并对之作种种宗教解释，儒教礼制也强调对漫天星辰的祭祀。体现到画像石图像中，形成对星辰的拟人化或拟动物化刻画。这其中，既有科学的成分，也有神话传说，还有人间礼教，杂糅到一起。这样一个有序的各司其职的庞大体系，囊括上帝、星宿、神仙、先贤和各种神兽、神树，构成了一个复杂的天上世界，这个世界通过自然现象来对人的行为、道德和社会的政治秩序进行表达和干涉，孝堂山石祠中表达天上世界的图像，为我们展现了汉代的天道宇宙观。

（二）仙人世界

在汉代人信仰中，神仙世界分两个部分，一个是天上世界，这是天帝、自然神和众星官居住的世界，这里日月运行，观测着人间的道德和秩序，通过降下祥瑞和灾异来管理世界，这是非常遥远而冷漠的世界。另一个是由西王母所代表的昆仑山仙人世界，它处在天上世界和人间世界之间，是一个人类可以通

---

① 〔唐〕房玄龄等撰《晋书・志第一・天文上》（第二册），中华书局 1974 年版，第 301 页。

② 李发林：《汉画考释和研究》，中国文联出版社 2000 年版，第 332 页。

过仙人、仙兽或仙草引领到达的世界。这是一个温暖、不死的美好世界，也是墓祠中主人的魂将要到达的地方。一般而言，天上世界的图像在仙人世界上方，但关于天上世界和仙人世界的位置，汉画像石中并没有那么详细的区分，它们经常穿插在一起，某些物象既可以说是神，也可以说是仙。本书也只是做一个大致的区分。

1. 西王母图

俗语“魂归西天”，这与后世佛教信仰广泛有关。在佛教传入之前，我国西部就有长生不死的神话，向往昆仑神山就是向往灵魂西归。中美洲玛雅人也相信人死后灵魂西归，故玛雅人死后要头向西方举行丧仪。[①]普米族死者头向必须朝西，以求灵魂归西。他们认为人死如日落西山，故必须如太阳一样西降而亡。[②]楚地帛画《人物龙凤图》与《人物御龙图》中的墓主魂灵像面左而立，似欲西向而行。西方仙境灵魂人物是西王母，她的世界总是以组图出现（见图29）。以西王母为主、仙禽神兽为附属的昆仑山仙界图，成为祠堂西侧壁最上层图像的标准构图模式。如牛天伟、金爱秀在《汉画神灵图像考述》一文中表述，我们能“借助与西王母相关的附属物像来考察汉代西王母图像系统的文化内涵，而玉兔、蟾蜍、三足乌、九尾狐是该图像系统中最重要的标志物像”。[③]这些形象从汉代文献中能找到文字资料，从其他画像石中能找到实物例证。鲁南和苏北画像石中西王母身边都有鸟（鸡）头人身，兽头人身等神怪侍从，如徐州汉王乡发现的“元和三年”纪年画像石，山东沂南北寨村画像石墓，山东微山县、滕县西户口[④]等地出土的画像石，这些画像石年代多在西汉晚期至东汉初期，具有几乎相同的画面模式和鲜明的区域性图像特征。

---

① 胡春洞：《玛雅文化》，复旦大学出版社 1997 年版，第 131 页。

② 宋兆麟：《巫与民间信仰》，中国华侨出版公司 1990 年版，第 138 页。

③ 牛天伟、金爱秀：《汉画神灵图像考述》，河南大学出版社 2009 年版，第 58 页。

④ 山东省博物馆、山东省文物考古研究所编《山东汉画像石选集》，齐鲁书社 1982 年版，第 30 页。

图29 西壁三角线描图

以孝堂山为例，西王母图像系统的标志物像可以分为五种类别：纯粹动物形象：（1）九尾狐、三青鸟、獬豸、白虎、豕及一只不知名动物，从左向右奔跑（见图36—图41）；（2）动物人化行为形象：玉兔捣药（见图33）；（3）兽首人身的形象：它们比玉兔具有了更多人的因素，身着袍服、执笏跪拜，排队行礼（见图30）；（4）跪拜执笏、持藁侍者、执戟卫士形象：完全是人类形象（见图32）；（5）西王母形象（见图31）：着华服、凭几跪坐的正面女官员形象（孝堂山石祠的西王母没有戴胜，这个比较少见）。与她的随从不同的是，西王母身上没有任何“野性”的痕迹，人们将西王母的原始神话特征分解给她的部属，将宗教偶像由神话传说中兽、人兽合体形象转变到世人容易接受的女神形象，这五种形象体现了西王母从早期充满野性到两汉时代被人格化的转变过程。李申的《宗教论》中提到这是早期神祇都经历的普遍过程：“神祇的发展一直都遵循着由兽神（单纯的野兽形象），到魔神（人兽合体形象），再到人神的发展过程。”① 有关西王母形象的文献记载可以佐证这一点。西王母之名最早见于战国古籍，在《山海经》中她是“戴胜虎齿，有豹尾，穴处”②“其状如人，豹尾虎齿而善啸，蓬发戴胜，是司天之厉及五残”③ 的介于人兽神之间的图腾式英雄人物。到了《庄子》《荀子》《淮南子》《易林》等典籍中，西王母渐渐成为掌“不死之药”的吉祥神，《庄子·大宗师》载：“夫道……西王母

① 李申：《宗教论》（第一卷），中国社会科学院出版社2006年版，第146页。

② 〔晋〕郭璞注：《山海经详注·卷十六·大荒西经》，栾保群详注，中华书局2019年版，第573页。

③ 〔晋〕郭璞注：《山海经详注·卷二·西山经》，栾保群详注，中华书局2019年版，第98页。

得之”①；《荀子·大略篇》说：“禹学于西王母”②；《易林·鼎·萃》说：“西逢王母，慈我九子。相对欢喜，王孙万户，家蒙福祉”③；“弱水之西，有西王母，生不知老，與天相保，行者危怠，利居善喜。”④最终，西王母脱离了兽的一面，不但得道，还教习圣君，并能降赐百福，消灾攘难，引人升仙，变成一个超验的神祇和宗教崇拜的偶像。

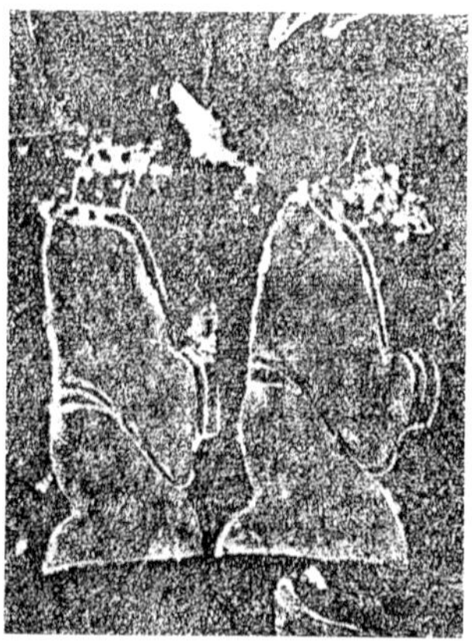

图30　兽首人身形象，西壁第一层第三行左1、2

图31　西王母，西壁第一层第三行左6

这种转变是符合当时人们内心需要的，经历过连年战争和自然灾害的汉人，需要这样一位温暖的女性神祇。与冷漠而遥远的天上世界相比，昆仑仙山是可以达到的，西王母是亲切可接近的，她更像是家族中最和蔼可亲的老年女性掌权者，所具有的母性抚慰了世人，她的不死乐园，成为两汉上至皇帝下至平民的理想之境。简·詹姆斯也注意到这一点，他在《汉代西王母的图像志研究（下）》中认为，西王母“被表现在昆仑而不在一个被假定的神殿或祭坛上

① 〔晋〕郭象注，庄子注：《大宗师》，载《四库全书·子部》（第1065册），台湾“商务印书馆”2008年版，第38—39页。

② 〔周〕荀况撰，〔唐〕杨倞注：《荀子·大略篇》，载《四库全书·史部》（第695册），台湾“商务印书馆”2008年版，第283页。

③ 〔汉〕焦赣撰：《焦氏易林·鼎·萃》，载《四库全书·子部》（第808册），台湾“商务印书馆”2008年版，第400页。

④ 同上书，第317页。

坐着。似乎是她的追随者们为了需要一个形象化的崇拜对象而创作出第一个西王母形象”[①]。通过对比武氏祠、沂南汉墓和四川汉墓中的西王母形象，他最后得出结论：“中国艺术家们完全有能力创作一个可识别的偶像来表现他们对一位特定的神所持有的一般性的观点和信仰。西王母作为一个汉代民间宗教神，她的出现反映了普通人们对具人格化的、能给予人们帮助的神的需要。”[②]简言之，西王母的形象和功能内涵，是人们根据自己的需要慢慢集体创造出来的。

值得注意的是，孝堂山石祠的西王母之上有女娲、贯胸国等图像，与比它年代稍后的嘉祥武氏诸祠和宋山小祠堂中的西王母相比，此处的西王母图像并不突出，也不处在画面的最高位置，东壁也没有为西王母配备东王公的形象，说明东汉早期西王母的地位还没升至最高。这更证实了人们在按照自己心理需求对文学艺术形象进行潜移默化的改造，反过来，这些艺术形象又对人民的心理图式产生影响。因此西王母图像系统在文献中和画像石中形象与地位的转变，以及它所体现的画像石图案体系与汉代人文化心理相互影响的过程与结果，非常值得我们深思。

图 32　持藁仙人，西壁第一层第三行左 3、4

2. 藁、玉兔捣药图

西王母左右侍者共有六人持藁，藁为拜见西王母的信物（见图 32）。藁本义是禾苗，禾秆的嫩头。西汉哀帝建平四年爆发了一场席卷全国的崇拜西王母运动。《汉书·五行志》曰：“哀帝建平四年正月，民惊走，持藁或棷一枚，传相付与，曰行诏筹。……经历郡国二十六，至京师。其夏，京师郡国民聚会里巷仟佰，设（祭）张博

① ［美］简·詹姆斯：《汉代西王母的图像志研究》（下），贺西林译，张敢校，《美术研究》1997 年第 3 期。

② ［美］简·詹姆斯：《汉代西王母的图像志研究（下）》，贺西林译，《美术研究》1997 年第 3 期。

具，歌舞祠西王母。”①人们相信只要持有稾或椒，就能得到西王母的庇护。早期中国和欧洲祈神时都有手里拿着树枝或草梗的记录，对此，简·詹姆斯的解释是：“这种风俗可能是通过丝绸之路或经海上从印度传入中国的。也许没有必然联系，宗教兴盛的任何地方，都能产生作为宗教活动的仪式。”②

画像中西王母的左边有两只玉兔在捣仙药，左边玉兔用左前爪持杵，右边玉兔用左前爪扶臼，右前爪持杵捣药。玉兔捣药是道教掌故之一，是西王母图像系统中的基本要素。在汉画像石中“玉兔”常伴西王母左右，为西王母捣配长生不老药（见图33）。

图33　玉兔捣药，西壁第一层第三行左4、5

3. 贯胸国图

贯胸国人有两组，分别为二人抬一人。棍从中间人胸部穿过，向左侧行进。贯胸，又称“穿胸”，贯胸国又称“穿胸国”，贯胸国的人被称为“贯匈人”“穿胸人”“穿胸民”等。传说贯胸国人胸口都有一个窟窿，可以穿进去一根扁担，被人抬着走路。贯胸国的记载最早出自《山海经·海外南经》：“贯匈国在其东，其为人匈有窍，一曰在戴国东。”《艺文类聚》卷九六引《括地图》曰：“禹诛防风氏，夏后德盛，二龙降之，禹使范氏御之以行，经南方，防风神见禹，怒射之，有迅雷，二龙升去。神惧，以刃自贯其心而死。禹哀之，疗以不死草，皆生，是名穿胸国。”吴任臣曰：“然《金楼子》云‘帝舜九载，贯匈民献珠鰕’”。《竹书纪年》亦载：“黄帝五十九年，贯匈氏来宾。”③文献记载了贯胸国和中原部族的渊源和往来。另有学者认为，“贯胸”和上古时期的巫

① 〔汉〕班固：《汉书·五行志》，中华书局1962年版，第34页。

② 〔美〕简·詹姆斯：《汉代西王母的图像志研究（下）》，贺西林译，《美术研究》1997年第3期。

③ 〔晋〕郭璞注：《山海经详注·卷六·海外南经》，栾保群详注，中华书局2019年版，第369—370页。

术活动有关，是巫觋的一种表演或祭祀活动。一般认为“贯胸”是由古代南方百越族群里的一些人奇特的“穿着”所造成的（见图 34、图 35）。

图 34　贯胸国人，西壁第一层第二行左 5-10

图 35 〔清〕汪绂绘贯胸国人[①]

4. 九尾狐、三青鸟、未知名、獬豸、白虎、豕图

九尾狐也是西王母图像系统常见的动物，画像中的九尾狐身体细长，九尾用一根长尾上附八个小尾表示。《山海经·海外东经》说：“青丘国在其北。其狐四足九尾。一曰在朝阳北。”郭璞注：“其人食五谷，衣丝帛。”[②]《山海经·大荒东经》说：“有青丘之国，有狐九尾。”郭璞注：“太平则出而为瑞也。”[③] 吴任

① 〔晋〕郭璞注《山海经详注·卷六·海外南经》，栾保群详注，中华书局 2019 年版，第 369 页。

② 〔晋〕郭璞注《山海经详注·卷九·海外东经》，栾保群详注，中华书局 2019 年版，第 426 页。

③ 〔晋〕郭璞注《山海经详注·卷十四·大荒东经》，栾保群详注，中华书局 2019 年版，第 518 页。

臣曰："《王会》注：'青丘，海东地名。'服虔曰：'青丘国，在海东三百里。'"[①]可知，青丘国属东夷，在现日照临沂一带。东汉《班固》的《白虎通德论·符瑞之应》中记载："狐死丘首，不忘本也，明安不忘危也。必九尾何，九妃所其所，子孙繁息也。于尾者何？明后当盛也。"汉代砖画里常将它与不死树，三足乌，捣药兔等物并列于西王母身边，天下太平的时候，九尾狐就出现在世间，显示祥瑞，是太平繁荣、子孙昌盛的象征（见图 36）。

为西王母取食的三青鸟，也叫三足乌，图中的三青鸟弯嘴、大眼、三只脚、翅膀有斑点。《山海经·西山经》说"三危之山，三青鸟居之"[②]；《山海经·大荒西经》说："西有王母之山、壑山、海山。……有三青鸟，赤首黑目，一名曰大鵹，一名少鵹，一名曰青鸟"[③]；又说"有五彩鸟三名，一曰皇鸟，一曰鸾鸟，一曰凤鸟"；《山海经·海内北经》记载："西王母，梯几而戴胜杖。其南有三青鸟，为西王母取食，在昆仑虚北。"[④]这些记述中的三青鸟是古代先民崇鸟观念的反映（见图 37）。

图 36　九尾狐，西壁第一层第三行左 1

图 37　三青鸟，西壁第一层第三行左 2

① 〔晋〕郭璞注《山海经详注·卷十四·大荒东经》，栾保群详注，中华书局 2019 年版，第 427 页。

② 〔晋〕郭璞注《山海经详注·卷二·西山经》，栾保群详注，中华书局 2019 年版，第 106 页。

③ 〔晋〕郭璞注《山海经详注·卷九·海外东经》，栾保群详注，中华书局 2019 年版，第 426 页。

④ 〔晋〕郭璞注《山海经详注·卷十二·海内北经》，栾保群详注，中华书局 2019 年版，第 603 页。

未知名动物，突眼，尖牙利齿，尖耳朝向后，身体健硕，尾巴细长，在向西王母方向奔跑（见图 38）。獬豸（xiè zhì；豸字同觶），又称任法兽，古代传说中的异兽，相传体形大如牛，小如羊，黑毛四足，双目明亮有神，额上长一角，类似麒麟，俗称独角兽。它拥有很高的智慧，懂人言知人性，善辨是非曲直，能识善恶忠奸，见人争斗即以角触不直者，甚至会将罪该万死的人用角抵死，令犯法者不寒而栗，因而也称直辨兽、触邪。帝尧的刑官皋陶曾饲有獬豸，凡遇疑难不决之事，都找獬豸裁决，均准确无误。古体的“法”字写作“灋”，而“廌”即为獬豸，“廌、法”二字合为一体，取其公正不阿之意，此后獬豸一直作为法律象征。到了东汉时期，皋陶像与獬豸图成了衙门中不可缺少的饰品。后来也用以指执法者，又有獬豸冠的叫法，指古代执法官吏戴的帽子（见图 39）。

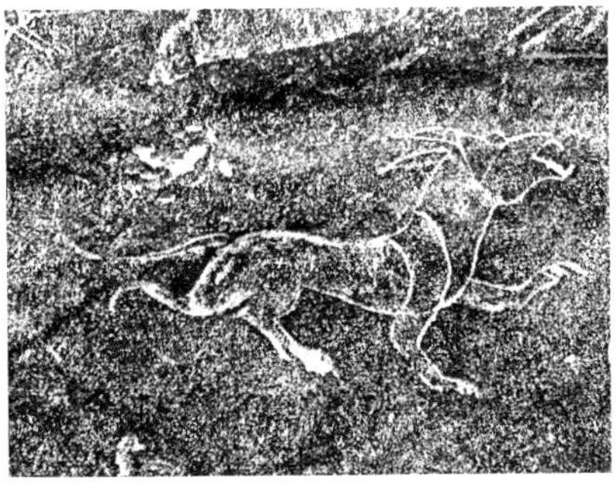

图 38 未知名动物，西壁第一层第三行左 3

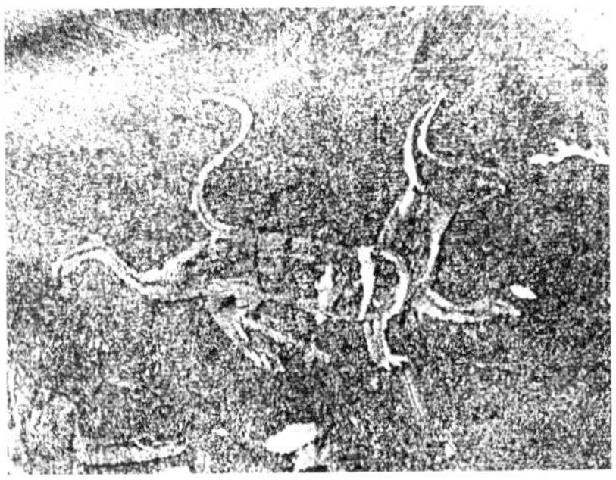

图 39 獬豸，西壁第一层第三行右 1

白虎，一边奔跑一边回头看。西为白色，故白虎为西方之神，与青龙共为镇邪的神灵，具有避邪、禳灾及惩恶扬善、发财致富等多种神力，是尊贵、力量、权势的象征。《山海经·西山经》：“鸟鼠同穴之山，其上多白虎、白玉。”① 《说文》释：“虎，山兽之君也。”《焦氏易林》云：“驾龙骑虎，周游天下，为神人使。”虎作为祥瑞图像在汉画像石中广泛运用，具有引导升仙、辟除邪魅的双重功能（见图 40）。

豕，也叫野猪，很像家猪，但腹小脚长，毛褐色，牙长出口外。豕的体

① 〔晋〕郭璞注：《山海经详注·卷二·西山经》，栾保群详注，中华书局 2019 年版，第 125 页。

重二三百斤，能与虎搏斗，常结队而走，能掠松脂，滚泥沙涂遍全身用以抵御箭矢。野猪最能破坏庄稼，也吃蛇虺。虵虺泛指蛇类，亦用以比喻凶残狠毒的人。因此豕在画像石中常出现，有驱恶辟邪之意（见图 41）。

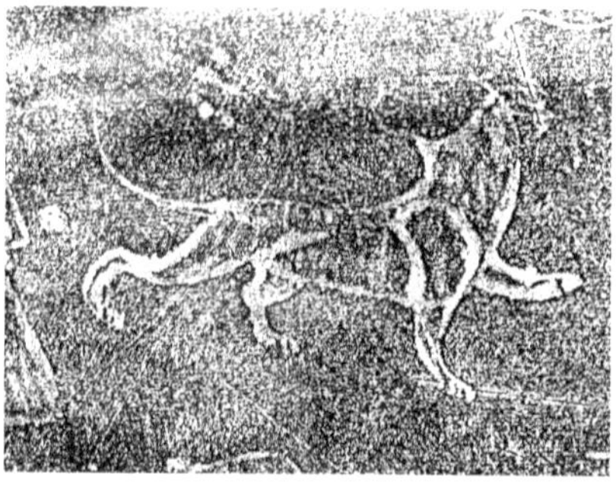

图 40　白虎，西壁第一层第三行右 3

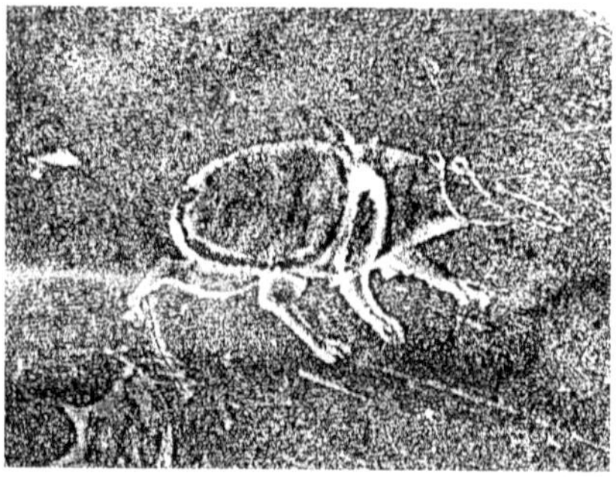

图 41　豕，西壁第一层第三行右 2

5. 树木射鸟、并封、山猙、鹄鸺、人面鸟身图

三角隔梁石东、西壁都绘了仙人和神兽，东壁右下角有一组神兽图像（见图 42）。左上扶桑树，树右下方有两只大雁，右下角有一人正持弓往左上方引射，为“树木射鸟图”。“树木射鸟图”前人有许多解读，前人多认定其为后羿射日，扶桑树上树叶为太阳。林巳奈夫认为枝叶交缠的树是帝休之木，树下射鸟意味获得长寿①。詹姆斯认为树上之鸟为恶兆，射之表达驱逐之意。②信立祥根据“树木射鸟图”常见“楼阁拜谒图”旁边，认为是子孙在墓地前射猎祭祀祖先之意。③汪小洋在他的博士论文《汉画像石宗教思想研究》中认为，射鸟是一种象征行为，鸟是两个世界的沟通之物④。张道一先生则认为，射鸟实际上引申了对富贵的射取。邢义田利用和林格尔汉墓壁画中的“立官桂（树）”榜题和对“树木射鸟图”这一主题格套分析，认为“树木射鸟图”图像应正名为

---

① ［日］林巳奈夫：《刻在石头上的世界》，唐利国译，商务印书馆 2010 年版，第 131—137 页。

② Jean James, Interpreting Han Funerary Art:The Importance of Congtext, Oriental Art, 1985, P. 287.

③ 信立祥：《汉代画像石综合研究》，文物出版社 2000 年版，第 75—85 页。

④ 汪小洋：《汉画像石宗教思想研究》，博士学位论文，南京艺术学院，2004 年，第 97—107 页。

“射爵射侯图”，树即“桂（贵）”，鸟即“雀（爵）”，猴即“侯”，树下之人射鸟或猴，象征着射爵射侯，加官封爵。[①] 作为汉画像石中的经典图像，这一图像表达追求吉祥富贵，去灾避凶之意，反映了汉代人的人生梦想。

图 42　三角隔梁石东壁右下角神兽图

扶桑树下有一个马身双面人首兽，身躯两端为人头，四脚马蹄状分向两边行进的怪物。《山海经·海外西经》称其为“并封……，其状如彘，前后皆有首，黑”[②]，《山海经·大荒西经》称之为“左右有首，名曰屏蓬”。郭璞注：“即并封也，语有轻重耳。”郝懿行曰：“《海外西经》云‘并封前后有首’，此云‘左右有首，又似非一物也。’”[③] 闻一多在《伏羲考》中认为：并封、屏蓬本字应当是“并逢”，并与逢都有合起来的意思，谓野兽雌雄相合之态[④]。孝堂山石祠中马身双面人首兽形象符合并封的一部分形象，但非猪头，而是人首，不知是另外一种动物，还是工匠对并封的一种艺术加工创造，有待考证，暂定名为并封。并封旁边是人面兽身的怪物，有两个脑袋和长长的尾巴，与《山海经》中记载的上古神兽山猝有相似之处，《山海经·北山经》中有：“又北二百里曰狱法之山……有兽焉，其状如犬而人面，善投，见人则笑，其名山猝，其行如

① 邢义田：《画为心声——画像石、画像砖与壁画》，中华书局 2011 年版，第 175—176 页。

② 〔晋〕郭璞注：《山海经详注·卷七·海外西经》，栾保群详注，中华书局 2019 年版，第 393 页。

③ 同上书，第 572—573 页。

④ 闻一多：《伏羲考》，上海古籍出版社 2006 年版，第 1121—1122 页。

风，见则天下大风。”[①] 旁边一只三头鸟，《山海经·南山经》云：“又东三百里曰基山。……有鸟焉，其状如鸡，而三首六目，六足三翼，其名曰鶺鴒，食之无卧。”[②]

画面最右边是一只大型的人面鸟身，《山海经》多处讲到鸟，以至于有研究者说：“细读《山海经》，全书讲的都是鸟的故事。”[③] 关于人面鸟身的记载也特别多，《山海经·中山经》道：“凡济山经之首自辉诸之山至于蔓渠之山，凡九山，一千六百七十里。其神皆人面而鸟身，祠用毛，用一吉玉，投而不糈。”[④] 又说：“凡荆山之首自景山至琴鼓之山，凡二十三山，二千八百九十里。其神状皆鸟身而人面。”[⑤] 人面鸟身的名字也是丰富多彩，帛书则称之为“仓”，《山海经》中有禺强、禺虢、句芒、九凤、五色鸟、鸁鸓、毕方鸟等名称。《山海经·大荒北经》里讲：“北海之渚中有神，人面鸟身，珥两青蛇，践两赤蛇，名曰禺强。”[⑥]《大荒东经》里讲：“东海之渚中有神，人面鸟身，珥两黄蛇，践两黄蛇，名曰禺虢。黄帝生禺虢，禺虢生禺京（郭璞注：即禺强也）。禺京处北海，禺虢处东海，是惟海神。”[⑦] 可知，东海神和北海神分别是黄帝的儿子和孙子，他们都是人面鸟身形象。《山海经·海外东经》里讲“东方句芒，鸟身

① 〔晋〕郭璞注：《山海经详注·卷三·北山经》，栾保群详注，中华书局 2019 年版，第 147 页。

② 〔晋〕郭璞注：《山海经详注·卷一·南山经》，栾保群详注，中华书局 2019 年版，第 12 页。

③ 黄懿陆：《山海经考古——夏朝起源与先越文化研究》，民族出版社 2007 年版，第 23 页。

④ 〔晋〕郭璞注：《山海经详注·卷五·中山经》，栾保群详注，中华书局 2019 年版，第 246 页。

⑤ 同上书，第 306 页。

⑥ 〔晋〕郭璞注：《山海经详注·卷十七·大荒北经》，栾保群详注，中华书局 2019 年版，第 593 页。

⑦ 〔晋〕郭璞注：《山海经详注·卷十四·大荒东经》，栾保群详注，中华书局 2019 年版，第 520 页。

图43 九凤④

人面，乘两龙。"①"大荒之中有山，名曰北极天柜，海水北注焉。有神，九首，人面鸟身，名曰九凤。"②（见图43）在考古实物中，人面鸟身形象也很多。"殷祖王亥就曾被商人雕刻成人面鸟，三星堆铜果树枝头上也有人面鸟形象，天马曲村的西周晋侯墓中出土有鸟冠人面羽身羽饰。足见一题材在三代、先秦时期是不足为奇的。"③同时，汉代神仙世界常见一个物象有多个脑袋、尾巴或身体，这种超现实主义创作，一方面表达了物种繁衍昌盛的寓意；一方面体现了神力的叠加。人与动物形象的结合，也是希望人能藉此拥有动物的能力。这些上古神兽给人以奇异神妙的神秘之感，更告诉世人这里是遥远的天界。因此，在它下方出现的车马出行图，也不难理解为墓主人在仙界的旅行。

6. 仙人御龙、仙人饲凤图

图44 仙人御龙

仙人御龙，一个裸身长臂的仙人，伸开双手站在龙身上，手中似牵有系在龙脖子上的缰绳（见图44）。在表现升仙主题的汉画像石中，仙人和龙经常组合在一起。出土于湖南长沙战国时代楚墓的帛画《人物御龙图》，就是主人把神力巨大的巨龙踩在脚下用

① 〔晋〕郭璞注：《山海经详注·卷九·海外东经》，栾保群详注，中华书局2019年版，第435页。

② 〔晋〕郭璞注：《山海经详注·卷十七·大荒北经》，栾保群详注，中华书局2019年版，第593页。

③ 陈鳇：《古代帛画》，文物出版社2005年版，第109页。

④ 〔晋〕郭璞注：《山海经详注·卷十七·大荒北经》，栾保群详注，中华书局2019年版，第594页。

缰绳牵引升仙。《人物御龙图》发现于棺椁盖板下的隔板上，是引导人升仙用的引魂幡，表达的是战国时流行的升仙思想。

仙人饲凤，一个仙人站在楼阁顶端，手长臂长，裸身，身上披有长毛，发型后有尖，脸侧向右，两手左右伸向凤凰之嘴，手中有珠，作喂食状，仙人左边体型大者为雄鸟“凤”，体型小者为雌鸟“凰”（见图45）。凤凰为祥瑞，凤同龙一样，取各种动物特点集合而成，为鸟中之王。《太平御览》卷九一五所辑古《庄子》佚文：“老子叹曰：吾闻南方有鸟，名凤。所居积石千里，天为生食，其树名琼，枝高百仞，以琼林、瑯玕为宝。天又为之离珠，一人三豆递起以向瑯玕。”《广雅》曰：“凤凰，鸡头、燕颔、蛇颈、鸿身、鱼尾、骨并翼五色”，《山海经·南山经》卷一：“又东五百里曰丹穴之山。其上多金、玉。……有鸟焉，其状如鸡，五采而文，名曰凤皇，首文曰德，翼文曰义，背文曰礼，膺文曰仁，腹文曰信，是鸟也，饮食自然，自歌自舞，见则天下安宁。”[①] 凤，出于君子之国，五色并举，五德之象，被誉为有德君子，是盛世清明、天下安宁的表象。《论语·微子》：“凤兮凤兮，何德之衰？”何晏集解：“孔曰：比孔子于凤鸟，凤鸟待圣君乃见。”[②] 知孔子有圣德，故把孔子比作凤凰。

图45 仙人饲凤，北壁第二层东殿顶上

龙和凤都是传说中的幻想动物，它们的形象早在原始社会的彩陶中就已出

① 〔晋〕郭璞注：《山海经详注·卷一·南山经》，栾保群详注，中华书局2019年版，第35页。

② 〔清〕刘宝楠撰《论语正义·卷二十一·微子第十八》，载马明等校点：《诸子集成》（1），岳麓书社1996年版，第468页。

现，在商周时期的青铜器上更是常见的母体，由于具有巨大的神力，它们成为指引人升仙的灵物。石祠画像中仙人还有好几位，与御龙和饲凤的仙人形象一致，东壁第一层第一行伏羲左边，有一个仙人，手长臂长，裸身赤脚，作舞蹈状。西壁第一层第二行在一列行走的人前有一个矮小的仙人，也是裸身，发型后有尖。《说文》释“仙”曰：“仙者，长生仙去。”《庄子·逍遥游》中形容仙人：“藐姑射之山，有神人居焉，肌肤若冰雪，绰约若处子，不食五谷，吸风饮露；乘云气，御飞龙，而游于四海之处。”[①] 仙人是中国本土的信仰，其概念在中国原始社会就已存在，甚至更久远。仙人概念后来被道教继承，又被划分出了神仙、金仙、天仙、地仙、人仙等几个等级，指能预料或看透事情无所不知无所不能的人。佛教传入中国之后，人们把古印度的外道修行人（不是佛教信徒的修行人）也翻译成了仙人，说明仙人在人们心目中地位重要。

林巳奈夫认为“珠”“寿”古音通，凤鸟衔珠、仙人以珠饲凤主题与授予人长命、长寿有关[②]。画像石中有关仙人、龙、凤的主题表达为助墓主人升仙。

7. 鱼车、鹿车图

《礼记·郊特牲》曰：“魂气归于天，形魄归于地。”[③]。魂气归天，需要引领，战国时期的《人物龙凤图》、《人物御龙图》、马王堆出土西汉帛画中都有龙、鱼、鸟组合指引逝者灵魂，此外还有鹤、凤、雀、鹿、龟等，这些有灵性的动物都是带墓主人引魂升天的工具，同时它们还作为祥瑞，被汉人赋予吉祥、福禄、长寿和表达孝心的含义，在两汉各地画像石中反复出现，孝堂山石祠画像中也都有涉及，最引人注目的是鱼车队伍和鹿车队伍。

石祠东壁第六层中有鱼和鱼车的图像。鱼和鱼车在画像石中有三层含义：一是表示阴间；二是表达孝道、礼仪；三是祥瑞，助墓主人升仙。鱼是水族，生活于水中，鱼和水都是属阴的，是阴界的表征，标示墓室的阴宅性质。《汉

---

① 〔清〕王先谦注：《庄子集解·卷一·逍遥游第一》，载马明等校点：《诸子集成》（4），岳麓书社1996年版，第5页。

② ［日］林巳奈夫：《刻在石头上的世界》，唐利国译，商务印书馆2010年版，第132—133页。

③ 〔清〕孙希旦著，王文锦译解：《礼记译解》，中华书局2001年版，第357页。

书·五行志》认为，“鱼者阴类，臣民之象也”[①]。“由于古时鲤鱼常与得道成仙相关联，因而道教自汉末将鲤鱼定为圣物”[②]。汉代史学将古史分为三皇、五帝及三代这三个阶段，认为每个开国帝王的天命都由祥瑞预示，鱼则与周代建立有关，据《宋书·符瑞志》，武王伐殷途中于孟津渡黄河时，一条三尺长的白鱼跃入船中，武王捡而视之，见鱼眼底有红字，预言武王的胜利，武王于是把这条鱼祭祀给上天，感谢上天对他的佑护。宋艳萍在《汉画像石中的“鱼车图”》一文中认为“鱼车图”反映的是乘鱼升仙的内容，“车中所坐尊者应当为墓主人，他正坐于鱼车上，由鱼带他升仙，正如其他升仙图一样，鱼车图升仙的工具为鱼，这完全模仿了琴高乘鱼升仙的题材”[③]。马珍在《汉画像中鱼图像的神话问题研究》中认为鱼有“乘骑”和“引导”的作用：“鱼作为水中物，在古人‘天连水，水连天’的宇宙观中，不仅可以畅游于水中，而且还可以飞登上天，是能够上天入地的水兽与星精，因此被赋予了神使的职能，在天地、阴阳两界的‘交通’中发挥着‘乘骑’与‘引导’的作用，而这一功能在丧葬中更为明显”[④]。二十四孝中“王祥卧冰求鱼”的故事，王祥东汉末年隐居20年，以孝著称。鲤鱼是最好的美味，以此孝敬父母，也是至孝的表现，于是画像石中出现鱼便有了另一层的含义，即弘扬孝道。秦汉时期的馈赠双鲤鱼是礼尚往来的重要形式，因此画像石中的鱼、双鱼也含有礼仪的意思。

鹿车队伍与鱼车队伍相对而来，他们中都有二人分持魂幡和戟，戟为护佑，魂幡为招魂所用，是送葬之物。图中魂幡为一根小杆，小杆顶部用一根线系住一个长条、有网纹飘动状的东西，与熊传薪、游振群在《长沙马王堆汉墓》一书中描述的马王堆帛画的样子相符：“这幅画（马王堆帛画）根据它的出土位置，以及它的形状和画顶上端裹住的竹竿分析，它应是葬仪中用于张举悬挂的旌幡（魂幡）。”[⑤]魂幡是“旧俗出殡时举的窄长像幡的东西，多用白纸剪

---

① 〔汉〕班固：《汉书·五行志》，中华书局1962年版，第78页。

② 宁波：《鱼文化的历史与演变》，《中国水产》2008年第2期。

③ 宋艳萍：《汉画像石中的“鱼车图”》，《四川文物》2010年第6期。

④ 马珍：《汉画像中鱼图像的神话问题研究》，《新余学院学报》2013年第3期。

⑤ 熊传薪、游振群：《长沙马王堆汉墓》，生活·读书·新知三联书店2006年版，第61页。

成，也叫引魂幡"①。宋艳萍认为它们在"葬礼仪式中被张举悬挂，引导亡灵进入墓地，然后被放置于棺内，引导亡魂升天。"②因此此行图像为送葬图，属于不同时间段的图像在同一个空间表现出来，两辆主车上的主人都是墓主人。石祠图像从左向右展开，鱼车队伍与鹿车队伍相对，似在进行交接仪式，鱼带领死者魂魄从阴间而来，所以骑鱼的两位使者低着头，表情悲戚（见图 46），而代表天上的使者来接引死者魂灵的鹿车队伍中的人则表情平静（见图 47）。

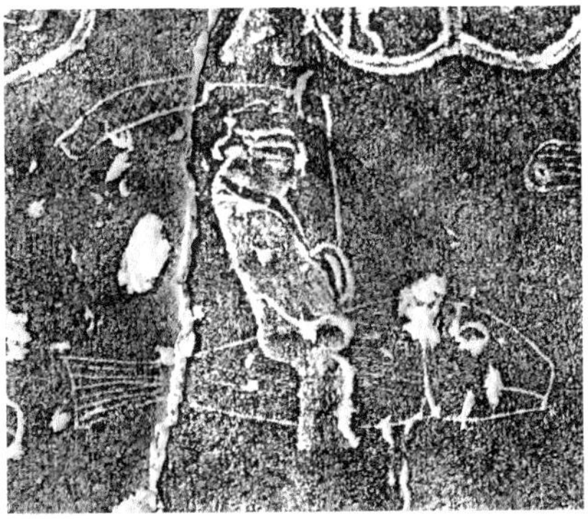

图 46　骑鱼送葬使者，东壁第六层第一行左 3

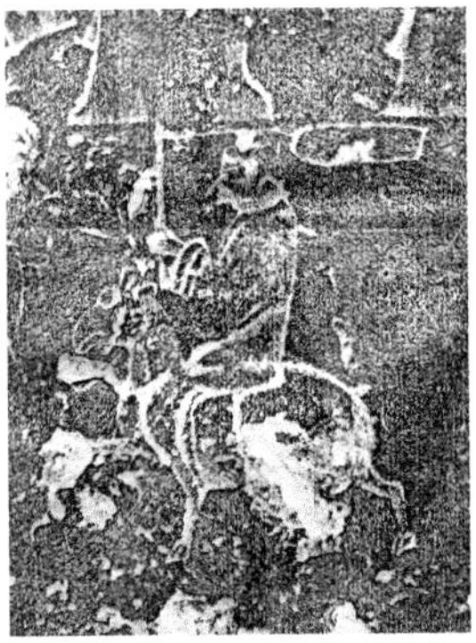

图 47　骑鹿接引使者，东壁第六层第一行左 6

鹿在画像石中是常见的动物，并常出现在升仙图中（见图 48）。鹿是道教文化的重要符号，作为长寿的象征，寿星陪侍为鹿，道教三蹻之一也是鹿，有升仙、仁孝与辟邪的多重意义。"鹿"，既驯顺又长寿，作为代表祥瑞的仙兽，一直是早期中国文化中的神兽。许多神祇形象中也有鹿的因素，比如龙角就来自鹿角。神话中的"飞廉"和"麒麟"都是鹿的形象，班固的《汉书》中描述飞廉："身似鹿，头如爵，有角而蛇尾，文如豹文"③；许慎《说文解字》中也有详细解释："麟，大牝鹿也。麒，仁兽也。麋身牛尾，一角。"④《楚辞・哀时

---

① 中国社会科学院语言研究所词典编辑室编《现代汉语词典》，商务印书馆 1978 年版，第 344 页。

② 宋艳萍：《战国秦汉画像中的龙、鱼、鸟组合》，《湖南省博物馆馆刊》2010 年第 7 期。

③〔东汉〕班固：《汉书》，中华书局 1962 年版，第 193 页。

④〔汉〕许慎：《说文解字》，中华书局 1963 年版，第 202 页。

命》有“仙人骑白鹿而容与”之句。表达鹿仁孝的例子也有很多，萧广济《孝子传》曰：“伍袭字世公，丁父忧。庐墓侧一鹿，每袭兴辄踞坟而悲鸣。”[①] 同时，王娟认为“鹿还有辟邪的功能，战国时期的镇兽墓造型中都有鹿角这一元素。”[②] 在鹿车队伍中还有雁、犬和白虎，下方有十人相对，正中一人对头上长灵芝的白鹿弹琴（见图 49）。葛洪《抱朴子》中记载了战国以来神仙理论，白色动物都被列为祥瑞之物：“虎及鹿兔，皆寿千岁，满五百岁则色白。”[③] 汉乐府《长歌行》：“仙人骑白鹿，发短耳何长。导我上太华，揽芝获赤幢。来到主人门，奉药一玉箱。主人服此药，身体日康强。发白复更黑，延年寿命长。”烟台毓璜顶东坡发现的一座“殉鹿”汉墓中，墓主人面朝东方，与一头鹿布设为“人骑鹿”的物化组合，构成鹿蹻飞升东方海上神山仙岛的实体组合[④]。姜生《指鹿为龙：汉墓鹿蹻葬仪考》中提到乘蹻飞行是汉代旧道教描绘神仙之能的宗教话语，作为汉人的信仰传统，得仙者可望驾乘“龙蹻”“虎蹻”“鹿蹻”等三蹻“周流天下，不拘山河”，获得彻底的自由[⑤]。进一步说明本组图像是表现墓主人在仙兽的接引中升仙的过程。

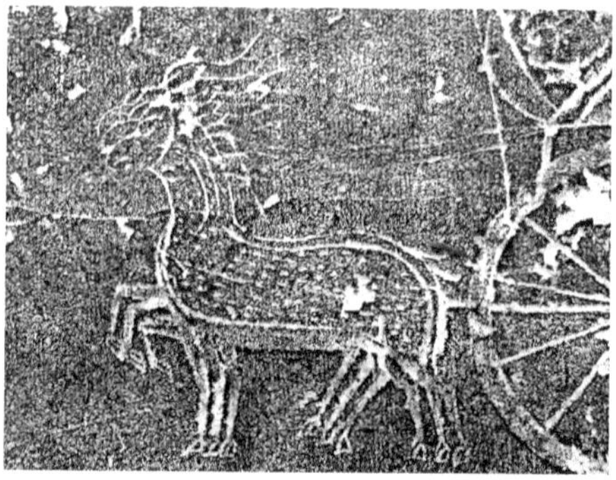

图 48　3 只驾车长角梅花雄鹿，东壁第六层第一行左 24

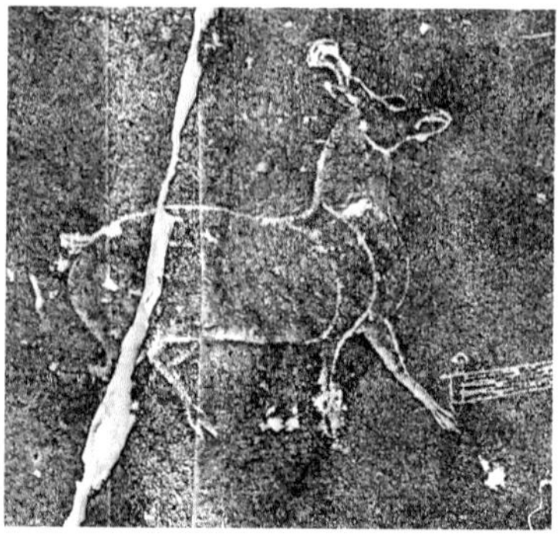

图 49　头长灵芝白鹿，东壁第六层第二行左 9

① 〔北宋〕李昉编纂《太平御览・卷 906》，河北教育出版社 1994 年版，第 34 页。

② 王娟：《汉代画像石审美研究》，文物出版社 2013 年版，第 281 页。

③ 王明：《抱朴子内篇校释》，中华书局 1986 年版，第 47 页。

④ 林仙庭：《烟台市区发现殉鹿汉墓考古》，《考古》1985 年第 8 期。

⑤ 姜生：《指鹿为龙：汉墓鹿蹻葬仪考》，《社会科学辑刊》2020 年第 1 期。

此图右边是交租图，许多汉画像石在粮仓图或交租图旁有榜题："此上人马皆食太仓"，本图虽然没有榜题，但表达的意义是一样的，因此坐在楼阁内接受拜谒的官员仍然是前面被送葬那位逝者，图像显示他已顺利进入仙界，在天国官员中占据一席之地，享受到"仙界俸禄"，继续过上了和生前一样的富庶尊贵的生活。这一系列送葬、升仙图像、交租图（见图 50），在同一个空间展现不同时间的画面，这与早其二百年的马王堆汉墓一号墓覆棺帛画的绘画思想是一致的：表现了一个由地下到天上的死后成仙的流程。比较而言，马王堆帛更多楚文化因素，更加神秘，宗教意味浓厚；孝堂山石祠中的这组图像则生活化和人文化。这种画面处理方式，拉近了生者和死者生存环境的距离，极大地减少了将死者对未知世界的恐惧——死后世界和自己生前并无太大区别——也极大地减轻了生者的哀思，给予他们强大的心理安慰。这是经济、文化发展在墓葬艺术中的反映，也是人文思想萌芽的体现，人们更加关注自己内在的心理感受。

图 50　送葬、升仙、交租图，东壁第六层

邢义田在《汉代画像胡汉战争图的构成、类型和意义》一文中总结道："在汉人的想象里，人能成仙，也很可能归于黄泉、蒿里或其他名目的幽冥世界。在期待中，人生旅程的终点固然可以是泰山或昆仑仙界，但真正的终点无人知道。也没有人能预知自己真正会走上哪一条路。或许正因为如此，最好的策略就是将凡能保护升仙上天或进入幽冥的天神地祇都纳入保护神的行列。"[①]这句话可以帮我们理解孝堂山石祠画像中为什么会出现那么多神、仙、怪和圣贤，不止上述无数神祇，下面所描述的社会生活题材和历史故事图像以及装饰

---

① 邢义田：《汉代画像胡汉战争图的构成、类型和意义》，载《画为心声——画像石、画像砖与壁画》，中华书局 2011 年版，第 390 页。

纹样，都是围绕保护墓主人平安地进入死后世界和助其升仙的意义而刻绘在石祠中的。

二、社会生活类的象征意义

入住楼阁享用太仓、出行有车马行列是汉代人的理想生活，因此庖厨、宴飨和车马出行图是各地出土画像砖、石中必不可少的主题，是对现实生活的反映。“人马皆食太仓”作为汉画像砖、石中的经典套语，流行的公式化墓文，即反映了这种心态。太仓即大仓或天仓，亦即天上粮库，寓意当上天上的官员，以食用天上俸禄为尊崇和荣耀，永享富贵。如山东苍山元嘉元年（151年）画像石墓题记：“其当饮食，就夫仓，饮江海。学者高迁宜印绶。”[①]安徽宿县东汉建宁四年（171年）褚兰汉画像石墓：“人马皆食太仓，腰带朱紫，金银在怀，何取不得”[②]“人马皆食太仓”“高迁宜印绶”“腰带朱紫，金银在怀”等词语，代表了所有社会生活类画像的象征意义，希望逝者在那个世界过着尊贵无忧的生活，既是美好的祝愿，也减轻了生者的哀伤。

（一）日常生活

《盐铁论·散不足第二十九》中批评当时三十一种富人奢侈僭越的记载，言辞生动，画面感非常强，当我们拿孝堂山石祠画像石与文献一一对应起来，发现它们完全可以互相佐证，如西壁第五、六层狩猎和宴飨图、东壁第四层庖厨乐舞图和横贯三壁的车马出行图，描绘情景与文献记载高度一致：“今富者逐驱歼罔罝，掩捕麑鷇，耽湎沈酒铺百川。”“玩好玄、黄、杂青、五色绣衣，戏弄蒲人杂妇、百兽马戏斗虎、唐锑追人、奇虫胡妲。”“今富者连车列骑，骖贰辎軿。中者微舆短毂，繁尾掌蹄。”“今民间酒食，殽旅重叠，燔炙满案，臑

① 李发林:《山东苍山元嘉元年画像石墓题记试释》,《中原文物》1985年第1期。

② 王步毅:《安徽宿县褚兰汉画像石墓》,《考古学报》1993年第4期。

鳖脍鲤，麑卵鹑鷃橙枸，鲐鳢醢醯，众物杂味。”[①]“今闾巷县佰，阡伯屠沽，无故烹杀，相聚野外。负粟而往，挈肉而归”“今富者祈名岳，望山川，椎牛击鼓，戏倡儛像；中者南居当路，水上云台，屠羊杀狗，鼓瑟吹笙。贫者鸡豕五芳，卫保散腊，倾盖社场。”“古者土鼓，凷枹，击木拊石，以尽其欢。及后，卿大夫有管磬，士有琴瑟。往者民间酒会，各以党俗，弹铮鼓缶而已，无要妙之音，变羽之转。今富者钟鼓五乐，歌儿数曹。中者鸣竽调瑟，郑儛赵讴。”[②]在社会状况稳定的时代，统治者喜欢用歌舞升平展示自己的统治能力，于是上下纷纷效仿，帝王贵族之家凡事都要钟鼓齐鸣、琴瑟并弹，土豪地主人家无论婚丧嫁娶，也要奏乐唱歌，斗狠比富，中等小户人家也是吹竽弹琴，跳舞唱歌。这种奢侈的生活还要带到地下，绘制在画像石上，它的图像学意义除了希望永久享用豪华生活以及夸耀展示之外，还具有辟邪、升仙、祭祀和祈福等多重含义。

1. 狩猎图

狩猎活动从起初作为一种谋生的手段，后来逐渐发展成为一种娱乐性活动。孝堂山石祠画像中的狩猎场景十分精彩：主人乘着牛车，率领手下将野兽团团包围，猎人手中持筚、弩弓、长矛等，携带鹰犬，猎取虎、豹、兔、雉等大小猎物（见图 51）。狩猎是王公贵族们经常举行的活动，既是娱乐，也是一种身份的象征，因此狩猎图一方面是为了夸耀自己的财富和能力，同时它还具有祭祀的功能，狩猎活动的展示，不仅仅表现了墓主人生前进行娱乐的场面，还象征着后辈应当为去世的长辈准备祭祀的物品的过程。在崇尚“血祭”的古代，需要用猎物作为祭祀的物品，狩猎图也可以理解为为了祭祀而进行的食物准备过程。将这样一个过程幻化成图像，实际上就具有了象征性的教化作用，警示和教育后人应当谨遵孝德，不忘对于逝去长辈的缅怀和祭祀，从而让死去的人能够享受祭拜而重温人间的温暖。如此，将孝行融入在祠堂画像石多描绘的各种场面中，并通过直接表达和象征表述，进一步加强了孝德文化在民间的

---

① 〔汉〕桓宽撰：《盐铁论·散不足第二十九》，载马明等校点：《诸子集成》（10），岳麓书社 1996 年版，第 37 页。

② 同上书，第 38 页。

传播和相应风俗习惯的形成。由于猎物中有一些是仙兽，譬如含着灵芝的鹿、带着大角的鹿和美丽翅膀的鸟等，因此狩猎图在这里呈现第三层涵义，希望墓主人通过征服祥瑞而获得祥瑞，得道成仙。

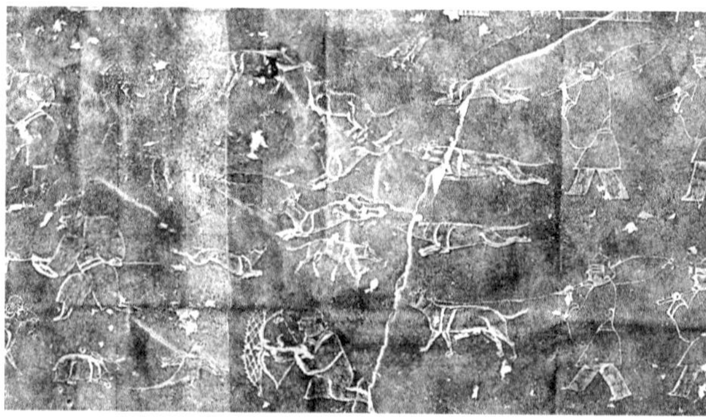

图 51　西壁狩猎图局部，西壁第五层右

2. 庖厨图

清段玉裁《说文解字注》中记："祠犹食也，犹继嗣也。春物始生，孝子思亲，继嗣而食之，故曰祠。"[①] 说明祠堂是祠主灵魂享用祭品的地方。《汉书·郦食其传》曰：民以食为天。饮食在早期人类的社会生活中占据重要位置，鬼神亦如此，"鬼犹求食"在汉代人民的集体意识里有着强烈的影响，庖厨图是与此观念紧密相连的[②]。古代祭祀崇尚"血食"，即重视用牺牲祭祀，狩猎图显示子孙通过狩猎为祖先准备牺牲用的祭品，庖厨图展示家族为祭祀祠主而准备祭品的场面。通过对祭祀祠主的一系列图像描绘，将汉代人建立在祖先崇拜上的宇宙观以图像的方式叙述出来。

在对社会生活状况进行刻画的过程中，庖厨图中的内容更加贴近于生活，据文献记载和画像石上记录，汉代烹调技艺发展水平已经非常之高，饮食制作程序复杂精致、分工科学。杨爱国将庖厨图内容总结为屠宰、汲水、炊煮及切

① 〔清〕段玉裁：《说文解字注》，上海古籍出版社 1981 年版，第 5 页。

② 陈萍：《浅论汉画像庖厨图的祭祀意义——"鬼犹求食"》，《大众文艺》2010 年第 21 期。

菜等四类①。还有学者分得更细，包括屠宰、切割、汲水、抬物、炊煮及加工作坊等六类，光是屠宰内容就包括杀猪、宰羊、椎牛、击马、剥狗、烫鸡（鸟、雉）、剖鱼等②。孝堂山祠堂东壁第六层的庖厨图展示了为石祠主人准备丰盛宴席的过程，为我们完整呈现了东汉早期热烈的庖厨场面（见图 52）。在庖厨的过程中，有杀猪、宰羊、屠狗、椎牛等画面，不仅有鸡鸭鱼肉，而且还有野味，有待宰的活物，还有晒成干的腌肉。除此之外，还有切菜的、劈柴的、造酒的、在炉灶上烧火蒸东西的，工作有条不紊，场面甚为热闹。庖厨图不仅反映了汉代人肉食的情况，还反映了汉代人的庖厨饮食习俗。杨爱国认为："庖厨图中出现的肉食品也是文献或简册中常见的肉食品。它说明，汉代人的主要肉食结构就是猪、狗、羊、兔、鸡（鸟、雉）、鱼、鳖等，而牛、马等家畜和其他野生动物则居于肉食品中的次要地位，这种肉食结构一直延续到后来乃至今天。"③我们从画面也可看出，画面中出现的食物与我们现在食物大致相同。

图 52 东壁庖厨图，东壁第六层左

关于庖厨的意义，信立祥从其功能上来考察，认为是为了在节日期间祭祀祖先，供给祠主享用④。郑岩认为由于祠堂在地上，主要为表达子孙孝行、旌表

① 杨爱国：《汉画像石中的庖厨图》，《考古》1991 年第 11 期。

② 王双生：《汉代画像石中的庖厨图研究》，硕士学位论文，东北师范大学，2012 年，第 8 页。

③ 杨爱国：《汉画像石中的庖厨图》，《考古》1991 年第 11 期。

④ 信立祥：《汉代画像石综合研究》，文物出版社 2000 年版，第 142 页。

孝道。[①] 巫鸿认为是生者和死者通过祭祀与祖先交流 [②]。杨孝军、郝利荣在《论汉画像石中"祭案""庖厨"的意义——兼论《太平经》中的死后世界以及汉代民俗信仰》中认为，"人们通过不同手段来表达自己内心世界，汉画像石中'祭案''庖厨'图像便暗示了从墓上到墓下的递进，表达对生死的认识，把祭祀作为阴与阳的沟通，生与死的理解，构成了汉代独有的图像的框架。"他们从《太平经》中找到了依据，"精神乃从天地饮食，天下莫不共祭食之。"进而认为，"在《太平经》里说游魂野鬼因无后人祭祀、供养而'饿乞求食'，以至于对生人造成伤害，所以在祠堂和墓室，多刻有庖厨场面。还有视死如生的观念，只有逝者在仙界或幽冥地界得到充分的奉养，才不会伤及生者，才会福佑子孙，才会真正的升仙。"[③]

3. 拜谒图

拜谒、接受拜谒、宴请、参加宴会是我国古代达官贵人进行的经常性的交际活动。宴飨，又名"宴享"，即用酒食款待人。古代帝王饮宴群臣，汉代帝王盛行宴飨活动，在二十四史中有关汉代帝王纪记载帝王宴飨活动连年不断，在汉画像中也多有反映。这些交际活动内容在孝堂山祠堂画像石中得到了重要体现。

在北壁的下半部分，刻画了墓主人接受从属拜谒的场景。在左右对称楼阁的正中间，墓主人凭几而坐，两侧是前来拜谒的从属队列。图中一个王侯跪坐受礼，头戴进贤冠，着袍服，腰束装饰华丽的绶带，前放栅形几，面前一人伏地致礼，一人躬身执笏致礼，房顶正中悬一弩（见图 53）。楼阁旁边的阙上有各种现实生活中的鸟类和凤凰仙人等神灵，表现了墓主人及其子孙后代对家族的兴旺与高贵的祈祷心理。由于受祭拜谒图广泛存在于汉代画像石刻当

---

① 郑岩:《关于汉代丧葬画像观者问题的思考》，载《中国汉画研究》第二卷，广西师范大学出版社 2006 年版，第 39—55 页。

② ［美］巫鸿:《武梁祠——中国古代画像艺术的思想性》，柳岩、岑河译，生活·读书·新知三联书店 2006 年版，第 14 页。

③ 杨孝军、郝丽荣:《论汉画像石中"祭案"与"庖厨"的意义》，《雅海文汇》2013 年第 5 期。

中，关于它的图像意义，特别是关于受拜的主人公的身份颇有不同的争论。杨爱国《“祠主受祭图”再检讨》对此作了详尽的研究。在他的研究中，关于受拜的主人公的身份有西王母说、墓主人说、汉代皇帝说等不同的说法，坚持受拜的是西王母观点的是英国人布歇尔；墓主人说的坚持者有美国人费慰梅以及后来的蒋英炬、吴文祺、张从军、信立祥等；而巫鸿则认为受拜的是当时汉代的皇帝。杨爱国通过墓上祠堂功能、以墓主为中心的图像布局、从尸体到遗像的祭祀对象象征物的转移等三个方面分析后认为，“祠主受祭图”重在它的象征意义，既不是再现墓主本人的形象，也不是表现墓主生前的生活实况[①]。它的象征意义就是统治阶级所认同的儒家经典教义。汉朝为适应汉代大土地所有制迅速发展的经济基础，符合巩固家族关系和社会统治秩序的需要，将先秦的儒家思想演化为以孝为仁之本的思想和以此建立起来的伦理道德规范。占据整个石祠最中心位置的楼阁拜谒图，正是这种国家政治文化形态的反映。从画像整体构图到细节展现，无不体现儒家中正、仁义、规范的大一统思想规范。图像在起到装饰作用的同时，进一步强调了“大一统”“天人感应”“神授皇权”以及长幼尊卑等级、三纲五常等思想行为规范。同时，石祠图像在丧葬仪式中的展示，以及对后来祭拜人的观看效果，都反过来大大促进了儒家孝德文化的传播，并进一步促进了其政治教化作用的发挥。

图53　拜谒图，东殿下层左6—8

① 杨爱国:《“祠主受祭图”再检讨》,《文艺研究》2007年第2期。

4. 六博棋、对饮图

在祠堂西壁和东壁的最下端，描绘了墓主人进行宴飨的活动场景，场面中包括了宴会上六博、对饮、拜谒、舞剑等贵族行为，在展现墓主人的社会身份的同时，集中体现了汉代民间丰富多彩的物质文化生活情景。六博棋出现在春秋战国以前，亦称博戏或陆博，《楚辞・招魂》中记载了六博棋的形制和比赛方法："蓖蔽象棋，有六簙些；分曹并进，遒相迫些；成枭而牟，呼五白些。"其中的"六簙"便是六博棋。六博棋由棋子、博箸、博局（棋盘）三种器具组成。两方行棋，每方六子，分别为：枭、卢、雉、犊、塞（两枚），对局时两人用单手或双手通过划拳猜数的形式来确定先后手和行棋步数，图中二人双手摊开，正在划拳（见图 54）。六博棋是对当时战争情况的一种反映。春秋战国时的兵制，以五人为伍，连伍共六人，作为军事训练，两队人马竞赛。比赛时"投六箸行六棋"，斗巧斗智，相互进攻逼迫，极力置对方于死地。"六博棋"是当时人们十分喜爱的娱乐活动，如汉代的几个帝王都很喜爱博戏，西汉时朝廷里设有博侍诏官，有专门研究博术的人和著作，善博的人在社会上享有较高的地位并受到人们的尊敬。

对饮图中二人手持耳杯似要碰杯（见图 55），二人中间有酒器，为三足漆器，中有勺，这是贵族所用器物，左边一人头戴高冠，也展示了他的贵族身份。六博棋和对饮图像，展示了贵族的日常生活，并具有仪礼的作用。

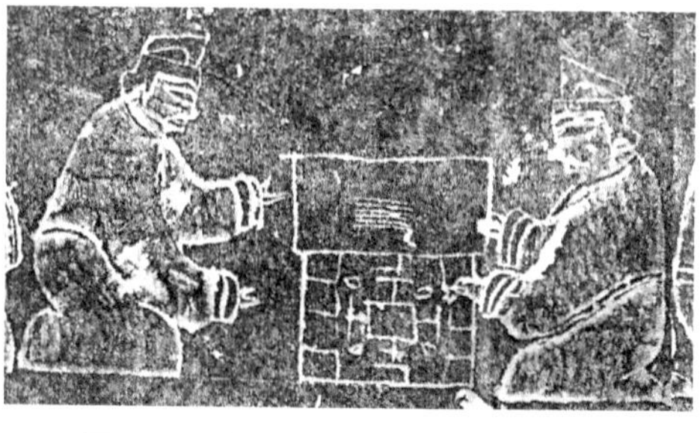

图 54　六博棋，西壁第六层左 3、4

图 55　对饮，西壁第六层左 5、6

5. 乐舞百戏图

汉代文献资料和出土汉画像石中都记录了乐舞百戏在汉代盛行的状况，并且其已经发展到非常高的水平。东汉李尤在《平乐观赋》中描述当时洛阳平乐观的百戏盛况，平乐观是表演大型综艺娱乐节目的主要场所："方曲既设，秘戏连叙。逍遥俯仰，节以鼗鼓。戏车高橦，驰骋百马。连翩九仞，离合上下。或以驰骋，覆车颠倒。乌获扛鼎，千钧若羽。吞刃吐火，燕跃鸟峙。陵高履索，踊跃旋舞。飞丸跳剑，沸渭回扰。巴渝隈一，逾肩相受。有仙驾雀，其形蚴虬，骑驴驰射，狐兔惊走，侏儒巨人，戏谑为耦，禽鹿六骏，白象朱首，鱼龙曼衍，𧍪蜒山阜，龟螭蟾蜍，挈琴鼓缶。”[①]阮荣春认为百戏与神仙有关，他在考证猞猁为百戏中“鱼龙百戏”角色，而不是佛教中“舍利”的谐音时说：“西汉时百戏相当盛行，而它所反映的皆为当时神仙道术等内容”[②]。王符在《潜夫论·浮侈篇》中提到乐舞百戏主要是娱乐神灵的功能：“学巫祀，鼓舞祀神”[③]，目的是祈求神灵保佑，回避邪神，并祈求升仙，带有浓浓的先秦原始巫术特点。

孝堂山东壁第四层乐舞图以一座建鼓为中心，踏着鼓点，舞人翩翩起舞，乐队在一侧弹奏乐器伴奏，还有倒立、弄丸等杂技节目（见图 56）。建鼓舞共 10 人的乐队，分两行，有吹竽的，有吹排箫的，有播鼗的，有敲放置地上的小鼓的，有打镲的，还有两人着长袖，边舞蹈边击建鼓。建鼓舞是以装饰华丽的建鼓为中心，融合乐器、舞蹈、杂技的表演。建鼓上中间有一木通天，上有伞状羽葆，下有神兽镇地，可以沟通天地、接引天神。建鼓舞下面的底座有各种形式，图中虎形跗在建鼓底座中数量最多，为卧虎座。虎是百兽之长，能执搏挫锐，噬食鬼魅，具有镇邪的神力，是去除鬼魅的神兽。建鼓舞是将灵鼓、神树和虎形跗相结合的通神之物，是迎神辟邪的升天神器，能助墓主人升仙。建鼓旁有缘竿，一人手持竖立木竿，竿上横放一竿，竿上有 3 人，有倒立的，有单臂挂于竿上的，姿势优美，做舞蹈状。缘竿古称都卢寻撞，又名竿木、戴竿、爬竿、木熙、缘撞、上竿伎，是古人以竿木为支柱的一种百戏项目。缘竿时或将竿木固定在平地，或支撑于身体某部位，人在上面做各种惊险优美的动作。旁边一个弄丸的人，手中有 2 丸，空中抛有 7 丸，双手交替接丸。

---

① 欧阳询：《艺文类聚·卷六十三·居处步三》，中华书局 1959 年影印本。

② 阮荣春：《“东汉佛教图像”质疑——与俞伟超先生商榷》，《东南文化》1986 年第 2 期。

③〔汉〕王符：《潜夫论·浮侈篇》，上海古籍出版社 1978 年版，第 98 页。

图 56　建鼓舞和百戏图，东壁第四层中心偏右

百戏图右下方一人正面跪坐，左手持鼗，正在转动，右手持槌，做敲击状，为播鼗。《现代汉语词典》词条："鼗（音陶）：拨浪鼓。两旁缀灵活小耳的小鼓，有柄，执柄摇动时，两耳双面击鼓作响。"① 战国时期出现的拨浪鼓并非玩具，而是一种古乐器，多用于历代宫廷雅乐，在演礼仪式中属常用乐器。《诗经·有瞽》中有"鞉、磬、柷、圄"的记载，《周礼·春宫·小师》上说："掌教鼓、鼗、柷、敔、箫、管、弦、歌"，其中的"鞉"就是鼗。鼗小而有柄，如缩小的建鼓，但多了两耳，在乐队中作为打击乐器，摇动时双耳自击鼓面发声。鼓身有木、泥、竹或硬纸等材料，鼓面有羊皮的、牛皮的、蛇皮的或纸的，木身羊皮面的拨浪鼓最典型。明朱载堉的《律吕精义》中提到鼗的形象、用法和在礼乐中的地位："论鼗（或作鞉，通），礼书又曰：'鼗之播也，有瞽矇者，有眂瞭者。而其制，郑氏以为如鼓而小，持其柄摇之，旁耳还自击是也。'书曰：'下管鼗鼓，合止柷敔。'记曰：'赐诸侯乐，以柷将之；赐子男，以鼗将之。'盖柷以合乐，鼗则兆鼓而已，故其赐所以不同也。孔颖达曰：柷所以节一曲之始，其事宽，故以将诸侯之命，鼗所以节一唱之终，其事狭，故以将伯、子、男之命。仪礼诸侯之燕、大射，大夫、士之乡射，皆有鼗无柷，诸侯之乐非无柷也，文不备耳。"②《现代汉语词典》词条："柷（音祝）：古代打

① 中国社会科学院语言研究所词典编辑室编：《现代汉语词典》，商务印书馆 1978 年版，第 1232 页。

② 〔明〕朱载堉撰：《冯文慈点注·律吕精义》，人民音乐出版社 1998 年版，第 749—750 页。

击乐器，像方匣子，用木头做成，奏乐开始时敲打。”① “敔（音语）：古代打击乐器，奏乐将终时，击之使演奏停止。”② 鼗经常与鼓、柷、敔等礼乐一起演奏，在乐曲后半部演奏，根据文献记载还可以帮助我们通过汉画像石中乐队对鼗、柷、敔等乐器的使用情况来推测墓主人的身份。《淮南子·祀论训》记载：“夫弦歌鼓舞以为乐，盘旋揖让以修礼，厚葬久丧以送死，孔子之所立也。”③ 显示了乐舞是礼制的重要组成部分。

画像石中出现礼乐的地方还有几处，其中在北壁的“大王车”出行图前有仪仗乐车和军乐队。在三角隔梁石东壁下方的车马出行图最前方二人边吹箫边行进，东壁第七层有两人舞剑，宽袍大袖，长裙飘飘，造型流畅，姿势非常优美，表演性质很强。

仪仗乐车位于北壁第一层大王出行图行列中的“大王车”之前，由两匹马拉巨大乐车，车盖如伞，两侧下垂做龙首状。车分两层，上层正中放置一大鼓，鼓角悬铜铃，两人在旁边挥舞鼓槌边舞蹈。下层四人两两相对而坐，吹奏排箫。此车属仪仗车，为皇帝出行的先导车之一，又叫鼓车、楼车。箫和鼓都是中国古老的乐器，箫与鼓同时演奏，称为箫鼓合奏，最早记录在《诗经》中。画像石中常见吹箫、建鼓和杂技混合在一起的乐舞表演形式。本乐车形状与汉代记里鼓车相似，记里鼓车由“记道车”发展而来，边行驶边通过敲鼓计算道路里程，类似于现代的计程车（见图 57）。

军乐图共四人，一边骑马一边演奏乐器。一人击花鼓，一人吹笙，二人吹排箫（见图 58）。军乐演奏又称“恺乐”“鼓吹”，《宋书》称其为“短箫铙歌”。

总的来说，狩猎、庖厨、乐舞和百戏图，有以下三层涵义：第一反映了墓主人日常生活的状况，只有具有一定社会地位的主人，才能举行这样场面宏大的乐舞活动。第二作为汉代祭祀活动中一种常见的民俗活动，是一种凝聚了

① 中国社会科学院语言研究所词典编辑室编《现代汉语词典》，商务印书馆 1978 年版，第 1646 页。

② 同上书，第 1540 页。

③ 〔南朝宋〕范晔:《后汉书·孝明帝》，浙江古籍出版社 2000 年版，第 27 页。

汉代人升仙思想，表现祈求与喜庆的文化心理。第三是一种“以礼治国”的体现，来源于“周公制礼”的礼乐典章制度，把衣食住行、婚丧嫁娶和朝聘祭祀等行为，都纳入礼制行为，用严谨、周密的礼节和仪式来规范人们的行为道德。

图 57　仪仗乐车图，北壁第一层 9—14 号

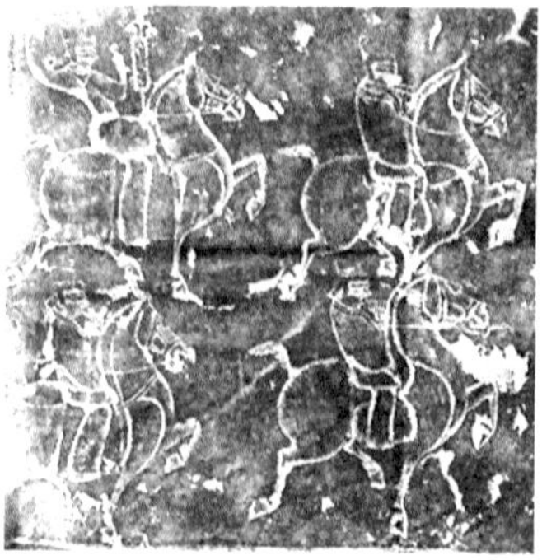

图 58　军乐图，北壁第一层 27—32 号

（二）车马出行

西汉及其之前的墓葬随葬真车真马，东汉以后则以车马画像和模型取代，是墓主在进入墓地、祠堂和灵魂升天过程中所使用的交通工具。现代农村葬俗中仍然使用的纸车马，也表现类似的意义，逝者死后家人在路口烧纸马，同时孝子念：“顺着大路往西南”，以引导逝者灵魂。到正式出殡时另烧一套马车，车马还配有纸扎御者及侍从等。潘鲁生在研究民间丧俗中的纸扎艺术时提道：“这些都是在人初终或入殓之前举行的丧俗活动，纸扎内容都离不开交通工具，或车、轿或牛、马等和一些侍者即引路者。”[①] 这种现代民间葬俗中的纸车马也具有两种意义：导引升天和供墓主死后所用。信仰演变成习俗，现代农村依然期望先者在地下过着“食有大仓，行有车马”的理想生活。

信立祥认为：“画像石中的车马出行图与‘祠主受祭图’一起构成的祭祀图，是祠堂画像中最重要的核心内容画像。”[②] 车马出行图是墓室中频繁出现的

① 潘鲁生：《民间丧俗中的纸扎艺术》，《民族艺术》1988 年第 1 期。

② 信立祥：《汉代画像石综合研究》，文物出版社 2000 年版，第 118 页。

题材，它们刻画生动，气魄恢宏，往往是一组图像中最典型、精彩的部分。墓室画像中的车马出行图分两种：一种和墓主有关系；一种和墓主无关。前者在榜题上标注墓主人的仕途升迁经历，是为了赞颂墓主一生的丰功伟绩和炫耀其高贵身世，作为官员的死者希望将这荣誉带到地下世界照样风光；而那些巨商富贾，希望死后能够享受庞大的车马出行队伍，或者通过“编造”拥有车马队伍，使自己身份提高，既让阴间使者高看一等，又使邪小因害怕远离。从这个层面讲，车马出行图也有驱邪避恶的意义。属于后者的车马出行图一般没有榜题文字，而且位置比较固定，一般都配置在墓室前室、墓门的门额等较高位置。

祠堂中的车马出行图多分为两部分，一部分配置在祠堂北壁的上部最高位置；一部分车马迎归在拜谒图下部，如武荣祠和宋山小祠堂的车马出行图都是类此，孝堂山石祠是此类典范，显示了车马出行图在画像石图像配置上的规律性。石祠的车马出行图在整个画像中占有相当大的篇幅：位于石祠上部的“大王车”车马出行图横贯东壁、北壁和西壁，为整个祠堂画像中最有视觉冲击的部分；北壁最下方的“二千石”车马图也阵势庞大，从北壁的西段一直延伸到东段；在三角隔梁石东壁下方有一幅车马出行图。这三幅车马出行图只表现浩浩荡荡的车马行进场面，出行的出发地和目的地究竟是何处，画面没有表现。这三类车马出行图在祠堂画像中，都具有其特殊的图像学意义。

“大王车”车马出行图是经济实力和社会地位的象征（见图 59）。汉代统治者将车马作为国力的象征，常用“千乘万乘”喻指国力与财富，并从法制层面对车骑制度有一整套规定，如后汉书《舆服志》中记载：“大使车，立乘，驾驷，赤帷。持节者，重导从：贼曹车、斧车、督车、功曹车皆两；大车，伍伯璅弩十二人；辟车四人；从车四乘”；“公、卿、中二千石、二千石，郊庙、明堂、祠陵，法出，皆大车，立乘，驾驷”[①]。在统治者的倡导下，车马成为富豪权贵身份的最佳象征物，因此车骑出行，大事排场也相习成风。

① 〔晋〕司马彪：《后汉书·舆服志·第二十九》，中华书局 1965 年版，第 3650、3651 页。

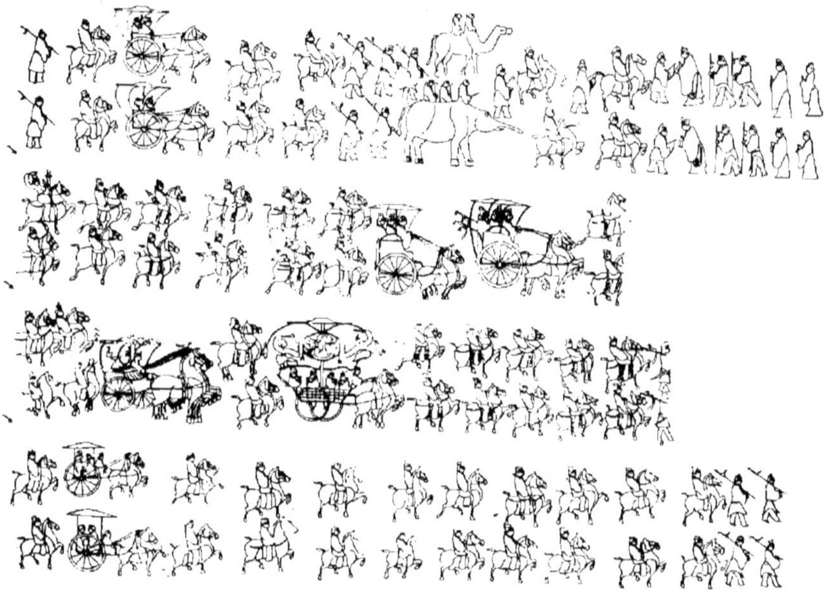

图 59 横跨三壁的车马出行图线描[①]

位于北壁底层的“二千石”车马出行图和三角隔梁石东壁下方的车马出行图，在图像最前方都有一人持盾或执笏躬身迎立，它的图像主题则是驶向某个目的地，它所表达的图像学意义是，墓主人的灵魂乘车马从地下世界出来，赴墓地祠堂去接受子孙祭祀。这类图像在汉代墓室画像和祠堂中大量出现，嘉祥武氏祠和宋山小祠堂后壁楼阁人物画像下面都有一列完整的车骑出行图[②]，说明东汉时期祠堂规范化的布局。信立祥也提出这一观点：“墓主车马行列出行的出发地是地下鬼魂世界，目的地是建于人间现实世界的祠庙。”[③]山东苍山墓葬墓前室东壁题记曰：“使坐上小车軿，驱驰相随到都亭。游徼候见谢自便。后有羊车像其檍，上即圣鸟乘浮云。”描写载有墓主人魂魄的车马出行图在向“都亭”进发，表现死者灵魂走向神灵世界的旅程。汉代人认为，人死后灵魂首先归于地下世界，但其并不是灵魂的久留之地。在《楚辞 · 招魂》的描述

① ［日］林巳奈夫：《后汉时代的车马行列》，《东方学报》1966 年。

② 蒋英炬：《汉代的小祠堂——嘉祥宋山汉画像石的建筑复原》，《考古》1983 年第 8 期。

③ 信立祥：《汉代画像石综合研究》，文物出版社 2000 年版，第 334 页。

中，地府中有地下魔王、长着三只眼睛虎等各种不可名状的怪物猛兽，使人的灵魂不得安宁，必须离开。因此画像石墓中放置灵柩的后室至前室的通道上，通常绘有墓主人走出墓室的车行队伍，在亲人“魂兮归来！君无下此幽都些”①的呼唤声中车骑出行到祠堂，出现在祠堂北壁最下端，准备享用祭祀，升入仙境。石祠图像中，画面左端一人俯首躬身送行，其间两对车马前后接续。前队六辆车，除最前一辆车子无盖外，其他均为轺车。车队之后是两骑从。第二队领头的是两名执棨戟的导从，紧随其后的一辆马头有装饰性飘带的四维轺车，车后刻有“二千石”的题记，这正是墓主人乘坐的车辆（见图 60）。大车后是两骑从，均打着魂幡。接着又是两辆轺车，其后跟着一骑从。最右面一人俯首躬身捧盾迎候（见图 61）。此行二千石车马出行图像象征墓主人由墓室中乘车上来祠堂，享用后世子孙的祭奠。

图 60　二千石车马出行图主车，北壁第四层左 9、10

图 61　二千石车马出行图捧盾侍者，北壁第四层左 29

三、历史故事类的象征意义

汉画像石中的历史故事题材，以体现儒家伦理道德规范及教化的故事为主，是儒学在东汉成为汉代显学的重要表现，是当时社会功能和意识形态的重

---

① 〔战国〕屈原，〔汉〕王逸撰：《楚辞章句·招魂》，载《四库全书·集部》（第 1062 册），台湾“商务印书馆”2008 年版，第 62 页。

要反映。同时，历史题材也反映了墓主的精神追求，暗示墓主与古代贤士们同类，已入仙籍。孝堂山石祠有孔子见老子、胡汉战争 、升鼎 、周公辅成王、七女为父报仇等历史故事。

（一）孔子见老子图

孔子见老子实际是“孔子见老子”和“孔子项橐相问书”两个故事的集合。图中孔子持鸠杖，老子持曲形杖，二人均着宽大衣服，戴进贤冠。孔子侧向右低头看项橐。项橐个子矮小，侧向左，一手上指，抬头看孔子，正在问话（见图 62）。他们身后整齐排列着持简施礼的孔子门人，达 45 人之多。

图 62　北壁孔子见老子线描图（局部），北壁第三层中间

“孔子见老子”在《礼记 · 曾子问》《史记》《庄子》中都有记载。《史记》四十七卷中收录的《孔子世家》中记录孔子见老子的始末：“鲁南宫敬叔言鲁君曰：‘请与孔子適周。’鲁君与之一乘车，两马，一竖子俱，適周问礼，盖见老子云。辞去，而老子送之曰：‘吾闻富贵者送人以财，仁人者送人以言。吾不能富贵，窃仁人之号，送子以言，曰：聪明深察而近於死者，好议人者也。博辩广大危其身者，发人之恶者也。为人子者毋以有己，为人臣者毋以有己。’孔子自周反于鲁，弟子稍益进焉。”[①] 这段记叙显示老子的博大精深让孔子折服。老子也向门人称许孔子师表既佳，右智左贤，率领着诸位贤弟子，像百鸟之王的凤凰一样。

项橐是春秋时期莒国（今山东省日照市）的一位神童，有“钢铁不入，用茅草叶劙”的超凡故事，《孔子项橐相问书》是流传甚广的俗文学作品，“项橐生七岁而为孔子师”和“两小儿辩日”的传说，在民间流传很广。《三字经》

① 〔汉〕司马迁：《史记 · 卷四十七 · 孔子世家》，中华书局 1959 年版，第 1909 页。

记述："昔仲尼，师项橐，古圣贤，尚勤学。"虽然项橐只有七岁，但孔子把他当作老师一般请教，因此后世尊项橐为圣公。

孔子见老子的题材是汉画像中常见的题材之一，孝堂山石祠附近年代稍晚的长清大柿子园汉墓和孝里大街南的两座汉墓中，还有离此地不远的沂南汉墓、嘉祥齐山、宋山汉墓和武梁祠中，都有"孔子见老子"图像，内蒙古和林格尔东汉墓壁画中，孔子及其弟子与死者夫妇及其他忠臣、贤人绘制在中式墙壁上。上述考古发现可见孔子系列图像被当时统治者所倡导、人们所推重程度，除了表示礼遇前贤和尊老重老的孝道观念，同时还有道家升仙和儒家政道宣教的图像意义。

首先是道家升仙意义。汉代人认为地上的贤者死后抵达仙界，变成仙人，也能助人升仙，因此汉画像石中经常出现历史先贤人物，用以表达升仙的主题。邢义田先生曾对此一题材有过研究，指出两汉社会老子和孔子都有一层不同于今天思想史、学术史上的面貌，画像石或刻石上的这类题材应该是用于助墓主升仙的。孔子的弟子各手捧竹简，表示从老子受道书得道成仙。姜生在《汉画孔子见老子与汉代道教仪式》中有同样的观点："孔子见老子画像的功能，是暗示墓主人亦将师法孔子往拜老君而得道受书。""孔子见老子图下层的车马出行，所表现的当是死者前往拜谒太上老君，以得道受书，然后又持书赴昆仑朝见西王母，以得药成仙。""表达着死者在死后世界须经历之仪式过程的不同步骤。"[①] 上述观点是站在升仙思想上的。

这一主题同时暗示了两汉时期儒家与黄老思想的冲突和融合。以赵莎莎为代表的研究者认为，孔子见老子的主角是孔子而不是老子，工匠在创作孔子对老子进行"拜礼"时所要表现的并非老子及其所代表的道家思想的崇高地位，而是为了传达孔子谦卑好学的精神，以及孔子所宣扬的"礼"的思想[②]。同时借老子对孔子的称颂，来强化孔子的美德。问难孔子的项橐，也表现了孔子具有谦逊、宽容、好学的儒家精神。将同一个人发生在两个时间段的事情，安放在

① 姜生：《汉画孔子见老子与汉代道教仪式》，《文史哲》2011 年第 2 期。

② 赵莎莎：《汉画像石"孔子见老子"图像学研究》，硕士学位论文，杭州师范大学，2013 年，第 23 页。

一起来表现，这在汉画像石上经常采用，这也是如前所述强化叠加的手法。图像占据石祠醒目位置，并且人物众多，共计48个人，也属于对重要观念的强化表达。

邢义田也称此类图像为“孔子问礼图”[①]，认为图像来自官方的图谱：“《汉书·艺文志》论语类列有《孔子徒人图法》二卷。这是文献所载汉代图谱最明确和几乎唯一的例证。”[②]图像意义为以地上世界的忠孝道德来维系地下世界[③]。本书认同这种观点，图像重点在于“孔子”和“礼”。《汉书·艺文志》中的《孔子家语》中记录孔子听说老子通晓礼乐的起源，明白道德的归属，所以承认老子是自己的老师，要去拜访他向他学习：“孔子谓南宫敬叔曰：‘吾闻老聃博古知今，通礼乐之原，明道德之归，则吾师也，今将往矣。’”可知“孔子见老子”的故事是为强调礼乐和道德的重要性，表达孔子以礼治国的理念。

从政治的角度来看，西汉时，汉武帝采纳董仲舒“罢黜百家、独尊儒术”观点建立中央集权，其中最重要的一点是“天人感应”学说：权力集中于皇帝一人，用上天降下灾异来作为界定、约束和惩罚皇帝违规的手段。谁能解释天之道德意向，谁就等于掌握了国家权力。董仲舒将这权力赋予自己为代表的儒生，他们通过典籍来牢牢掌握祥瑞和灾异的解释权，这个典籍就是孔子所著的《春秋》。王爱和在他的博士论文基础上修改出版的《中国古代宇宙观与政治文化》一书中，专门探讨了这个问题，他认为：“根据董仲舒的理论，既然灾异是天之所言，能把天意的表达翻译成人类的知识是人世间最高权威来源。唯一能解读天之意的是圣人孔子。孔子作《春秋》，就是把天之所言、灾异之所告诫转换成人能理解的经典。”[④]这就表示，诠释天意的依据不是黄老学说、巫师方士、诸子百家或其他民间信仰，而是孔子和他所著的《春秋》，也就是掌握了《春秋》要意的汉儒。由是可知，在西汉中晚期，由于政治的原因，圣贤

---

① 邢义田：《画为心声——画像石、画像砖与壁画》，中华书局2011年版，第41页。

② 同上书，第37—38页。

③ 同上书，第43页。

④ 王爱和：《中国古代宇宙观与政治文化》，[美]金蕾译，徐峰译、校，上海古籍出版社2011年版，第214页。

"孔子"的地位被抬高到仅次于神仙。东汉早期，政治上加强君主专制，光武帝每朝罢与公卿郎将讲论经理，《廿二史札记》载"东汉功臣多近儒"。综上所述，"孔子见老子"图像的普及有其深刻的政治涵义。

（二）周公辅成王图

图 63　周公辅成王，东壁第三层左 8—10

东壁第三层为周公辅成王图，个子矮小的成王正面拱手而立，上方题刻"成王"二字，为幼龄成王（见图 63）。两侧二人相对作揖，持笏。左为周公，右为召公。周公原名周公旦，周武王的弟弟。在武王建立周王朝两年病死后，辅佐周成王，从成王十三岁到二十岁，代理天子职权，一心朝政，忠心不二。周公内排忧患，外征战患，巩固了周王朝的统治，并给"成康之治"奠定了基础。周公辅成王故事也是汉画像中常出现的画面，比孝堂山石祠晚约一百年的武梁祠中也有周公辅成王图像，其中的周公半跪于地，召公躬身持华盖，二人恭谨更胜孝堂山石祠中图像。

《孔子家语 · 观周篇》中记载："孔子观乎明堂，睹四门，墉有尧、舜之容，桀、纣之象，而各有善恶之状，兴废之诫焉。又有周公相成王，抱之负斧扆，南面以朝诸侯之图焉，世之博学者，谓周公便履天子之位，失之远矣也。孔子徘徊而望之，谓从者曰：'此周之所以盛也。夫明镜所以察形，古者所以知今，人主不务袭迹于其所以安存，而忽怠所以危亡，是犹未有以异于却走而欲求及前人也，岂不惑哉。'"故事显示，利用壁画作为宗教信仰、道德训教和政治宣传的工具自周代已经开始，尧舜桀纣和周公辅佐成王图像，都关乎国家兴亡。《孔子家语 · 卷三 · 观周第十一》中记载："今孔子将适周，观先王之遗制，考礼乐之所极，斯大业也！君盍以乘资之？臣请与往。"孔子向老子询问礼，向苌弘询问乐，走遍了祭祀天地之所，考察明堂的规则，察看宗庙朝堂的制度，于是感叹地说，我现在才知道周公的圣明，以及周国称王天下的原因。因此"孔子见老子"和"周公辅成王"的图像意义，都是占当时统治地位社会的意识形态的选择，具有“劝诫”味道，其执行了儒家以“仁”为核心的“忠、孝、节、义”道德标准。这些图像形式和涵义从春秋时代就形成固定程式，并以壁画和画像石的形式传承下去，其中的人物形象虽然会根据社会观念做细微的调整，但它表达的涵义都是不变的。

（三）胡汉战争图

胡汉战争图是汉画像石上常见的图像，它对研究两汉时期胡汉关系有重要意义。两汉时期的胡汉关系总体表现为战争与和平两种状态，自冒顿单于与匈奴强大以来，胡汉之间战争不断，西汉的文帝、武帝，东汉的明帝等历史时期都曾进行过大规模的胡汉战争。当然，在漫长的两汉统治过程中，也出现了胡汉关系相对较为缓和的时期，表现为胡人的进贡及和亲的进行，体现了人们对频繁的胡汉战争的厌倦和对美好和平的祈求，胡人归附也就成了和平的象征，成了统治者标榜政治清明的标志之一。

在关于胡汉战争的画像石中，胡汉士兵非常好区分，双方穿着不同的服装，使用不同的武器。汉方士兵戴冠，身着铠甲，多用长戟、剑盾、弓箭，胡人士兵使用弓箭，戴尖顶帽，穿武士服，有的骑马、有的步行，战争结果都是汉兵战胜胡兵，胡兵堕入丛山之中。画像石中胡人士兵装束与文献记载一致，西汉晁错在上言兵事疏中将匈奴与汉朝士兵作对比，匈奴擅长翻山涉岭、勇猛善斗：“出入溪涧之马”“且驰且射”“饥渴不困之人”，而汉军有更先进的战术和武器：“轻车突骑”“劲弩长戟”“坚甲利刃”“材官骤发”“下马地斗”[①]。因此，孝堂山画像石中的胡汉战争题材是已知最早的带有胡人图像的汉代画像。整幅画像分为三部分：左边为汉军营帐，中间为战争场面，右边为胡王营地。画面最精彩部分为中间汉人和胡兵短兵相接，战斗正在激烈进行，两方士兵或弯弓欲射，或持戈冲锋，胡兵从丛山中源源不断冲出，被杀和被俘的很多。左边汉军营帐有楼阁议事和献俘场面，三名被俘的胡兵被捆绑着跪在楼前，士兵正向将军汇报。右边是胡人阵地，在激烈的交战场面中还有两位胡人在烧烤肉

① 朱浒:《汉画像胡人图像研究》，博士学位论文，上海师范大学，2012年，第3页。

串，烤炉和串肉的签子非常清楚，两个胡人专注烤肉，似乎对残酷激烈的战争已司空见惯，表达了善战的胡人心理素质之好。烤肉士兵右边是胡王营帐，一人在向胡王汇报战情，胡王头上有榜题"胡王"二字。胡王坐在空地之中，与左面汉将的二层楼阁营帐相比显得十分寒酸，但胡王身后是无数的山峦和胡兵，气势颇大。与热闹形象的战争场面相比，山的刻画非常简单，李发林在《汉画考释和研究》中形容"山刻画得像一片片鱼鳞连在一起，或说像一些馒头一个个堆砌在一起。"[①] 从图片可以看出，他这一形容非常形象。每一个山坳里都有一个持弓胡兵站立，用概括性的画法比喻了胡兵善藏和人数之多。这幅胡汉战争的画像并不一定是表现墓主人生前的职业是军官，更多的是在当时胡汉战争和胡汉之间文化交流的时代背景下，表现胡汉关系的丧葬艺术作品（见图 64）。在石祠东壁上也绘制了关于胡人带着骆驼和大象，来到大汉进贡，显现了当时胡汉之间的文化交流与融合，及其在丧葬文化中的艺术形态。

图 64　石祠西壁胡汉战争线描图，西壁第四层

关于胡汉战争题材的出现有几种说法。一是胡汉战争反映了墓主人生前的战斗经历，如清代的阮元，近代的叶昌炽、曾昭燏、蒋宝庚、黎忠义和法国汉学家沙畹等都持这种观点。还有一种观点认为，胡汉战争题材和墓主人的亲身经历并无关系。如戴文达、赵成甫、郝玉建、杉原拓哉、俞伟超等。其中，荷兰汉学家戴文达认为，孝堂山西壁的胡汉战争题材是对元帝时西汉大将陈汤诛杀郅支单于这一历史事件的表现[②]。日本学者杉原拓哉认为，孝堂山的胡人应

---

① 李发林:《汉画考释和研究》，中国文联出版社 2000 年版，第 354 页。

② J. J. L. Duyvendak, An Illustrated Battle-Account in the History of the Former Han Dynasty. T'oung pao, 1938, 34, pp, 249—264.

是蒙古种之匈奴本族[①]。第三种说法认为，胡汉题材出现在祠堂之中反映了一种特殊的意义，而并非墓主人真实战功的反映。持此观点的有信立祥、林巳奈夫、土居淑子、邢义田、巫鸿、王煜等。土居淑子认为胡汉战争常见的献俘场面是以俘虏为牺牲，奉献给神。邢义田认为，胡汉战争图“其一被用来象征扫除升仙或进入死后世界旅途上的障碍；其二是用来歌颂死者在武的一面，符合允文允武的官员的特征”[②]。巫鸿认为，在石堂画像中，胡汉战争题材与车马出行图联系在一起，实际上是墓主人乘车马去往冥界或升往仙境的表现[③]。王煜则认为，“车马出行—胡人引导”和“车马出行—胡汉交战”的意义在于：“西王母仙境在西域之西，所以升往西王母仙境就往往会与居住在西域的西胡发生关系。西胡既可以是升仙路上的引导者，也可能同西域的大山、大河一样，成为升仙路上的阻碍者。因此，升往仙境一方需要西胡的引导；一方面又要战胜阻路的西胡。”[④]

从整个画像石图像配置上来考虑，频繁出现在汉画像中的胡人和胡汉战争图，显示了现实生活中胡汉战争对社会生活的影响，胡人对汉人的连年骚扰、掠夺和战争，使人们把胡人等同于妖魔鬼怪一类，而战胜降服胡人、胡人归顺等图像意义，就是镇邪驱魔，正如郑岩在《汉代艺术中的胡人图像》中所说，是“表现祥瑞、神仙内容图像系统的一个组成部分。”[⑤]象征墓主人在军队的保护下，不受恶人侵害，顺利进入乐土。

---

① 朱浒：《汉画像胡人图像研究》，博士学位论文，上海师范大学，2012年，第7页。

② 邢义田：《画为心声——画像石、画像砖与壁画》，中华书局2011年版，第234—369页。

③ ［美］巫鸿：《礼仪中的美术——巫鸿中国古代美术文编》，生活·读书·新知三联书店2005年版，第205—224页。

④ 王煜：《“车马出行——胡人”画像试探——兼谈汉代丧葬艺术中胡人形象的意义》，《考古与文物》2012年第1期。

⑤ 郑岩：《汉代艺术中的胡人图像》，载《艺术研究》第一辑，中山大学出版社1999年版，第133—150页。

（四）泗水捞鼎图

“泗水捞鼎”图像在山东、河南、江苏和四川等地出土画像石中均有出现，目前所见共计 37 幅之多，大部分在山东泗水流域。其中虽然构图不同，场面大小各异，但图像内容都是表现“系而行之，未出，龙齿啮断其系”的精彩场面。关于“泗水捞鼎”图的象征意义，许多学者有过研究，巫鸿的《中国古代艺术与建筑中的“纪念碑性”》一书中认为鼎是展示生者现世荣耀和成就的物证①。邢义田认为此图中的主角不是鼎，而是鼎中的龙，龙一出现，鼎就失去意义，被人丢弃，而墓主人乘龙升仙②。

传说有夏铸九鼎，上面刻出百物图像，人看了可以知道趋吉避凶。张光直认为商周青铜器上的动物纹样，可以追溯到新石器时代，它不是毫无意义的装饰，而是沟通天的必备之物③。从此九鼎成为国家权力的象征，到周显王，姬德大衰，鼎沦入泗水。传说当上天认定的君王出现，鼎就会现身，无鼎的君王则名不正言不顺，因此通过战争一统天下的秦始皇一心想得到夏鼎。对此，顾颉刚曾提到过：“九鼎是夏铸的，商灭了夏搬到商，周灭了商搬到周，当时不过因为它是宝物，所以搬了来，并没有多大的意味，但经过了长时间的保存，大家对它就有了传统的观念，以为凡是兴国都应取九鼎为信物，正如后世的‘传国玺’一样。”④汉画像中的“泗水捞鼎”图像，就反映了这种观念。《史记·秦始皇本纪》中记载：“（始皇）还过彭城，斋戒祷祠，欲出周鼎，使千人没水求之不得。所谓鼎伏也。亦云，系而行之，未出，龙啮断其系。”秦始皇泗水捞鼎，隐含了这种权力转移的象征观念。孝堂山石祠画面中，泗水捞鼎图刻在三角隔梁石东面图像中心。图像中在河堤两旁搭出大型对称式支架，中间竖立两只长橦，橦的顶端装有滑轮，左右两方各有四个人拉绳取鼎，鼎升出河面，中

① ［美］巫鸿：《中国古代艺术与建筑中的“纪念碑性”》，李清泉、郑岩等译，上海人民出版社 2009 年版，第 9 页。

② 邢义田：《画为心声——画像石、画像砖与壁画》，中华书局 2011 年版，第 398—436 页。

③ ［美］张光直：《中国青铜时代》，生活·读书·新知三联书店 1983 年版，第 313 页。

④ 王煦华编：《顾颉刚选集》，天津人民出版社 1988 年版，第 105 页。

间似有龙伸出，鼎左耳断掉，鼎倾斜正在坠落，下面船上一人以长竿支撑鼎。平台上有两位官员指挥取鼎，左边的官员形象高大，高冠袍服，腰间的绶带清晰漂亮，明显身份更尊贵（见图 65）。蒋英炬、杨爱国在《汉代画像石与画像砖》一书中，认为山东兖州农机校出土的“泗水取鼎图”中从“刻有“秦王”榜题来看，可以断言正襟危坐在中间的人正是朝思暮想、期盼得鼎的秦始皇[①]。兖州离泗水只有 100 里地，“鼎落泗水”和“秦始皇捞鼎”也被诸多学者定为确实发生的历史事件，所以隔梁石上“升鼎图”中的人物应是秦始皇。本书认为此图表达的意义在于上天的公正与权威。始于周王朝，并为儒家所倡导的“君权神授”观念，王权是神授的，神圣不可侵犯。天上世界的神用祥瑞和灾异来指定和管理地下的君王，鼎象征着政权，龙象征着驾驭政权的“真龙天子”，鼎耳断，表示秦始皇的“君权”不是来自“神授”，因此他得不到象征皇权的夏鼎。

图 65　三角隔梁石东壁升鼎图

（五）七女为父报仇图

“七女为父报仇”图像也是汉画像中常见的题材，过去被解读为“水陆攻占图”。桥为平拱形，正中水平，旁为斜面，用细直线画出。桥上有栏杆，平拱两端立两根柱子，上面两只鸟相对而立。桥左右两侧，各有一队人马正在前行，桥中央有马车，前后遭人攻击，马受惊，脱离车轭，车上两名乘者坠落桥下，车后一人跪地做求饶状。桥下有四只舟，每舟两人，其中三人用长矛顶住

① 蒋英炬、杨爱国：《汉代画像石与画像砖》，文物出版社 2001 年版，第 61 页。

两个坠桥人，一人观望，四人划舟。邢义田通过林格尔壁画墓中有一幅榜题为“七女为父报仇”的壁画，莒县宋墓中一块榜题为“七女”的石阙画像石，确定此类图像为“七女为父报仇”图。此故事在文献记载中已经找寻不到，邢氏通过对照两幅“七女”图像的异同，找出“七女”图的特征，进而推定武氏祠、临沂吴白庄汉墓、安徽宿县褚兰两座石祠西壁和孝堂山石祠等数幅原定名为“水陆攻占图”的汉画为“七女为父报仇图”，并通过图像大体推断出原故事情节：长安令大概曾冤杀七女的父亲，七女因此决定一报杀父之仇。她们利用长安令车马经过渭水桥的机会，七人分成两组：一组或步或骑，跟踪长安令，在桥上包围拦阻，迫其跌落河中；埋伏桥下的另一组则乘船，伺机进击，达成报仇的目的①。这为我们示范了文献缺失的情况下运用格套处理汉画的方法②。邢义田曾到石祠中查看，但因光线太暗，石面光滑反光严重，摄影效果图非常不理想。下图为他参照史语所拓片所绘，图中涂阴影的人为他认为疑似女性图像（见图 66）。

图 66　三角隔梁石西壁“七女为父报仇”线描图
（采自：邢义田：《画为心声——画像石、画像砖与壁画》，中华书局 2011 年版，第 114 页。）

三角隔梁石代表石祠这个宇宙的天上部分，用历史故事和神兽来向人们形象地传达了上天的职能，这就是董仲舒的“天人感应”学说：天和人可以相互感应，天能干预人事，人亦能感应上天。董仲舒把天视为至上的人格神，天子违背了天意，不仁不义，天就会出现灾异进行谴责和警告；如果政通人和，天

① 邢义田：《画为心声——画像石、画像砖与壁画》，中华书局 2011 年版，第 128 页。
② 同上书，第 92—137 页。

就会降下祥瑞以鼓励。“七女为父报仇”表达“忠、孝、节、义”的教育故事，表达的同样是上天对人类世界管理的评判标准。当然“上天”这个人格神的价值观是地上的哲学家和政治家赋予他的。

四、装饰纹样的象征意义

石祠中的装饰纹样非常丰富，包括蕨草纹、斜线纹样、云气纹、垂帐纹样、菱形纹、菱形五铢钱纹等。石祠房檐上的瓦当为圆形，中间有十字，上面刻蕨草纹（见图 67）。斜线纹作为图像中楼阁的装饰，刻在石祠右边房顶，画像中楼阙房顶，房顶上的斜线纹比较粗糙，画像漏阙屋顶的斜线纹细腻（见图 68）。在前檐两端立柱上方的垂帐纹之上，八角柱之上以及北壁画像之旁，均刻有连续的菱纹（见图 69）。“云气纹”穿插在表示仙界的图像中（见图 70）。垂帐纹出现在石祠正面八角石柱顶上、大斗上和山墙上，在垂帐间有垂珞、垂带（见图 71）。垂帐纹样、菱形纹、菱形五铢钱纹样多做图像间的分隔，并有装饰美感。这些装饰纹样有的烘托仙界气氛，有的起到分层和分界的功能。雕刻以几何图形为主，比较简单，体现了东汉初年的装饰风格特点。石祠北壁中间用斜纹条带、菱格纹条带和菱形五铢钱纹组成组合图形，“以九宫格做立体图，布置成长、高、宽三面并存的立体构图”①，装饰整齐划一，层次分明，线条流畅，既井然有序分层，又美观大方。这些纹样除了分隔、装饰、美化功能外，还作为一种意象符号，具有升仙、辟邪、夸耀财富等多重的象征内涵。

图 67　蕨草纹，石祠屋顶房檐瓦当上图

图 68　斜线纹，北壁第二层楼阁顶部

① 郑军:《汉代装饰艺术史》，山东美术出版社 2006 年版，第 8 页。

图 69 菱形纹，北壁下层图像外框

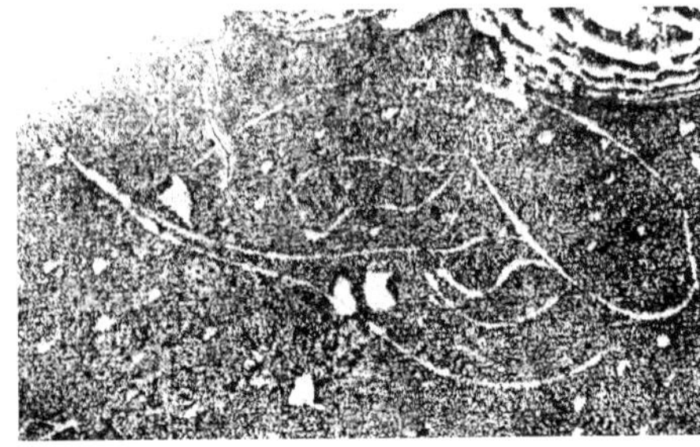

图 70 云气纹，东壁第一层第一行左上方

图 71 垂帐纹和菱形五铢钱纹，石祠前檐东立柱

云气纹属于常见的吉祥纹样，象征高升和如意。云气纹的装饰经常在仙界和天空使用，使画面的形象更加饱满，具有极强的装饰效果，使仅有绘画效果的画像石变成精美的装饰画和装饰图案。除了装饰和填空的效果，经云气纹烘托的画面，强烈地传达了一种气息：图绘内容不是人间，而是仙界。

菱形五铢钱纹是由五铢钱（或玉璧）与十字（或菱形）相组合的装饰纹样（见图 71），使用了四方连续纹样的装饰法则，点线面结合，装饰效果极佳，内涵与象征意义非常丰富。图案是二龙穿璧纹、十字穿环纹的变体，十字最初为伏羲女娲交尾图像简化而来，寓意繁衍、兴盛；玉璧或五铢钱，既有夸耀墓主财富、势力，震慑地下邪灵辟邪的功能，又有向地下神灵行贿的意义，其中隐含的还是人们对于财富和美好生活的渴望。

郑立君认为："在汉代画像石画面上采用单一或多重层次的边框装饰的目的之一是栏边封角，以求聚气，从而构成一幅幅完整的画面、场景。"[①] 石祠北

① 郑立君：《论汉代画像石的装饰图案设计》，《东南文化》2010 年第 2 期。

壁画像的楼阁拜谒图，左、上、右用4层几何纹装饰，自外至里分别为斜线纹、菱形纹、菱形纹加五铢钱纹（见图72）。郑立君认为这种装饰手法“不但没有喧宾夺主影响人物、动物等主体图像的视觉效果，反而进一步使主体图像从基底上凸现出来。”[①]此幅图像是整个石祠画像的中心，宽达3.6米，以几组装饰图案围饰起来效果极佳，给人以聚合、方正、庄严、震撼之感。装饰图案内的3座两层殿阁和4个两层阙门一字铺陈，里面人物排列整齐，楼阁内主要人物褒衣博带，形象高大，身份尊贵无比，接受官员执笏朝拜。楼阁上的妇女也是端坐整齐、仪态大方。整组图像很好地表达了汉儒所推崇的“君君，臣臣，父父，子子”[②]的忠孝伦理观念和国家管理思想。

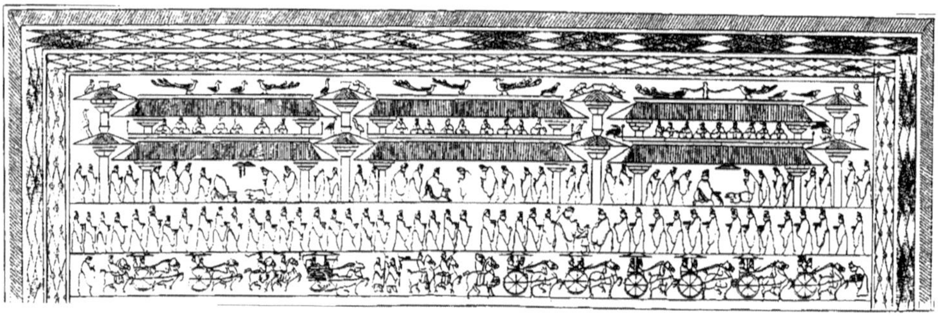

图72　北壁下部线描图

五、小结

综上所述，石祠画像石的象征意义主要为两点：政治意义和辟邪、升仙意义。

（一）政治意义

《史记》卷二十三《礼书第一》开篇中说：“缘人情而制礼，依人性而作仪”“人道经纬万端，规矩无所不贯，诱进以仁义，束缚以刑罚，故德厚者位

① 郑立君：《论汉代画像石的装饰图案设计》，《东南文化》2010年第2期。

② 〔汉〕司马迁：《史记·卷四十七·孔子世家》，中华书局1959年版，第1911页。

尊，禄重者宠荣，所以总一海内而整齐万民也。人体安驾乘，为之金舆错衡以繁其饰；目好五色，为之黼黻文章以表其能；耳乐钟磬，为之调谐八音以荡其心；口甘五味，为之庶羞酸咸以致其美；情好珍善，为之琢磨圭璧以通其意。故大路越席，皮弁布裳，朱弦洞越，大羹玄酒，所以防其淫侈，救其雕敝。是以君臣朝廷尊卑贵贱之序，下及黎庶车舆衣服宫室饮食嫁娶丧祭之分，事有宜适，物有节文。仲尼曰：'禘自既灌而往者，吾不欲观之矣。'"[①] 司马迁将礼书列为八书之首，他认为礼是维系世间万物等级、秩序的规定或制度，表达了以礼治国的重要性："故由其道则行，不由其道则废。"[②] 两汉时期承继周礼，并加以改进，作为治国治人的基本准则，使人民知仁义，并以刑罚相约束，以此来统一天下人的意识，整齐人心。孝堂山石祠画像石处处展示仪礼的图像表现，德厚和俸禄多的人，地位尊显贵重，享受荣耀恩宠：他们居有楼阙，生活舒适；行有车马，并且雕镂车衡，装饰繁琐；喜欢看漂亮图案，就以斜线纹、菱形纹、卷幔纹等各种美丽的花纹边框，使外表形态更美好；人耳乐闻钟磬等动听的声音，因此画像中随处可见演奏音乐的场景；狩猎、庖厨图显示人喜欢吃美味佳肴。除了礼仪画面，石祠东壁三角隔梁还有人戴桎梏施刖刑的场景，表达了以刑罚约束的制度。所以，孝堂山石祠画像石的图像意义就是表达《礼书》中传达的仪礼观念：尊卑贵贱秩序和衣食住行、婚丧嫁娶的等级，事事皆需适宜，有节制。同时石祠作为一个宣教场所向地下和地上的群体传达礼仪制度。

（二）辟邪、升仙意义

作为丧葬礼仪的一部分，辟邪与升仙是画像石另一个重要功能。孝堂山石祠是一个小小的天人合一的空间，以生生不息的阴阳之气包容万物，创造出空灵神秘、和谐奇特的艺术环境。从内容来看，孝堂山石祠画像内容及其丰富：以祥瑞题材居多，表现天上世界的神兽、灵物与人神共处，现实生活与历史故

---

① 〔汉〕司马迁：《史记·卷四十七·孔子世家》，中华书局1959年版，第1157—1158页。

② 同上书，第1167页。

事，它们构成了画像石画像的主要框架。简明的图案画像有规律地排列，场面宏大，连接有序，组合成神秘的空间。因而孝堂山石祠画像在构画类现实的生活环境以供墓主人死后享用的同时，刻画了许多仙人形象和神仙世界，并通过对某些具有祥瑞意义和引导象征的形象的刻画，表达对恶灵侵扰的抗拒和死后早日登临仙界而得以延续生命的渴望。如熊纪涛在总结汉代升仙信仰的发展时所总结的："其作用主要在于为死者死后构画一个既能够重温人间温暖，又可以体味仙界美妙的环境。"① 而之所以要构建这样一个包含现实和虚幻的世界，主要来源于人们对死亡的恐惧和逃避心理。在认识能力有限的历史时期，人们将对死亡的恐惧和逃避心理转化成对生命永恒的追求和死后能够登临仙界而享受快乐的期待。

总之，孝堂山石祠画像全面展现了墓主人生前生活，幻化出理想的神仙世界，并形象展示了现实的仪礼制度，是东汉早期政治、经济、文化的集中体现。

① 熊纪涛:《从画像石和画像砖看汉代升仙信仰的发展》,《美与时代》2007 年第 6 期。

第四章

孝堂山石祠汉画像石雕刻技法及艺术风格分析

战国时期的青铜器纹饰是汉画像的滥觞阶段，而画像石也很好地传承和发展了青铜纹饰图像。把战国时期的青铜刻画纹与汉画像进行比较，会发现两者之间的传承关系：从内容上讲，都有人物社会生活场景，如狩猎、车马、攻占、祭祀等场面；从雕刻技法来讲，都是阴刻或阳刻在器物表面；从构图上看，都是上下左右划成不同的时空区域，在其中填入不同的内容；从适用范围来讲，它们都不是生活实用之物，而是祭祀礼器用品，具有相同的象征含义。马承源认为："青铜器的制作要有陶范，其图纹的制作过程应先刻在陶范上，然后浇注而成。这为以后汉画像在砖石上的雕刻积累了丰富的雕刻经验。"[①] 这些图像"用流畅的线条，结合绘画和雕刻手法，描绘出各种动景。如宴乐、弋射、采桑、狩猎等活动，还有徒兵搏斗、攻城、水战等战争场面。这些用绘画形式表现的画像，是以后绘画艺术的先驱。"[②] 被列为北京"故宫十大重宝"之一的"宴乐渔猎攻占纹青铜壶"，壶身纹饰有3层，表现"采桑、习射""宴乐、打猎""水陆攻战""劳作"和"习武"的情景，有人物178人，鸟兽鱼龟94只（见图73）。

图73　战国早期"宴乐渔猎攻占纹青铜壶"局部"水陆攻战"

① 马承源：《中国青铜器》，上海古籍出版社1998年版，第336页。

② 同上。

我们可从中看到画像石对青铜纹饰从构图、刻画到细节处理等的传承。

在汉画像的发展过程中，人们在前期图像的基础之上，不断按照新的社会观念和哲学思潮添加本时代的内容。除此之外，墓葬和祠堂画像在设计和建造过程中还存在众多复杂的影响因素，比如：画像石时代和地域特点（经典样式和最新流行的图样，本地传统图案和外来纹样）、观者因素的潜在影响、设计者与施工者的调和、雇主与工匠的协商结果、金钱因素、制度约束等，不同社会阶层、教育程度的人们决定了画像的最终呈现。总的来说，画像石在丧葬建筑中具有夸耀雇主品德和财力的功能，那么图像的丰富性和雕刻的精美程度是很重要的，满足生者和死者的共同需要。因此两汉画像砖石和壁画才有如此丰富的图像和排列方式，其思想观念的表达也有着十分精密的逻辑。

孝堂山石祠的北墙和东西山墙内壁以及中间三角石梁的东西侧面都线刻有丰富的画像，是研究汉代美术的重要参考资料。石祠内画像线条苍劲、风格质朴，图像形式相对稳定，汉代人的宇宙观、儒家礼制观念和道家自然观念，都杂糅在其中，作为一种宗教祭祀性艺术，构成完整的汉代人心理图式。

第一节　雕刻技法与构图

画像石制作所采用的雕刻技法包括透雕、浮雕以及平面雕刻等，同时又包括了各种绘画技巧，其内容已经大大超出了传统中“画”的范畴。刘凤君在《美术考古学导论》中谈到画像石雕刻技法时，认为山东和苏北、皖北、豫东4个区代表了汉画像石高超的雕刻技术水平：“各种雕刻技法均十分流行，特别是阴线雕和浅浮雕，技法运用熟练，造像华丽优美、细腻传神。”[①] 孝堂山石祠汉画像石正是处在这个区域的中心，雕刻技法秉承了西汉以来的雕刻风格，更增加了细腻传神的细节把握，是完整的代表东汉早期雕刻技艺和绘画技法的艺术精品。

---

① 刘凤君:《美术考古学导论》，高等教育出版社2014年版，第205页。

一、雕刻技法

宋李诫在《营造法式》中提出："雕镌制度有四等，一曰剔地起突；二曰压地隐起；三曰减地平钑；四曰素平。"[①] 对于汉代画像石雕刻技术最早研究的是日本学者关野贞。滕固把汉代画像石的雕刻技法分为"拟绘画的"和"拟浮雕的"两大类，孝堂山石祠画像则属于"拟绘画的"一类。他认为"孝堂山石祠画像更接近绘画的特点，具有线描表达和摄影观察的特点，线条强调轮廓与形象的修饰功能。"[②] 杨伯达将山东汉画像石刻法分为"阴线刻、平凸刻、隐起刻、起突刻、透突刻"等[③]。阎文儒在《石窟寺艺术》一文中认为，孝堂山石祠画像石是"在石平面上，刻成稍斜的阴线，表现出题材中每个单体的轮廓，内部并不凹下，细部表现，仍用阴纹线条。""因为其底地磨平，阴勒的线条用得丰富而巧妙，所以尤近于绘画"[④]。

信立祥把画像石线刻类雕刻技法分三类：阴线刻、凹面线刻和凸面线刻，这种技法表现的重点是物象轮廓，他认为这类作品实际就是一种白描画。第一种阴线刻有两种表现形式，平面阴线刻和凿纹地阴线刻。平面阴线刻早期（西汉晚期到东汉初期）作品线条粗深而拙稚，图像简单，如连云港市锦屏山桃花涧汉墓石椁画像。晚期（东汉中晚期）作品线条细如丝发，刚劲准确，图像复杂，常用来刻画大场面，如山东诸城前凉台孙琮墓的庭院图画像石。凿纹地阴线刻，余白面留有平行凿纹，给人以粗犷朴拙之感，如河南南阳杨官寺汉画像石墓的主室门扉画像。第二种凹面线刻，在石面上沿物象轮廓线将物象面削低，使物象面略低于余白面的凹面，物象细部以阴线来表现。这种技法也有两

① 李诫：《营造法式》，商务印书馆 1954 年版，第 45 页。

② 滕固：《南阳汉画像石刻之历史的及风格的考察》，载沈宁编：《滕固艺术文集》，上海人民美术出版社 2003 年版，第 56 页。

③ 杨伯达：《试论山东画像石的刻法》，紫禁城出版社 2002 年版，第 65 页。

④ 滕固：《南阳汉画像石刻之历史的及风格的考察》，载沈宁编《滕固艺术文集》，上海人民美术出版社 2003 年版，第 56 页。

种表现形式，一种是凿纹地凹面线刻，代表作品是东汉早中期山东省嘉祥县嘉祥村祠堂西壁石画像，线条洗练，造型优美，余白面上的纵向平行凿纹上下一致，极为规整。一种是平地凹面线刻，即余白面为平面的凹面线刻，孝堂山石祠后壁下部车马出行图是这种技法的代表性作品。第三种凸面线刻，与凹面线刻截然相反，在磨平的石面上将余白面削低，使物象面呈平面凸起，细部再用阴线加以表现，这种技法也有三种表现形式：凿纹减地凸面线刻、铲地凸面线刻和铲地凸面刻。凸面刻在东汉晚期极为流行，如山东嘉祥武氏祠石刻，雕刻精美，图像华丽，最受金石学家重视。①

孝堂山石祠汉画像雕刻技法，可以归类到信立祥分类第二类凹面线刻中的平地凹面线刻，总体上采用了“阴线勾勒，铲线粗”的单线阴刻的雕刻技法，用减地平雕兼阴线刻的手法雕成。首先将石面磨平整，刻画轮廓，在轮廓外减地磨光，轮廓内施阴线刻画细部，然后再沿阴刻线微微减低，视之有凹凸的体积感，增加了画面的真实效果，造成物象的质感。整体效果铲地平整，构图缜密，造型严谨，布局简洁疏朗，物象鲜明醒目，线条刻画劲利饱满，空间环境布局和谐，注重画面整体效果，极富装饰性（见图 74、图 75）。

图 74　大王车马出行图局部，东壁第二层中间

图 75　大王车马出行图局部，北壁第一层中间

阴线刻介于雕刻和绘画之间，接近于绘画效果，它以线条作为主要表现手法，有中国画的特点，是绘画和雕塑相结合的产物。由于祠堂位于地面，相比

---

① 信立祥:《汉代画像石综合研究》，文物出版社 2000 年版，第 27—33 页。

较于地下墓室的画像石，雕刻技艺比地下墓室更加细致入微，更加生动形象，这得益于东汉初年石材表面抛光技术进一步的发展，雕刻线条越来越精细。

北壁第一层的大王车马出行队伍中，我们可以看到左下角的胡人的线条明显弱于其他人，只是阴线勾勒了轮廓线，没有进一步沿轮廓线铲地，以修饰出体积感（见图 76）。这或许是工匠遗漏了，但我们可以从中看出刻石加工的步骤：工匠在磨平的石面上，先根据墨线稿刻出轮廓线，再用雕刀斜向将物象面削低，造成一边低一边缓缓升高的弧状凸起，使物象具有质感。经过这种对比，我们可以直观地感受到，“阴线勾勒又铲地的做法”确实使效果突出，物象形象更加饱满，画面更加生动了。

图 76　雕刻技法对比，大王车马出行图局部，北壁第一层左

二、构图

汉代人的宇宙从高到低分为四个部分，天上世界、神仙世界、人间世界和地下世界。天上世界是宇宙最高主宰天帝和人格化的自然神居住的场所，众星官各负其责，有条不紊地管理着整个宇宙，通过向人间降下祥瑞和灾难来表达自己的情绪。汉武帝时董仲舒等汉儒建立的“天人感应”学说，加剧了人们对上天的恐惧，拉大了人间世界与天上世界的距离。神仙世界是联系天上和人间两个世界的纽带，如信立祥所说：“在汉代人的观念中，神和仙是性质完全不同的两种存在。”[1] 人间世界只是人类一个暂时的停留所，地下世界是死者灵魂居住的世界。孝堂山石祠的修建从构图上充分体现了汉代人对宇宙的理解。

① 信立祥：《汉代画像石综合研究》，文物出版社 2000 年版，第 60 页。

（一）方位意识与主次意识

石祠画像有着严格的制式和象征意义，其排列顺序在汉代的画像石、帛画中体现得大同小异。就孝堂山祠堂画像的布局来看，与其他山东的祠堂图像布局一样。它们有一个突出的共同特点，即大祠堂后壁下层中央位置和小祠堂后壁都有一幅表现主人居室生活的楼阁人物图像。祠主夫妇受祭的楼阁人物和车骑，这幅图像占据祠堂中心位置，在布局意义上确立了主人的地位。象征车骑图像的是首尾相连的出行队伍。在西壁下层刻七女为父报仇图像，在东壁下层刻宴乐庖厨和历史故事图像。这种布局在稍晚年代的武氏祠和宋山小祠堂也运用着，显示出一定的普遍性和方位意义。如西壁下层的攻战图或七女为父报仇的图像，在布局上大概和五行方位思想有关，因为西方属金是主杀的，所以把战争杀戮的场面刻画在西壁上。而东壁下层的庖厨宴乐图像，布局也合乎古人的生活习俗。古人把办食事的厨房多设在正堂之东，故有“东厨”之说，如曹植就有“日苦短，乐有余，乃置玉樽办东厨，广情故，心相於”的诗句。把庖厨、宴乐图像刻画在东壁，按祠堂内的图像布局来看，正处于后壁主人居住的楼堂东侧。事实上，这种象征的方位意识贯穿在整个祠堂画像当中，如朱存明在《汉画像的象征意义》中指出的那样，“从科学发掘的大量汉代画像墓可知，汉画像是按宇宙象征主义的方式排列的。天界、仙界、人间及阴间是主要表现的内容，这几个时空的转换，是图像排列要表现的另一内容。其一般图式为主室往往作上圆下方式，是天圆地方的象征。图像排列愈往上，愈更多表现天界与仙界，再往下则更多表现历史的画面，再往下则表现现实生活。在东、西、南、北的四个方向上，表现按宇宙空间排列的神异象征物，如天上的‘四灵’，又有表示方位的‘四象’等。”①

（二）分层分格法

古代中国绘画有着固定的程式，孝堂山石祠画像亦体现出与传统美术样

① 朱存明：《汉画像的象征世界》，人民文学出版社2005年版，第64页。

式一脉相承的特征，与原始陶器纹样、青铜器纹样、画像砖石图样有着惊人的相似度。在当时的体制中，有关于这些图样的要求，在工匠手中也存在流行的粉本图样。二者结合，规定了画像石图案的大致内容。山东汉画像石作者们具有经营布置大型、复杂的场面的能力。孝堂山石室三面墙壁和武梁祠的三面墙壁一样，都是相互衔接的一个画面整体。这一整体之中，安排了数以百计的人物。武梁祠以分层次的方法来使之条理化，孝堂山虽未明显分层，却自然以图像分了层次。如李发林总结山东汉画像艺术特点时所说“使人看去，既绚丽多彩，内容丰富，又层次分明，条理清楚，格局严谨，均衡稳重，没有什么杂乱、局迫的感觉”。[①] 石祠三面墙壁属于一个整体，大王车出行行列，就是把三面墙壁贯穿起来成为一体。欢迎大王车的人群和其前导在东壁，其随从、属车则在西壁，首尾一贯，非常清楚。除此以外，其他如东西壁顶端的西王母、东王公组图，北壁的楼阁建筑，东壁的收租、狩猎待发，西壁的胡汉战争、庖厨等场面，则各具独立性。这种既是贯穿一气的整体，又有珍珠可数的作法，的确是非常有意思、聪明的技巧。

石祠图像整体与细部结构都具有极强的设计性，严整规制，均衡对称，将繁杂的内容悉数纳入简明、整齐、有节奏感的构图之中，同时又充满变化，使得画面寓精微的生动灵活于整体的严整规范当中，图像富于教化，且充满意趣，整个画面具有徐缓、律动、变化的特点。图像虽然满密，但也注意密中求疏，以密衬疏。为了在有限的画幅中容纳繁复的内容，画像石采用主要物象分布全幅，并于空隙间填充若干图像，使全图显得组合充盈、画面饱满，物象间又有相互关联。

画像的每一个主题仿佛一个独立的空间，代表吉祥的动植物等穿插其间，人物、情节、大小图像互为交织，引人入胜。人兽参半、具有荒诞怪异色彩的神灵形象和各种物象的交缠盘结、穿插遮蔽而显得繁密拥塞。在空间排列上，上下层层布列纹饰的传统论，可追溯到战国时期的铜器，人物排列组合带有浓厚的图案装饰趣味，以上下排列的形式表示空间关系。在长条形画幅中容纳不

① 李发林：《山东汉画像石研究》，齐鲁书社 1982 年版，第 57 页。

同时空关系下的天界、人物和动物，这种空间概念的独特表示法，恰可传达多层宇宙的丰富万千。表现宇宙的广度与深度，天上与人间表明二者所处的空间层次不同，但彼此并不完全隔绝，阴间、人间到天上世界上下通连，阴阳与生死交替。这种系列图画的形式，描绘人们对死而复生、灵魂永驻的理想追求。

孝堂山石祠画像石内容丰富，艺术形象真切，宗教感染力强，其形制与表现内涵贴切地结合，极大发挥祠堂画像的宗教教化功能，显示出工匠们奇巧的构思和卓越的构图才能。画像石中内容包罗万象，如何组织是画工必须解决的问题。科学合理地利用不同建筑部位的形状，把错综复杂的形象融入一个主题鲜明、结构紧凑、组织严密的统一的画幅之中，足以显示出工匠们高度的形象组织才能和杰出的构图设计能力。工匠们还力求调整动静关系，以达到动静交融的艺术效果。从总体来看，天上世界辽阔疏朗，气脉相贯，充满动势。神仙世界和人间世界层次密迭，结构紧凑，具有更多动中寓静的特点。

画像布满祠堂内壁，物象形象虽比较小，但经层层叠叠重复排列后，形成较大的视觉形象，规整严谨、富有生气，使祠堂内部空间处于装饰表现状态中。画像因形式和意义的需要，形成横长、竖高、成块等多变的画幅尺度，呈现丰富的视觉形式，这些多变的画幅式样形成了石祠画像石的形式感。在制作汉画像石的过程中，工匠发挥自己的才能，既充分利用石面的尺度决定画像，根据内容分割和合并，通过视觉式样对画像进行归纳表现，形成虽受石面局限，又使人感到张弛有度、自由舒展的视觉效果。

孝堂山画像石构图上直观的特点是“满幅式”：石祠后壁和东、西壁画像石画面饱满充实而繁复恢宏。后壁两石相连，画面人物百余，各种车马动物也数以百计，构图繁密而有序。“大王车”或是“二千石”的车马出行一般是从左端往右端，满列展示；而东壁和西壁则表现较单一的主题，画面疏朗生动，从画像石三面连续的整体来看繁疏有序、主次分明，在画面构图和形象设置上呈现出规律性和层次性的艺术表现力。“胡汉战争图”包含了 60 多个人物，还有战马、大山、楼阁等图像，将战事和两方军营共同组成了一组完整的图像，表现了冷静的运筹帷幄和激烈的战争场面，其中对人物动态和马的刻画非常生动，造型准确，技法熟练。

石祠北壁处于显要的位置，图像内容系统展示了祠堂性质和汉代丧葬礼俗以及汉代人生死观，构图紧凑，画面繁满。画像由二石组成。画像上下分四层，最上层与下边三层之间上、左、右边饰菱形纹和五株钱纹，进行了明显的分层：第一层是舆车“大王车”出行；第二层并列四座两层楼房和四重檐阙，过廊上有人物拜谒的形象，表现祠主受祭的场面；第三层是“孔子见老子”的故事画面；第四层是“二千石”车骑队伍右行场景。仔细审视，孝堂山石祠的东、西和北壁三面主要墙壁虽然各自分立，却是相互衔接的一个画面整体，这一处理方法与嘉祥武氏祠画像石画面的处理是不同的。如“大王车”出行行列，就是把三面墙壁贯穿起来成为一体的，欢迎大王车的人群和前导在东壁，其随从和属车则在西壁，首尾呼应，贯为一体。而其他神话故事、战争场面、庖厨百戏等都成为独立配置的画面。相对于整个石祠画像石来说，三角隔梁石东面和西面画像石表现得又都是独立的画面：东壁刻“升鼎”故事画面；西壁则是“七女为父报仇”的画面。

孝堂山画像石构图规律性的显隐有致，不是随意进行的。北壁画面主要配置与历史和现实关联较多的形象和画面，东、西壁上神话故事、历史故事、祥瑞形象、生活场景等画面错陈，而西王母、伏羲和女娲等在神界位置较高或对人类有主宰意义的神的形象则放置在较上层或顶层，更多地表现出祠主对生前尊贵生活的眷恋和对儒家思想的尊崇，这与后来嘉祥武氏祠“由下界到上界、由凡间到天国、由人到仙”的较鲜明的规律性构图相比，表现出过渡性的特征，适应人们的宇宙方位观念和尊卑伦理观念的发展变化，与汉代人的宇宙观、哲学观等内在思想感情的过渡密切相关。

（三）散点透视法

散点透视法在两汉画像石中普遍应用，围绕主题安排内容，不同时间和空间的事件在一个画面上表现出来。蒋英炬、杨爱国在《汉代画像石与画像砖》一文中将其定义为：“散点透视法指把眼睛在移动中观察到的物象集中表现在一幅画面上。”[①] 孝堂山石祠中应用非常多。比如画像石东壁第四层的“庖厨

① 蒋英炬、杨爱国：《汉代画像石与画像砖》，文物出版社 2001 年版，第 166 页。

图”，把酿酒、烧火、砍木炭、宰杀猪鸭、用桔槔打水等活动摆放式俱呈于画面，用来表现欢庆的气氛。东壁下层的送葬图，将墓主人坐鱼车从阴间出来，被鹿车接引升仙，在仙界享受福禄生活的场面安排在一个连续画面中，墓中人同时出现了三次。西壁的“胡汉战争图”和“狩猎图”也是这样，将战斗和狩猎中的所有场面按先后顺序布置在画面中，只经营空间而忽略时间。北壁的拜谒图，用栏杆将人物和建筑并行排列展开，仿佛建筑的剖面图，所有情景一目了然。这种布局法利于工匠的构思和创作，是丰富、充实画面内容的一种巧妙方法。信立祥在《汉代画像石综合研究》中提到这种违反透视学常识表现画面的手法，说它是“儒家等级尊卑观念对艺术影响的结果。”①

（四）对称呼应法

这种方法是汉代画像石壁画中常常采用的构图方法，在孝堂山画像石中也较为突出。从整个石祠内画像来看，它的分布结构就是以北壁为中心，东壁和西壁在构图与内容上对称。位于石祠中心的三角隔梁石也以梁底为中心，分为构图相似的东壁和西壁。具体到每一面墙壁，也都非常强调对称的视觉效果。北壁图像中，三座两层殿阁和四个两层阙门，周围饰以相同装饰边框，工整对称地铺开，给人一种震撼的观看体验。再细分到每一组图像，创造者都尽量造成对称呼应的视觉效果。如西壁顶端三角地带，以西王母和女娲为中心，侍者和仙人、仙兽分列两旁。东壁顶端三角中，以风伯和伏羲为中心，各种星宿仙人刻划两边。在三角隔梁石东部“升鼎”图式中，匠师利用三角对称的特点，把土堆两边的人群以鼎为中心分为相对对称的两部分。视觉的中心最后集中到三角形的顶端，使画面紧张而富有动感。三角隔梁石西部“坠车”图式也是如此，顶部的垂虹和下面正面端坐的神仙、桥和桥上的人马、桥下的小船都是对称图像，从而将人的视觉引向对称的中心，增加故事情节的冲突感。横贯三壁的车马图、北壁的厅堂拜谒图等都非常对称，因此画面内容虽然多，形象庞杂，但显得非常整齐，井井有条。

① 信立祥:《汉代画像石综合研究》，文物出版社 2000 年版，第 59 页。

第二节 艺术风格

中国早期文化多凭直觉，而直觉往往能把握本质。加上汉代是一个制度疏阔、崇尚简易的时代，因此两汉艺术大气深沉，强调对形象整体把握的能力。孝堂山石祠画像即是运用整体表现的手法，所表现的图形均清晰地刻在石面，呈现完美的整体感觉。在完成整体形象的同时，也有比较深入地进行细节刻画，并使细部统一在整体形象之中。同时还进行了表现手法的创新，把神似与形似完美地结合在一起，对细部的精微表现不是罗列细节，而是取其神韵。这种形神兼备又环顾整体的表现除了成熟粉本的功劳，还有工匠们对形象特征的准确把握。

孝堂山石祠画像风格整体表现为：以线刻为主的雕刻技法和巧妙合理的构图；写实与浪漫、传形与传神的统一。画面形象特征与整体结构处理，既是对春秋战国造型艺术的承继和创新，也是对魏晋时期雕刻、绘画艺术发展的开启，是研究早期绘画艺术难得的实物资料。王建中在《汉代画像石通论》中说："汉代画像石构图、造型、雕刻与彩绘的统一，本质地反映了汉代、汉民族、汉文化、汉艺术家的思想观念与审美意识等内在特性的外部印证，从而形成独特的艺术风格。"①

工匠在石祠画像的刻制过程中，追求一种整体外貌表现，图像基本形成了一个平面的装饰形式，其构思往往通过一系列图像形成一个连续统一的式样，从背景中突出出来，把次要形状设计成其间的缓冲或装饰。对于形象的把握，其具体形象是写实的，但又注意外在整体风貌。在细节上，并不完全忠实于描绘对象，而是放弃对真实相貌的摹写，转而抓住人物的外在运动姿势、形体进行大胆变化，生动地表现主题内容，对人物的比例与造型能够驾轻就熟地掌握。

石祠画面技法上采用线面结合的表现方法，在造型艺术表现中，线与面作

---

① 王建中：《汉代画像石通论》，紫禁城出版社2001年版，第494页。

为最基本的因素恰当地结合就能够形成生动感人的艺术形象。石面磨光后，在形象的主要结构与重要细节处刻以阴线，阴线有聚散虚实、顿挫顺畅、粗细浓淡的变化，以此来形成线与面的丰富变化。面部五官及胡须，身体的肘、肩、腰与衣服的领口、袖、衣褶用线均概括精到。通过运用这些多变的线与由线间隔的不同大小的面形成视觉的对比，使画面重现生动、真实的状态。与先秦之前的早期美术相比，稚拙感少了，具有流畅、自然生动的总体特征。超现实的仙境中往往是动物造型模拟人的姿态，显得奇诡怪谲。重神似，重意象，用笔也显得纯熟精细。其人物带有概念化特点，衣冠描绘简括，以有限的笔墨突现人物的典型特点。注重人物的整体动态与细部表现统一的写实，在形似的同时注重神似。精修流畅的线描勾勒出人物从额际至下颌间凹凸有致的侧面轮廓。人物众多，物象复杂，但毫无琐碎之感，且内容充实，场面极具气势，画面舒展宏大，足见画工高效率的空间组织才能。

为追求形象的整体外貌表现，形成一个平面装饰系统，石祠画像的构思，把主要形象设计成连续统一的式样，把次要的形状设计成其间的缓冲或装饰，形成图形与背景的关系。山东是儒家思想的发源地，画像石中历史人物故事题材居多，因此形成这种人物形象敦厚浑朴，布局密集整齐的艺术风格。依据画工石匠表现风格推理，两汉时期社会上有专门的画工石匠队伍，他们中的优秀人物能够表现细腻的雕制方法，被称为“名工”，费用远远高于一般工匠。《太平御览》中记载：“永兴县东有洛思山，汉太尉朱隽为光禄大夫时，遭母哀，欲卜墓此山，将洛下冢师归，登山相也。”① 请洛阳冢师来杭州建墓，可见汉人对墓葬事务的重视心理，说明建墓工匠队伍的存在且其活动范围已遍布全国各地。也说明山东、河南一带在此行业领域内的领先性。

同时，由于本地曾为楚国的势力范围，石祠画像石中还保留着楚文化风格，这些特征在固守传统的丧葬礼仪方面表现得也更为突出，譬如造型轻盈奇特的各种神兽、狩猎、乐舞、舞剑图像和各种天体星座、云气纹等，都带着浓浓的楚地浪漫气息，在整齐、刻板的儒家图像中起到点缀的作用。

---

①〔宋〕李昉撰《太平御览·卷四十七》，中华书局1995年版，第227—228页。

关于艺术风格的综合性研究要关注形象的外在状态、内在结构、社会意义、审美特点，它所把握的既是完整的自然相貌，也是超越自然的社会现实意识。形象的综合性要通过有意味的形式表现，形式是内容的外部表现，是非再现性的色彩与线条的组合，形象的完满需要概括简化形象，如克莱夫·贝尔在《艺术》中所谈论的："简化并不仅仅是去掉细节，还要把剩下的再现形式加以改造，使它具有意味"[①]。有意味的形式使形象产生鲜明的艺术感觉。

---

① ［英］克莱夫·贝尔：《艺术》，周金环等译，中国文艺联合出版社 1984 年版，第 10 页。

第五章
孝堂山石祠汉画像石文化意义研究

蒋英炬和杨爱国合著的《汉代画像石与画像砖》中提到汉画像石的文化意义："汉代画像的产生和发展是一种文化现象，是一个特定历史阶段的产物，其所反映的是汉代社会的经济、政治和占主流的思想，以及由此而形成的墓葬制度与习俗方面的变化"①。巫鸿认为画像石与其他秦汉时期艺术品一样属于"礼仪美术""反映的是集体的文化意识而非个人的艺术想象"②。"文化"本意便是人文教化，即所谓"观乎人文，以化成天下"。文化就其最窄的定义来讲，本来是指艺术。早期人类的自觉意识和活动既是生活，也是艺术，是文化产生的前提，譬如打制精美的石器和玉器、在岩壁上画画、制作精美的陶器等。两汉时期人们在墓葬礼仪中镌刻画像石，既有实用价值，又有装饰效果，是人类生活的一部分，也是艺术创造，归根结底，它是一种文化行为。延续四百余年的两汉，给我们留下的一万多座汉墓，一万多块汉画像石，在无社会分工和阶层分化的原始社会是无可想象的。作为墓主、画工、石匠集体创作的艺术作品，还需要强大的经济实力和社会风潮所支撑和推动。因此汉画像石不但具有考古价值和美术价值，其中也蕴含着丰富的文化内涵和时代精神。

画像石充分反映了当时政治经济文化作用下的一定的思想文化的内涵，并展现了汉代的生活状况和风俗习惯。汉朝是一个文化大融合的历史时期，而两汉文化则以儒家思想为核心，形成了一个博大精深的文化体系。孝堂山石祠画

---

① 蒋英炬、杨爱国:《汉代画像石与画像砖》，文物出版社 2001 年版，第 19 页。

② ［美］巫鸿:《礼仪中的美术》(上卷)，生活·读书·新知三联书店 2006 年版，第 2 页。

像中体现出混杂多元的宗教信仰：以儒家孝德文化为主，其中穿插着道教成仙思想，还吸收了法家的思想精华，杂糅神仙方术和本地宗教信仰等思想文化的特征，这些复杂的文化心理以繁复的画像装饰表现出来，来实现墓葬礼仪规范、宣传教化、心灵抚慰、辟邪和升仙的多重功能。其作为记载汉文化的重要载体，对于体现汉代各种思想文化流派及其间的融合具有重要的研究价值。巫鸿在对马王堆的帛画研究中提道："帛画不再是一件独立的'美术品'，而是整个墓葬的一部分；墓葬也不再是现在的建筑，而是仪式过程中的产物。"[①]孝堂山石祠汉画像石的价值也在于反映出当时人们的思想观念、墓葬制度和文化礼制上的沿俗与变革。

第一节 儒家和法家文化对石祠汉画像石的影响

汉武帝时，董仲舒确立了儒家思想的地位，同时吸纳百家之所长，兼收法家、墨家等其他学派的一些思想，形成完善的思想理论体系。统治者在儒家"大一统""天人感应""神授皇权"以及长幼尊卑等级、"三纲五常"等思想规范行为的同时，还接受了法家的霸王道思想，用法家治国理论来管理国家刑法法律，形成了杨德春在《董仲舒思想外儒内法考论》中总结的"'外儒内法''儒表法里'的儒法结合的思想文化体系。"[②]东汉沿用西汉的政治文化制度，因此制作于东汉早期的孝堂山石祠画像，充分展示了儒家思想和法家思想的融合。

一、儒家文化对石祠汉画像石的影响

汉武帝时期，国家政治比较安定，经济繁荣，出现了前所未有的盛世景

---

① ［美］巫鸿：《礼仪中的美术》（上卷），生活·读书·新知三联书店2006年版，第2页。

② 杨德春：《董仲舒思想外儒内法考论》，《衡水学院学报》2013年第5期。

象。但当时内忧外患依然存在，为了遏制地方诸侯王势力发展和匈奴的侵扰，国家必须加强中央集权统治。在意识形态领域，以董仲舒等汉儒为主体的朝廷文官以仁德儒学为核心，吸收阴阳家的部分思想及先秦诸家思想，建构天人感应学说，提出以儒家思想为正统，创立《春秋》大一统说，形成了一套今文经学的思想体系，帮助统治者加强思想领域的监管以巩固统治。这种为中央集权封建专制政治所服务的新儒学一则突出了皇权的权威，为皇权天命论提供理论支持；二则限制皇权，皇权必须受制于天，顺天意行事。儒生们用上天降下灾异来作为界定、约束和惩罚皇帝违规的手段，并通过典籍来牢牢掌握祥瑞和灾异的解释权，皇帝作为上天任命管理世界的负责人，能规范他行为的只有上天，那么谁来解读上天的意思呢？王爱和在《中国古代宇宙观与政治文化》一书中说："关于天道的知识和权威远远超越了皇帝本人，而隐含在神圣的经传文本中，于是成为经典的编纂者、注释者、传承者等一批文人的文化资本。"[①]以儒学经典《春秋》为纲的经本典籍中有关于天道的知识，而能够解读它们的只有一种人——儒生。儒士文人以自己掌握的知识来作为上天和皇帝之间沟通的桥梁，以此来限制皇帝的行为，构建汉帝国的机构制度，成为官僚系统的运作者，以此对抗分散在各地的皇亲国戚诸侯王们，从而实际上成为了国家权力的掌控者。

山东是儒学故乡，儒家文化出自齐鲁地区，鲁儒们占据朝廷文官群体的大部分，其中包括汉初为刘邦制定礼仪制度的叔孙通，他为刘邦坐稳江山打下了理论基础。之后的汉武帝独尊儒术，任用董仲舒、公孙弘等一大批儒家代表人物，在朝廷设置了五经博士，孔孟的儒家学说成为政治社会的主导思想。汉儒们为规劝皇帝实行"德治"，让人格化的"天"以展现祥瑞或降下灾祸等"直观的行为"来赞许或是批判地上君主的行为。在国力充沛的时候，祥瑞出现的"信号"多，代表皇帝治国安邦有方，政治清明。因此，为了巩固统治，皇室最喜欢听人报告祥瑞，并给予报告者奖励、赏赐。这其中，山东地区是报告

① 王爱和：《中国古代宇宙观与政治文化》，[美]金蕾译，徐峰译校，上海古籍出版社 2011 年版，第 201 页。

祥瑞地区最多的一个地区。孝堂山石祠画像中的祥瑞图像非常多，日、月、南斗星、北斗星、雷神、风伯、雨师、虹神、伏羲、女娲、牵牛星、织女星等神明，貙豸、九尾狐、白虎、鹿、三首三足鸟等异兽全部出现，借天道权威来展示儒生力量，监察皇帝统治，让王室贵族按规范行使政权，从而使自然界风调雨顺，人们能够安居乐业。汉儒们如此将天人感应作为谏阻暴虐、议论朝政的手段，从而实现了“仁治”的管理国家的理念。

随着儒家学说在社会意识形态领域统治地位的不断巩固，在影响社会政治制度的同时，也确立了符合它要求的道德规范和伦理戒条，对社会风俗特别是丧葬礼仪影响最大。汉代的祠堂绘画艺术在这种社会条件下，成为儒家传道、授业、解惑的宣传工具，“图像之设，以昭劝戒，欲令人君动鉴得失。”《后汉书·赵岐传》中记载东汉晚期名儒臣赵岐：“建安六年卒，先自为寿藏，图季扎、子产、晏婴、叔向四像居宾位，又自画其像居主位，皆为赞颂。”这些图画都是为了表明自己的道德人格达到“儒家”所要求的高度，可以和古代高士相媲美。以儒家的仁、德、忠、孝等思想内涵作为评判行为的依据，人们以各种角度在最为严肃的墓葬艺术中去实践和表现它们。孝堂山石祠画像中的社会生活类和历史故事类题材意义体现于此。例如，神仙世界中的仙人持稾、觚、豆等礼器向西王母行礼画面，胡人骑骆驼和大象向汉人进贡场面，石祠中不断描绘的下属官员向墓主人拜谒的场面，北壁的孔子见老子图、东壁的周公辅成王图、三角隔梁石上升鼎图和七女为父报仇图等，都是儒教礼制思想的集中体现。

在汉代通过“家国同构”思想影响、选官制度诱导、孝行榜样的树立、“移孝作忠”的传播模式等方式进行孝德文化传播的同时，孝堂山石祠画像石对于孝德文化的传播具有一定的神秘性特征，并显现出了东汉孝文化传播过程中的民间教化和风俗的作用机制。汉代厚葬风俗的出现和盛行还体现了对以“仁、义、礼、智、信”为核心的思想的儒家文化追求。儒家学说的核心内容是“仁孝”，“孝”是明王用以治天下的根本，对父母的厚葬被儒家学说看作最重要的孝行。孔子思想的核心是“仁”，而“孝”是“仁之本”。“孝悌也者，其为仁之本也”，在孔子看来，一个人只要做到了“孝悌”，就具备了达到“仁”这种最高道德境界的基本条件，也就具备了做人的基本品格。孔子赋予孝较西周时期更丰富的内容，他认为，仅仅做到赡养父母，使之衣食无虞，是远远不够的。真正的孝子，必须始终以虔诚的崇敬之心对待父母与祖先。作为现存的两汉祠堂画像石的代表，孝堂山石祠画像石充分展现了两汉时期的儒家孝德文化，对其多具有的内容和实质进行了传播。

信立祥指出儒家伦理道德的图像显示出一个理想社会："像人类历史上的所有宗教艺术和祭祀艺术一样，汉画像石是一种因循性和传承性非常强的艺术，在其存在和发展的二百余年间，尽管其题材内容在种类和数量上始终不断增加，但从其本质意义和其所表现的宇宙范围来看，可以说从始至终绝少变化。这是因为，汉画像石并不是一种自由创造的艺术，它是严格按照当时占统治地位的儒家礼制和宇宙观念刻在石结构墓室、石棺、祠堂和墓阙上的。"①

二、"外儒内法"影响下的石祠汉画像石

墨家认为，人死后能变成鬼神，有知有觉，与活着的时候没什么两样。为了证明自己的论点，他们还拿出了"杜伯"作为论据：周宣王（公元前827年至前782年）要杀一个名叫杜伯的大臣。杜伯对死于无辜自然不服，他宣称如果死后是无知觉的就作罢；倘若死后是有知觉的，不出三年必让周宣王遭到报应。三年后周宣王与诸侯们一起打猎时果然见杜伯头戴红帕，挟着红箭，乘车追赶周宣王，最终把他射死报仇。在场的侍从都目睹了事件发生的全过程。此故事表达了墨家相信人死后灵魂继续存在，并能影响生人，因此必须厚葬逝者的观点。

儒家虽然不同意墨家的论点，他们认为人死后是无知觉的，不能变成鬼，但是孝道在儒家思想中占有重要地位，他们只有做到了"孝亲"，才能"忠君"，而丧葬是否隆重，则是孝与不孝的一个重要标志。如果公开反对墨家的观点，很可能会造成在丧葬上草率行事的倾向，从而为不孝开了方便之门。于是，他们缄口不言。因此，儒家和墨家的观点虽然不同，但殊途同归，都主张厚葬。

---

① 信立祥:《汉代画像石综合研究》，文物出版社2000年版，第59—60页。

孝堂山石祠画像石像对于汉代“外儒内法”的统治思想的反映，主要通过其内容和场景的刻画显露出来。刻绘主人接受拜谒和进行宴飨的过程中，展现了人与人之间交往的礼节，突出了儒家思想所崇尚的礼制，而隐藏在其后的不同社会等级和层次间的清晰的规矩；描绘进行宏大的丧葬仪式，展现儒家礼制的同时，不仅展现了后辈所应具有的孝道，而且体现出了这种社会化的孝道思想具有较强的礼法的规范作用；而在刻绘仙人世界的过程中，突出了作为幻化的最高统治者的西王母接受进贡的场面，体现了儒家基本思想的同时，又刻绘有持规矩的伏羲、女娲形象和犯人手脚戴有桎梏正被施行刖刑的场面，在展现人们应当谨遵礼法的基础上，彰显了对于不遵礼法的人的刑罚和惩罚。可以说，孝堂山的石祠画像所描述的内容在展现儒家基本伦理道德要求的同时，蕴含了法家所要求的不合礼法的行为的惩处的思想，并将两者有机地结合在一起，构建出儒法结合的封建社会管理机制；通过儒家伦理道德和法家惩罚理念的有机结合的教化，促使人们形成合乎统治规范的行为特征。

第二节　道家、原始巫术和本地宗教思想文化在石祠画像石的融合

道家、原始巫术和本地宗教思想文化也都大力提倡厚葬。石墓建筑及其画像石在丧葬文化中所具有的辟邪、升仙以及反映现实生活状况的作用，并且形成了不同的功能分区，进而全面地展示了上述思想在丧葬文化中所具有的重要作用。而包括石椁、墓阙乃至整个石墓建筑所构成的墓葬建筑和附着于其上的画像，展现死者希冀死后进入另外一个快乐世界得到永生，生前权势、荣耀和地位全都保留以及护佑本家族子孙等方面的诉求。

一、道家文化符号在石祠汉画像石中的反映

自从儒家文化跃居意识形态领域统治地位，先秦已形成体系的道家文化被

排斥出文化的核心，成为游离于主流文化的边缘文化。但是，两汉画像石中的道家文化符号一直非常多，这是社会政治、文化思想和皇室贵族喜好在画像石中的映射，究其原因主要来自三个方面。

第一，皇室对于道家文化的迷恋。西汉初期，国家以道家的“休养生息”政策来发展经济，黄老学说在统治阶级和普通百姓之中都很盛行。汉景帝时，实际掌握国家权力的窦太后信奉黄老之学，国家机构里没有一个儒生，汉景帝和窦姓宗族必须读《老子》，并推尊其学说。汉武帝即位后，作为太皇太后的窦太后依然出面干预朝政，因此直到她去世，汉武帝才开始重用儒生。不过，汉武帝虽然接受了董仲舒“罢黜百家、独尊儒术”的大一统理念去治理国家，但他仍然十分喜欢渊源于道家的方士们鼓吹的神仙说，热衷于求不死药，修道成仙，超世永生。对于儒生把宇宙观系统化，汉武帝既依赖又抵制。一方面，这种宇宙观是对中央集权统治的理论基础和思想保障；另一方面，汉武帝又希望通过通神的巫祝和方士来建立与神仙的直接联系，摆脱儒生宇宙观对自己的束缚。

第二，各地诸侯王对于道家文化的喜爱。正如上段所说，窦太后推崇黄老学说，要求皇族必读道家著作。同时，由于中央集权所消解的就是各地刘姓诸侯王的权力，所以他们强烈抵制儒生为代表的朝廷文官阶层，而他们的思想理论武器就是道家黄老学说。淮南王刘安及其门客所撰《淮南子》是写给汉武帝的巨著，这本被称为“刘氏之书”的巨著在继承先秦道家思想的基础上，糅合了阴阳、墨、法和一部分儒家思想，但主要的宗旨属于道家，被视为道教和黄老之书。它的内容包括宇宙、天文、地理、人性、政治、主术和兵略等，几乎涉及当时所有知识体系，同样意在给皇帝建立帝国提供一个统治模式。《淮南子》在阐明自己哲学思想的同时，旁涉奇物异类、鬼神灵怪，提到神仙的事就有二十万余字，这其中一部分如“女娲补天”“后羿射日”“共工怒触不周山”“嫦娥奔月”“大禹治水”等上古时代神话靠它才得以流传。这本书和西汉刘向撰《列仙传》二卷在东汉都十分盛行。《列仙传》是最早叙述神仙事迹的著作，记载了从神农时代到西汉时期共七十一位仙家事迹，后来被收入《道藏》成为道书。

第三，普通百姓对于道家学说的追崇。刘氏诸侯王控制着汉代大部分的疆域和人口，他们推行的“无为而治”和“升仙得道”的思想更为老百姓所接受。《列仙传》和《淮南子》以“如何永生，如何获取幸福”为其思想核心，并且认为修道成仙是不论身份高低和道德、知识修养的，任何与道相通的人都可以靠“精诚”达到同天地万物感应的境界，《淮南子》中有许多类似的例子：“夫瞽师、庶女，位贱尚葈，权轻飞羽，然而专精厉意，委务积神，上通九天，激厉至精。”① 在汉代天下一统的前提下，人们的物质享受得到了相对的满足，但是人们在追寻物质之余，却无法摆脱生老病死的困扰，道家思想作为融合了神仙方术、阴阳五行学说、原始巫术文化和部分儒学思想的具有中国特色的宗教体系，非常符合普通百姓的心理追求，为对现实不满、对死亡恐惧的人们寻找到了精神家园。

综上所述，道教的求生、升仙观念成了汉画所表现的重要内容，汉画像中庞大的神仙体系，都体现了这种思想。在孝堂山祠堂的西壁西王母系统和东壁三角上刻画的神仙世界，东壁第六层的鹿蹻升仙图，在三壁和隔梁石上表示升仙的仙人、仙兽、下六博棋和舞剑的人，以及穿插在各处的云气纹等图像，都是帮助人们获得生命长存，登临仙界的道家符号，表达了人们对死后登仙而得到永生的极度渴望，对于生命力不断延续的追求和渴望。

二、石祠汉画像石中体现的原始巫术和本地宗教思想

巫觋无论装扮得如何半人半神，其主体形象都是人，天象星宿则是自然现象。巫文化是中国传统文化的重要组成部分之一，它是在原始先民自然崇拜观念下应运而生的，巫是具有特殊的沟通天地、自然、鬼神能力的人。早在史前中国就有了巫，并渐次在神事活动中形成巫师集团，成为人天沟通的主宰。三代、秦汉时期，巫在上至宫廷、下至民间的生活中占有举足轻重的地位。其在民间沿袭不衰，成为中国本土源远流长的古文化现象之一。巫文化包含着各种复杂的观念和繁缛仪式与实用技艺，其中鬼神崇拜、生殖崇拜、土地崇拜、阴

① 〔汉〕刘安著，〔汉〕高诱注，《淮南子注・卷六・览冥训》，载《诸子集成》(8)，岳麓书社 1996 年版，第 92 页。

阳五行观念等，都集中体现了人的生命意识，尤其是鬼神魂魄信仰，更是直接表现出人类对生、死世界的独特理解。

人死而为鬼神，魂魄分别上天入地，使得生者必须同时注重鬼神。尽管包括楚人在内的先秦人认为，在天庭、冥府和遥远的山水之间，有一些怪模怪样的神祇是与人异形的，但民间宗教认为，更多的鬼神与人同形，它们不仅形象上接近人，且多是俊男美女，并在行为上与人相同，有着人的特征和需求，如穿衣、饮食、居住、游玩、交友、爱情、婚姻等，楚墓与秦墓中出土的祷告鬼神的简文，诸侯国举行祭祀活动和巫觋的通鬼神法术仪式等，都是人们敬鬼娱神的表现形式。这种心理在丧葬制度中体现出双重的目的与性格，如张光直在《古代墓葬的魂魄观念》一文中总结的："即一方面要帮助气顺利地升入冥界；一方面要好好伺候形魄在地上宫室里继续人间生活。"① 孝堂山石祠正是这样一个阴阳两界的空间，巫文化和民间宗教在此体现了民众思想和知识的信息积累，具有不可忽视的社会凝聚作用。

第三节　佛教思想与人文思想萌芽在石祠汉画像石中的体现

除了儒、法、道及原始巫术和民间宗教信仰，孝堂山石祠汉画像石中还有佛教思想和人文思想萌芽状态的体现。基于儒家所提倡的仁、义、礼、智、信的理念，对于人们对死后得到快乐的追求和精神寄托进行刻绘的孝堂山石祠画像石，充分展现了两汉时期各种思潮对人们生活和整个文化系统的影响。

一、佛教思想在石祠汉画像石中的体现

佛教于两汉时期传入我国，并很快发展壮大。在其对传统的儒家和道家思

---

① 张光直:《古代墓葬的魂魄观念》,《中国文物报》, 1990 年 6 月 28 日第 3 版。

想产生冲击的同时，对儒家思想的完善起到了很好的补充作用。而这种融合充分地表现在两汉时期的祠堂画像石中。对于佛教思想在画像石中的融入而言，一般以某些佛性动物、植物及其他形象和佛教故事的描绘进行展现。而事实上，在很多画像石所描述的内容中都融合了一定的佛教思想和理论。孝堂山石祠西壁的西王母组图：西王母居中、左右侍者居于两边对称的构图模式，就是受佛教构图艺术影响的"三位一体"式的"永元模式"[①]。在东壁第二层出现在大王车马出行队伍中由胡人驾驭的大象，也是西域龟兹人带来佛教信仰的一个例证。大象是信仰佛教的天竺人常见的坐骑，王娟在《汉代画像石审美研究》中提出："早期佛教忌讳为佛造像，仅用莲花、法论、白象等图形来象征。因此，在墓葬中刻绘白象，正是对佛教因素的吸纳。"[②]

孝堂山石祠的安排完全按照死者生前的环境进行构造：在墓室墙壁刻满画像，描绘出了各种死者生前所经历过或者想要经历的生活环境和幻想中的美好的神仙画像和场景，从而为墓主营造出了一个快乐、摒除苦难的地下天堂。其目的在于寄托后辈希望墓主在死后能够进入一个极乐世界。在那个世界没有人世间所受到的苦难和痛苦，且能够享受人间礼法所带来的尊贵，画像石所展现的这些关于美好生活和仙人生活的内容对于人们对死者的精神寄托，正好显示了佛教所强调的"慈悲""怜悯"和"离苦得乐"等教义。

二、人文思想萌芽在石祠汉画像石中的体现

朱存明在《汉画像的象征世界》一文中说："通过对汉画像象征形式的考察，可以发现，构成汉代人对世界的认识并不是自然性的，而是人文性的。"[③]人文思想是我国传统文化沉淀的精华，而其发源可以追溯到西周时期。随着汉代社会经济条件和思想认识的提高，儒家倡导的民贵君轻的民本思想逐渐向人

① 李淞：《从"永元模式"到"永和模式"——陕北汉代画像石中的西王母图像分期研究》，《考古与文物》2000年第5期。

② 王娟：《汉代画像石审美研究》，文物出版社2013年版，第64页。

③ 朱存明：《汉画像的象征世界》，人民文学出版社2005年版，第4页。

本思想转变，而以人为本的核心理念萌芽。作为传统文化的载体，透过孝堂山石祠画像，可以发现汉代时期人文思想的具体内容和表现：人们通过对图像中象征符号的创造和反复绘制，让自己存在于一个有意义的空间，借此对抗生命的虚无，获得自我存在的价值。美国哲学家简·詹姆斯在《东汉享祠功能的研究》一文中说："汉代享祠，就像世界上其他地方的丧葬纪念碑一样，也典范性地表达了需要哀悼和纪念死者，以使死者确信他们没有被遗忘。"[①] 家族墓地、家族祠堂最重要的一个意义，就是让生者不必担心死后没有归属感，这极大地缓解了人们对死亡、对未知的恐惧。关注个体的内心感受，正是人伦社会建立的前提。

同时，人伦社会的建立促使了人文思想的萌芽与发展。汪怀君在《儒家人伦思想的精神意蕴》一文中提道："处于封建文化的影响下的孝堂山石祠画像，无不体现着封建社会的伦理道德。"[②] 气势宏大的丧葬场面和丧葬礼仪的描绘，直接展现了两汉时期所崇尚的孝德；围绕孝行，其又描绘了车马出行、狩猎、接受拜谒等活动，展现了主人与从属间的关系、上级与下级间的礼制规矩；对于周公辅成王等历史故事的描述，则展现了一定的忠君爱国的思想。因而，孝堂山石祠画像构建出了以孝德为核心，兼有儒家礼制和忠君思想的人伦社会。

石祠画像所反映出的早期人文思想还在于人们对于生命的态度，以孝为中心的人伦社会的建立，有力地推动了人本思想的萌芽。通过神仙画像和仙界场景的描绘，可以发现当时人们对于生命永恒的期待和追求，也可以窥视出其对于死后登仙而获得生命的自由与快乐的渴望；通过对庖厨乐舞欢快场面的描述、对车马出行宏大气势的记载、对记录墓主生前下棋宴饮的生活点滴，反映了其对生前生活的留恋，从而表现出人们对于生命的珍视。人文思想强调人格独立与自由的尊重，其以尊重生命为前提，开启了对生命价值的探索与期待，汉人对于自身价值的追寻，为后世人本思想的构建奠定了基础。

---

① ［美］简·詹姆斯：《东汉享祠功能的研究》，《美术研究》2000 年第 2 期。

② 汪怀君：《儒家人伦思想的精神意蕴》，《船山学刊》2005 年第 2 期。

第四节 石祠汉画像石所展现的区域文化特征和文化心理

1.石祠画像反映了一定的政治环境

周秦至东汉，经过多年战乱，中间又有稳定和繁荣的阶段，国家间战争，政权更迭频繁，人群大规模迁徙，社会文化数度中断，又融合，再经过变异，重新整合，这种稳定与动荡并存的社会政治背景通过孝堂山石祠画像都可以发现。诸如车骑出行、庖厨饮宴、狩猎百戏、楼阁拜谒等浩大的场面，间接地反映了东汉早期在安定中走向强盛的社会经济特征。另外，在画像中，关于胡汉战争的场面刻绘，是汉朝与匈奴多年战争对人们造成的深刻影响，也反映出整体稳定的社会政治格局下依旧存在阶段性和局部性的战争。

2. 石祠画像反映了当时经济文化的蓬勃发展

作为艺术形态的构成，孝堂山石祠画像展现了一定的社会经济和文化背景。宴飨图包括了六博、对饮、拜谒等场面；庖厨乐舞图反映了安排准备美食的全过程，不仅有鸡、鸭、鱼、肉，杀猪、宰羊、屠狗等活动，而且还有野味；车马出行图刻绘了场面宏大的出行队伍。无不显示了当时人们生活物质水平发达，精神愉悦的状态，从而表现出当时经济已经由西汉末期的破坏得以恢复并繁荣发展。在经济蓬勃发展的基础上各种思想相融促进了汉文化的繁荣与成熟，建立了以儒家孝道思想为核心的兼有道教、神仙方术思想的汉文化体系。

3. 画像反映了本区域齐鲁文化的核心思想和基本风格

张达在《论齐鲁文化的形成及其根本特征》中指出：齐鲁文化是以儒家思想学说为核心的鲁文化和以东夷文化为重要组成的齐文化相互交融，而形成的区域文化体系①。地处山东的孝堂山祠堂，其内部的画像石无可避免地展现了齐鲁文化系统的核心内容和基本风格。以儒家思想为基础的齐鲁文化十分重视孝道和民本思想的教化，而这种思想在石祠画像中得到了充分的展示。在展现儒

---

① 张达:《论齐鲁文化的形成及其根本特征》,《理论学刊》2003 年第 6 期。

家礼制的同时，表现了子孙后代对先祖的孝行，并进一步加强了孝德教育。画像中所蕴含的完善礼制和规矩，呈现的一幅幅场面宏大气势磅礴的活动场景，充分展现了齐鲁文化所具有的粗犷古朴和豪爽热烈的基本风格。

4. 画像反映了当地区域文化的开放性特征

作为中华文明的重要发源地之一，本区域具有浓厚的文化底蕴，在两汉时期当地经济的繁荣和发展的时代大背景下，形成了开放的文化接纳机制。作为当地文化的艺术展现形态，画像石的内容对于儒家正统思想、道教理论、神仙方术思想以及本地文化的融入与综合运用，显现出了当地文化系统的开放性和接纳性特征。

5. 孝堂山石祠画像展现了齐鲁之地重视面子的文化心理

面子问题是中国传统文化影响下的民族心理活动，而好面子主要来源于农耕文化下的封建伦理道德的塑造和作用。在相对封闭的农耕环境的前提下，以儒家思想为核心的封建伦理道德强调人与人间的和谐关系的建立，强调人际的交流与评价。在人与人的交往和评价过程中，仁、义、礼、智、信等方面的规范就成为衡量其是否受到尊重和享有面子的主要依据。厚葬之风的盛行和墓葬文化的兴起也受到了面子问题的影响。孝堂山祠堂的修筑是对孝行的一种宣传，通过这种宣传，子孙后辈能够获得足够的荣耀，其修建场面越宏大，装饰得越精美，主人及子孙所享有的荣耀和面子似乎越充足。

6. 文化是时代的产物，深深地烙着时代精神

作为统治阶级强制推行的“外儒内法”政策，符合大一统社会的运行和发展；道家承诺的长寿、不死和升仙，则是每一个个体解决心灵危机的良药；再加上民间宗教信仰、佛教的离苦得乐教义和人文主义思想萌芽，完成人们期待美好的文化心理的承载。如此，孝堂山石祠画像全方位地展现了各种思想融合之下的汉文化特征，是早期中国文化体系的直观反映。

结　语

秦汉时期是中国文化和中华文明初步成型的重要时期，这个时期从最初的聚落文化发展到农业文明，并建立起中央集权的统一帝国，奠定了中华文明的基础，塑造了延续两千年的传统文化。这个时期的主导思想是儒家思想，以其产生的价值观体系造就了强大的官僚制度，并成为传统中国社会的决定性力量。孝堂山石祠正是在这个时期建造的，完整的建筑结构和丰富的画面内容，为我们展现了这个时期的政治和文化特征。本书采用“小题大做”的写作方法，从孝堂山石祠汉画像石这个点出发，以挖掘、整理石祠相关研究资料入手，剥茧抽丝，层层深入，分析了孝堂山石祠的流行成因、建筑形制和画像结构分布，着重于对图像内容和象征意义的讨论，引发对汉代人在儒家思想的伦理道德教化下对宇宙观、人生观和价值观的思考。

孝堂山祠堂作为我国现存最早的保存完整的汉代建筑，内壁完整的画像对研究汉代绘画的重要性不言而喻。本书在考古学与文化学的理论基础之上，借助古今研究文献和新出土考古资料，利用美术考古学基础理论，采用图像学、美术史、象征符号分析法和历史文化学的综合研究方法，对石祠画像石艺术作了充分探讨，对东汉早期的绘画艺术、社会生活、文化信仰、风俗习惯做了深入分析，并以汉文化的特征以及儒、释、道、神仙方术和本地宗教信仰的相融进行分析，对于两汉思想文化和艺术的传承和进一步的研究具有重要的参考价值。

综上观之，本书得出以下结论。

第一，结合祠堂历史发展和考古发现，通过对孝堂山石祠以往研究成果进行了系统整理分析后，论述了特殊时代背景和地理环境与石祠画像石发展之间的必然联系，阐述了石祠画像石的宣教功能和助墓主人升仙的象征意义。以发扬“孝德”为中心的两汉丧葬礼仪推动了石祠画像石的发展、繁荣，画像石又反过来促进儒家孝德文化的传播，揭示出石祠画像石在山东地区汉代丧葬礼仪和政治教化中的地位和意义。同时，石祠从选址、建筑、画像内容及图像配置规律，无一不是作为辟邪、升仙的象征符号而存在。

第二，本书将孝堂山石祠汉画像石中所有图像进行系统编排，列成清晰完整的表格，使本来繁杂的图像一目了然，为孝堂山石祠画像石研究提供了快速有效的检索、查阅和对比的方便，对其他画像石研究提供了一个新的方法论的案例。在图表基础上把题材分成四大类，并分析了重要图像的象征意义，主要归结于两点：政治意义和辟邪、升仙意义。结合文献学和汉代民俗等方向，比较其他汉画像遗存，释读画像内容，确定了很多以往研究中没有认识到的图像名称与其深层意义，并对图像和题刻所在位置所具有的特殊意义进行了探讨。石祠画像全面展现了墓主人生前生活，幻化出理想的神仙世界，并形象展示了现实的仪礼制度，是东汉早期政治、经济、文化的集中体现。

第三，孝堂山石祠汉画像石是将绘画、雕刻紧密结合，附属于墓葬建筑和墓葬礼仪的艺术作品，它所凝聚的东汉早期石刻画像艺术的绘画艺术特征和雕刻技艺，现实与浪漫交相辉映的艺术表现风格，上承先秦，下启魏晋，成为记录汉代社会历史生活的珍贵画卷，再现了两千年前齐鲁地区的社会风貌、生活状况和宗教信仰。

第四，石祠画像石不是自由创造的艺术，它是严格按照儒家礼制和宇宙观念刻绘在石头上的道德礼仪制度，它的价值在于反映出当时社会强权意识和升仙思想的融合，政治实现大一统和人们希望获得幸福两种信念的碰撞。通过儒家思想、道教理论、神仙方术思想以及本地文化在画像石中的融入与综合运用，展现了各种思想交织之下的复杂汉文化特征，以及随着社会的发展和历史的积淀，人们的宇宙观、人生观及墓葬制度和文化礼俗上的变革。

综上所述，本书从孝堂山石祠汉画像石入手，对东汉早期政治、艺术、人文、思想做了一番深入研究。无论是对具有创新的方法论的使用，还是对古典文献资料的运用，或是对新出土考古资料的比较，都紧紧围绕主题展开。人们用刻石作为丧葬建筑，采用与现实生活中有关或无关的图像，把墓室或祠堂装饰起来，这不仅是对死者的安慰，更是生者实现其社会价值的需要。汉代在中国文化史上有着重要的地位，是中国民族性建立形成的阶段，上承先秦原始思维，下开时代人文精神，孝堂山石祠画像是其中最有价值的艺术代表，反映了这个时代艺术精神和气质，它把目光转向了人类社会生活的自身，以拟人化的手法刻画了万物众生形象，并表现出了多方面的社会生活场景。既有着对现实人间的肯定，也有着对神仙天境的向往。它用艺术形象创造了一个模仿现实又充满魔幻色彩的新世界，表达了当时人们对生命和宇宙的认识，在文化上确立人在宇宙中的地位，期望人类的意识最终能战胜天灾人祸，并在宇宙中获取主导地位，这在人类文化发展史上是具有非常先进的意义的。

附录

西壁、北壁、东壁和三角隔梁石的图像位置、分析、汇总图

附录共分四部分：西壁、北壁、东壁和三角隔梁石。每一部分分层描述，每一层分四小节内容：内容简述、图像位置图、图像分析和图像题材汇总（三角隔梁石分东壁、西壁和底部，图像位置图省略）。

一、西壁

（一）西壁第一层

1. 内容简述

西壁第一层是山墙锐顶部分，表现了以女娲和西王母为主的仙界，共分三行。第一行分四组。第一组 1 人 2 犬，人持棍向右奔跑，身后 1 犬追逐，身前 1 犬仰面。第二组有男女 2 人相向而跪。第三组为中心人物，是蛇身人首、持规状物的女娲氏，面侧向左。最后一组 1 裸身仙人跳跃于云气之间。第二行分三组，最左面一组共四人，侧向右，最前 1 人个子矮小，后 3 人垂手弓腿。后跟 1 只九尾狐。右侧 2 组贯胸人，共 6 人，4 人以木棍穿 2 人之胸，抬着向左侧行走。第三组 3 人，2 人拄棍，向右，1 人跪坐，向左。第三行正中西王母正坐，两侧是神仙异兽跪拜的行列，左侧有三足乌 1 只，仙兽 1 只，捣药仙兔 2 只，兽首人身 2 只，持稟捧罐仙人 3 人。右侧捧盘持稟仙人 4 人，持戟武士 2 人，仙兽 4 只。整组图像构图整齐严谨，但其中包含着汉人对西王母神仙世界奇诡的想象力，无论是西王母、女娲，还是各种仙人怪兽，所包含的图像意

义都是辟除邪恶，引领逝者灵魂顺利升仙。

2. 图像位置图

- 第一层：以女娲、西王母为中心的神仙世界
- 第二层：大王车马出行图（西壁段）
- 第三层：拜谒图
- 第四层：胡汉战争
- 第五层：狩猎图
- 第六层：宴飨图

3. 图像分析

种类	序号	图像	描述	位置
人物	1号		1人。侧向右，短衣赤脚，持棍奔跑，在追打前方一犬。	西壁第一层左1。
	2、3号		2人。两人促膝，相对跪坐。	西壁第一层左2、3。

续表

种类	序号	图像	描述	位置
人物	4号	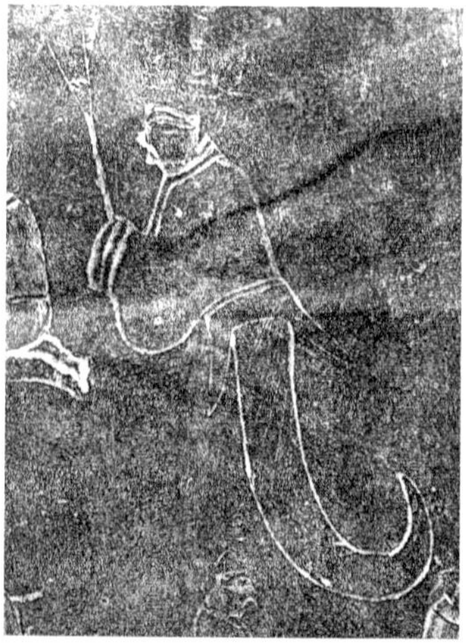	1人。女娲。人首蛇身，持规，侧向左。	西壁第一层左4。
	5号		1人。仙人御龙。侧向右。仙人手长、臂长，裸身，赤脚，与东壁三角第一行仙人类似。	西壁第一层左5。
	6—9号		4人。仙人。侧向右。6号向右跪坐，7、8号屈腿，垂臂。9号矮小仙人赤身做张望状。	西壁第一层第二行左1—4。
	10—12号		3人。贯胸国人。10、12号抬棍，棍从中间11号胸部穿过，向左侧行进。	西壁第一层第二行左5—7。

续表

种类	序号	图像	描述	位置
人物	13—15号		3人。贯胸国人。13、15号抬棍，棍从中间14号胸部穿过，向左侧行进。	西壁第一层第二行左8—10。
	16—18号		3人。人物组合。16、17号拄棍，侧向右行走，18号跪坐，侧向左，手部摊开。	西壁第一层第二行左11—13。
	19、20号	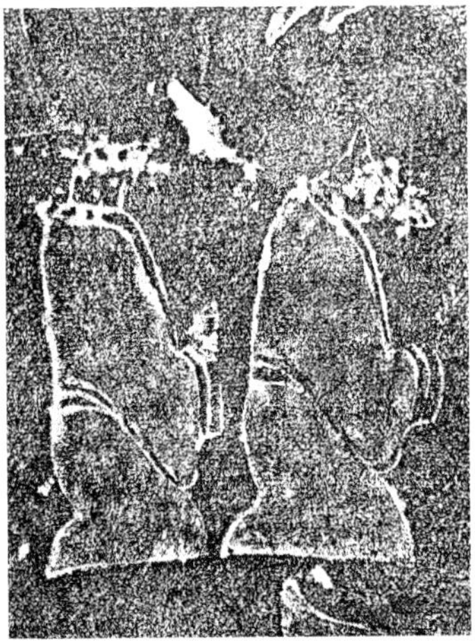	2人。兽首人身。19号鸟首人身，捧觚，20号兽首人身，持櫜。	西壁第一层第三行左1、2。
	21—23号		3仙人。跪坐。侧向右，面对西王母。21、22号持櫜，23号捧觚。	西壁第一层第三行左3—5。

续表

种类	序号	图像	描述	位置
人物	24 号		西王母。正面，正身坐。	西壁第一层第三行左 6。
	25—28 号		4 仙人。跪坐。向左侧，面对西王母。25 号捧豆，26—28 号持橐。	西壁第一层第三行左 7—10。
	29、30 号		2 卫兵。站立。手持戟。向左侧。	西壁第一层第三行左 11、12。

续表

种类	序号	图像	描述	位置
云气纹	1号		云气纹。	西壁第一层第一行左上方。
	2号	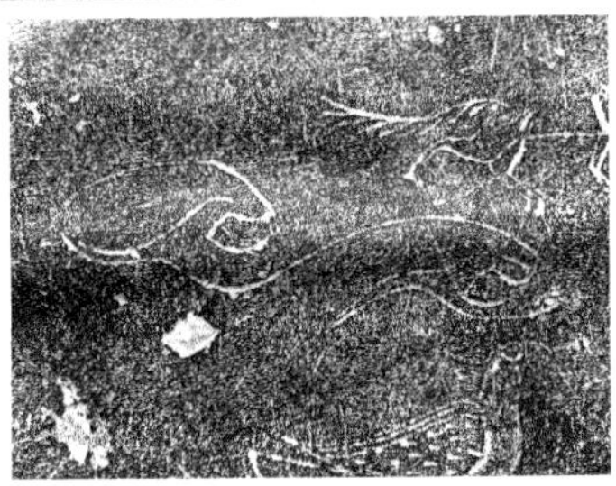	云气纹。	西壁第一层左下方。
动物	1号	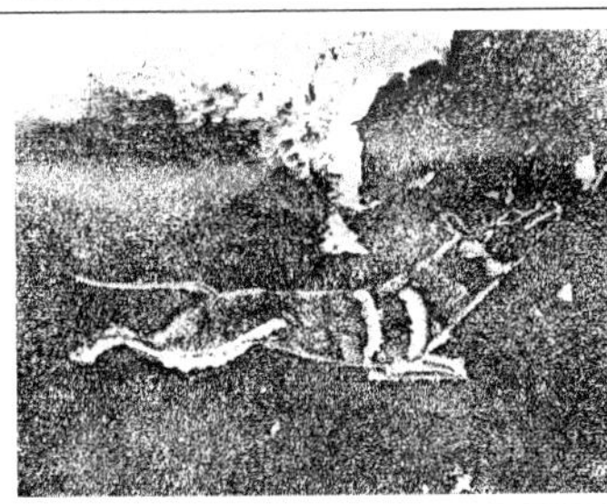	犬1只，昂首，向右侧奔跑。	西壁第一层第一行左1。
	2号		犬1只，昂首，站立。	西壁第一层第一行左2。
	3号		龙。	西壁第一层第一行右上方。

续表

种类	序号	图像	描述	位置
动物	4号	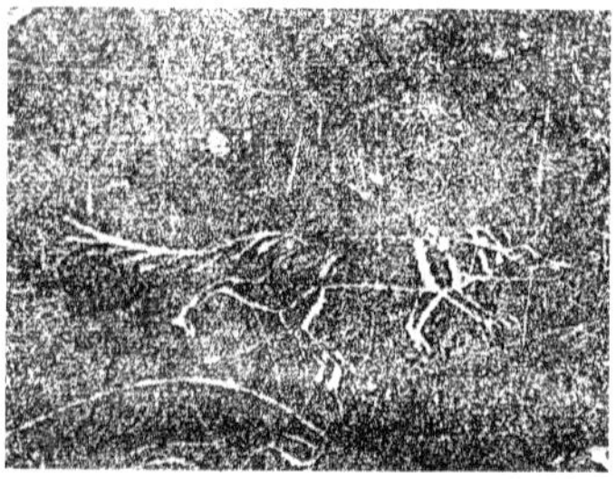	九尾狐1只，向右侧行进。	西壁第一层第三行左1。
	5号		三足乌1只。站立。	西壁第一层第三行左2。
	6号		仙兽1只，向右侧行进。	西壁第一层第三行左3。
	7、8号		玉兔捣药。玉兔2只在捣药，7号玉兔用左前爪持杵，8号玉兔用左前爪扶臼，右前爪持杵捣药。	西壁第一层第三行左4、5。

续表

种类	序号	图像	描述	位置
动物	9 号	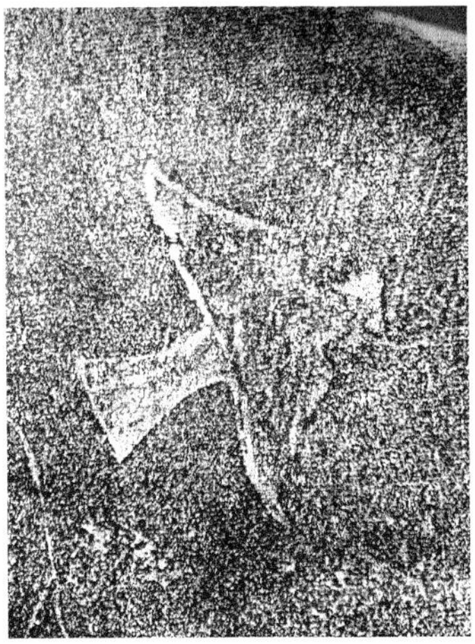	大雁 1 只，向右上角飞行。	西壁第一层第三行右 4。
	10 号	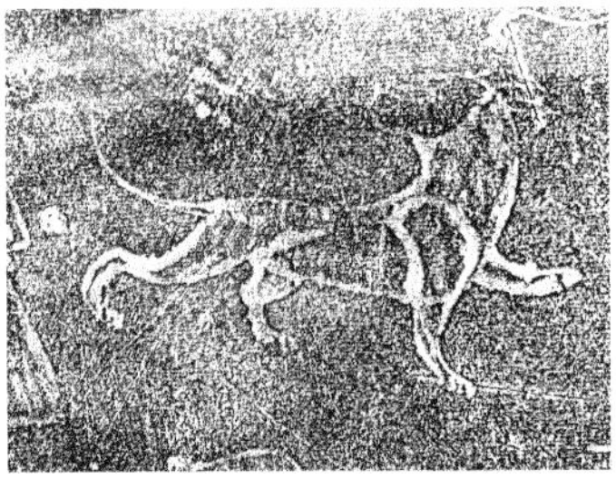	白虎 1 只，向右侧行进，回首。	西壁第一层第三行右 3。
	11 号	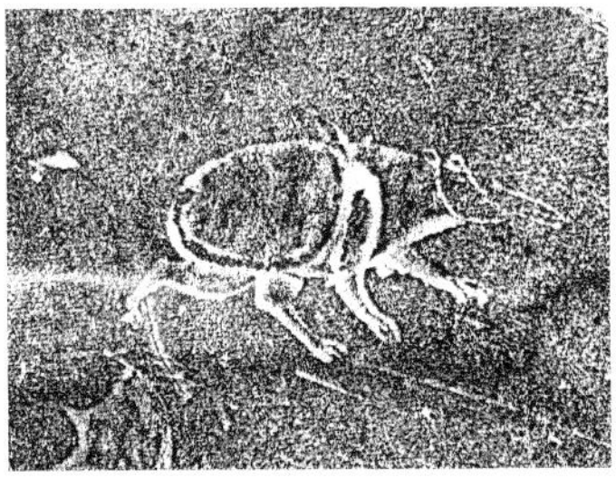	豕 1 只，向右侧行进。	西壁第一层第三行右 2。
	12 号	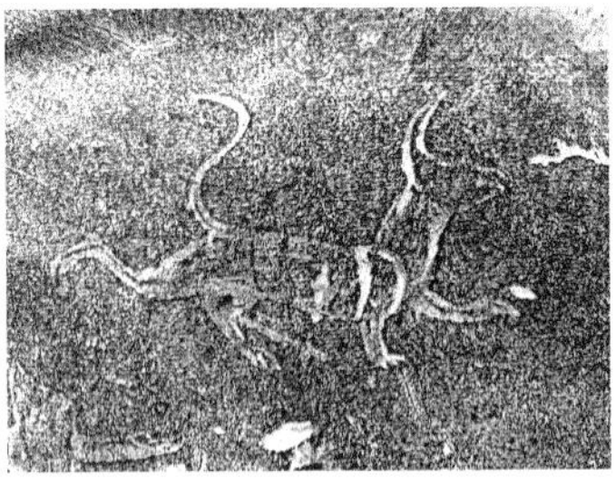	獬豸 1 只，向右侧行进。	西壁第一层第三行右 1。

续表

种类	序号	图像	描述	位置
全景				
全景线描图				

4. 图像汇总

题材	数量	详细描述
人物	29 人	仙人
动物	10 种 12 只	犬 2、龙 1、九尾狐 1、三足乌 1、仙兽 1、玉兔 2、大雁 1、白虎 1、豕 1、貐豸 1
星宿		
植物		
车		
建筑		
家具		
兵器	2 件	戟
乐器		
工具	9 种 17 件	规 1、横杆 2、玉杵 2、药臼 1、手杖 2、櫜 6、碗 1、罐 1、短棍 1
装饰纹样	云气纹	2 组

（二）西壁第二层

1. 内容简述

西壁第二层为大王车马出行图西壁段，属于整段车马出行图后面部分，画面比较简单，构图整齐。队伍最前面是4名步行持戟伍佰，18名导骑，4名主要人物乘坐在两辆轺车上，各由1人驾驶。最后是2名骑从殿后。上方一列右飞大雁。

2. 图像位置图

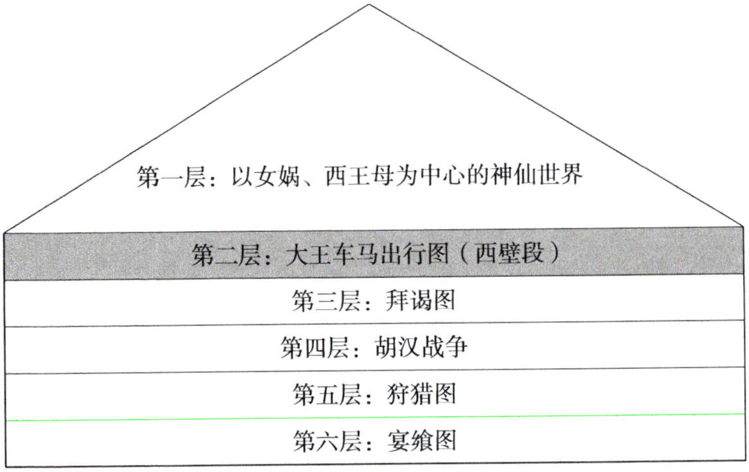

3. 图像分析

种类	序号	图像	描述	位置
人物	1、2号		共2人。骑马，骑从，殿后。	西壁第二层左1、2。

续表

种类	序号	图像	描述	位置
人物	3—8号		共6人。2马拉2轺车。1车乘坐3人，1人挽缰驾车，2人车内相对而坐。	西壁第二层左3—8。
	9—16号	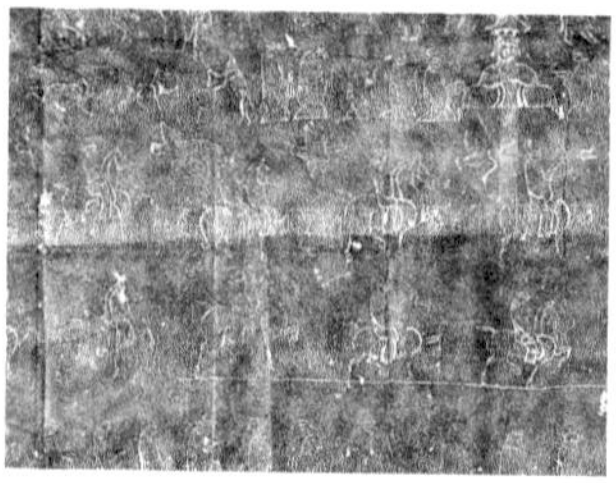	共8人。导骑。	西壁第二层左9—16。
	17—26号		共10人。导骑。	西壁第二层左17—26。
人物	27—30号		共4人。持戟伍佰，步行，前导。	西壁第二层左27—30。

续表

种类	序号	图像	描述	位置
动物	1—22 号	 共 22 匹，马骑 20 匹，拉轺车 2 匹		
	23—31 号	 9 只（9—26 号人物上方）		
全景				
全景线描图				

4. 图像题材汇总

题材	数量	详细描述
人物	30 人	
动物	2 种 31 只（匹）	马 22、大雁 9
星宿		

续表

题材	数量	详细描述
植物		
车	2 辆	轺车
建筑		
家具		
兵器	4 件	戈
乐器		
工具		
装饰纹样		

（三）西壁第三层

1. 内容简述

西壁第三层为历史故事，共一行，分三组。人物排列整齐，在大型图像大王车马出行图和胡汉战争图之间，从构图上看有与上、下两层划分界限的意味；从视觉上看有缓冲的效果。人物可分作 3 组。第一组 5 人，2 人相对，后各随 1 人，当中有 1 个大碗状器，器中有勺柄露出，1 人手持小碗。中间一组是两个贵族致礼的场面，左侧 1 个衣着华丽，后随 4 人，右侧身后随 2 人。第三组为 5 个高冠正立的人物，女性，旁有侍者 11 人，左侧 8 人、右侧 3 人。

2. 图像位置图

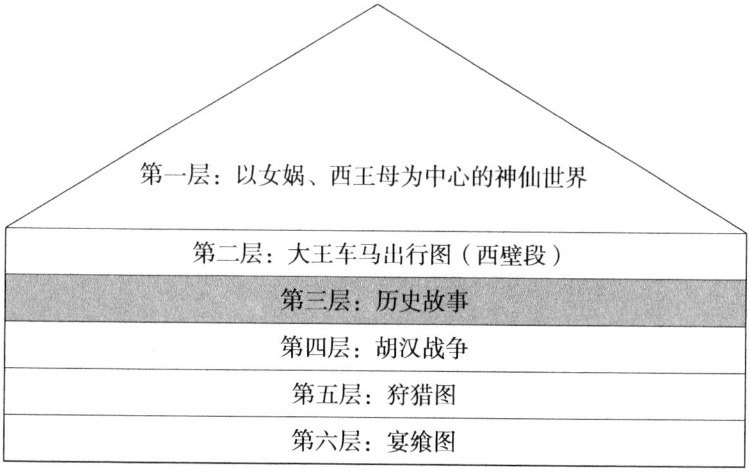

3. 图像分析

种类	序号	图像	描述	位置
人物	1—5号		5人。1—3号侧向右，持笏，站立。3号持碗，面前为一碗状器，器中有勺柄露出。4、5号侧向左，持笏，站立。	西壁第三层左1—5。
	6—13号		8人。站立，拜谒。6—10号侧向右，持笏。10号为主要人物，袍服，腰系带。11—13号侧向左，持笏。	西壁第三层左6—13。
	14—21号		8人。8人侧向右，持笏，站立。	西壁第三层左14—21。
人物	22—26号		5人。正面。女性。戴冠帽。站立。	西壁第三层左22—26。
	27—29号		3人。侧向左，持笏，站立。	西壁第三层左27—29。
全景	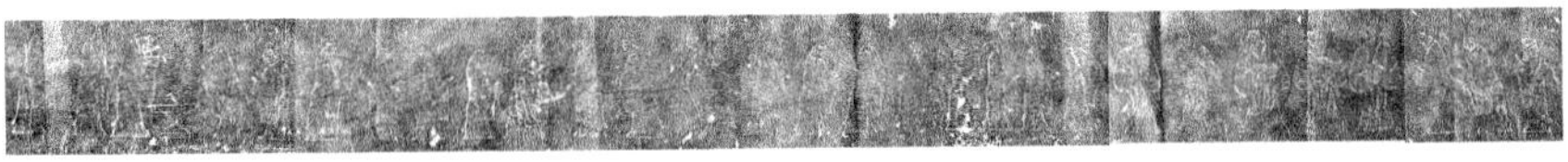			

4. 图像题材汇总

题材	数量	详细描述
人物	29 人	妇女 5、男性 24
动物		
星宿		
植物		
车		
建筑		
家具		
兵器		
乐器		
工具	3 种	碗 1、碗状物 1、勺 1
装饰纹样		

（四）西壁第四层

1. 内容简述

西壁第四层胡汉战争。画像分三组，左侧为汉军营帐，右侧为胡军大营及其藏身山坳，中间为两军交战场面。第一组汉军营帐，1 个双层楼阁，四周空阔，应为战时临时帐幕。楼阁下层正中 1 位王公凭几跪坐，宽袍阔袖，后随侍者 2 人，前 4 人禀战报状，2 人楼阁内跪坐，2 人在外面等待。楼阁 2 层，坐 5 名妇女，身正脸侧向。楼阁右侧画像分三层：第一层 5 人，左 4 人两两对坐，右 1 人独坐；第二层 4 人，左 1 人跪坐，右 3 个胡人并排跪坐，手被绑在身后，为俘虏；第三层 1 人持刀，前有 1 个架子，上竖 2 把斧钺，架上悬挂 2 个人头，为汉军处决胡军俘虏。第二组为胡汉两军交战场面，战斗进行正酣，两军士兵骑马，持矛、戟、弓等工具，短兵相接，身穿盔甲，奋勇杀敌。战场上人滚马翻，有的人被砍去了头颅，有的从马上掉下，充分表现战争的激烈与残酷。第三组亦有 1 个席坐的首领，身后有隶书题刻“胡王”二字，面前摆几案，其前有 1 人持笏跪禀，其后 3 人持弓侍立，2 人席地对坐，正围坐一个烤肉架手拿穿好肉串的钎子烤肉吃，充分说明这是胡军营帐。胡王背后馒头状的山坳中藏着无数胡人士兵，持弓待发。这场战争汉军的优势很明显，不仅占据三分之二的画面，而且从图像上看，营帐雄伟，纪律严明，分工有序，文明程度高于胡人。但胡人擅射擅骑，并擅利用地理环境的优势也表现得非常细腻。胡汉战争的象征意义仍然是驱邪避恶，佑护墓主人。

2. 图像位置图

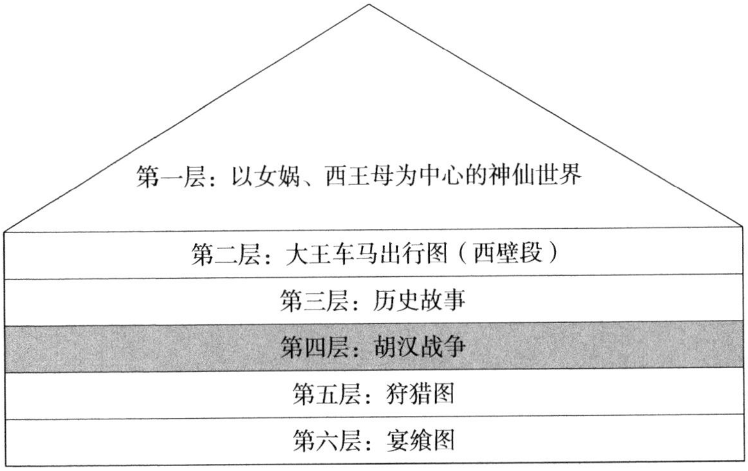

3. 图像分析

种类	序号	图像	描述	位置
人物	1—5 号		共 5 人。妇女。身正坐，1—3 号面部向右侧，4、5 号面部向左侧。	西壁第四层楼阙内上层左 1—5。
	6—10 号		共 5 人。6 号站立，7 号跪坐，持笏侧向右。8 号为主人，高冠，褒衣博带，侧向右，前有几案。9、10 号跪坐，持笏，侧向左。	西壁第四层楼阙内下层左 1—5。
	11—15 号		共 5 人。左侧亭中 4 人持笏跪坐，两两相对。右侧亭外 1 人持笏跪坐。	西壁第四层楼阙外上层左 1—5。

续表

种类	序号	图像	描述	位置
人物	16—19号	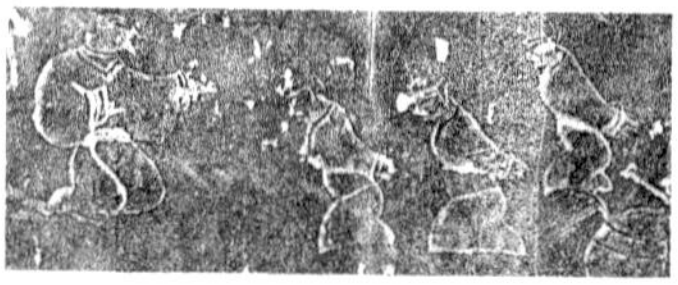	共4人。16号跪坐，侧向右。17—19号为胡人，手被缚，低头跪坐，侧向左。	西壁第四层楼阙外中层左1—4。
	20、21号		2人。持笏站立，侧向左。	西壁第四层楼阙外下层左1、2。
	22号		1人。居左侧，右手持剑。右侧有方形架子，上竖2支斧钺，架上中间悬挂2个胡人头颅。	西壁第四层楼阙外下层左3。
	23—26号	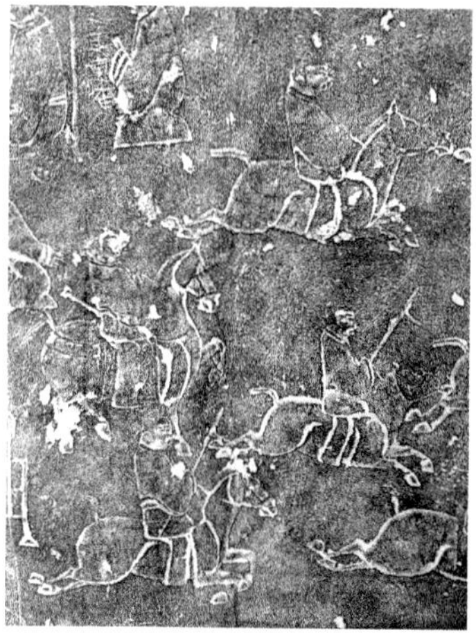	共4人。骑马作战，侧向右。23号骑马，手无兵器，似官员。24号骑马，腰部佩带宝剑。25、26号骑马持戈。	西壁第四层胡汉交战场面左1—4。

续表

种类	序号	图像	描述	位置
人物	27—32 号	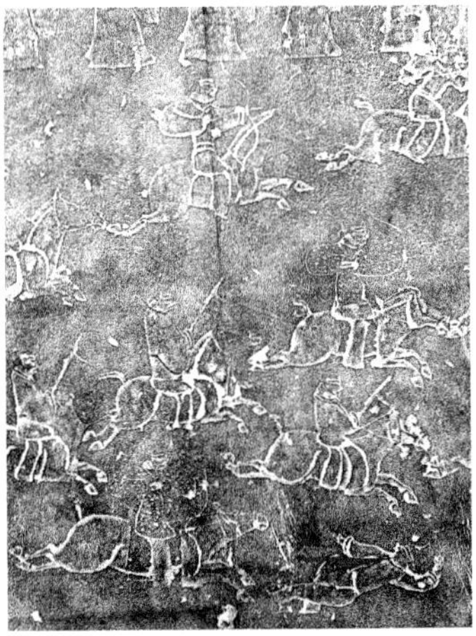	共6人。5人骑马作战，侧向右。1人倒地。27、29、30号骑马拉弓射箭，29、30号身穿盔甲，28、31号骑马持戈作战。32号倒地，为胡人。	西壁第四层胡汉交战场面左5—10。
	33—37 号		共5人。侧向右。骑马作战。33号持戈将34号胡人骑兵从马上钩下来。35号骑马拉弓射箭。36号倒地，裸身，盔甲武器都无。37号骑马持戈前奔。	西壁第四层胡汉交战场面左11—15。
	38—42 号		共5人。骑马作战，场面激烈。38号身穿盔甲，侧向右，步行。前面一马奔跑，似为骑兵已经落马。中间一马侧向右，40号正在跌落马下，头颅已经被砍下。39、41、42号胡人骑兵向左侧骑马奔跑，拉弓射箭。	西壁第四层胡汉交战场面左16—20。

续表

种类	序号	图像	描述	位置
人物	43、44号		2人。2胡人相对跪坐，持肉串在一个烧烤炉上烤肉。	西壁第四层胡汉交战场面左21、22。
	45—47号		共3人。胡人手持弓箭，身穿盔甲，侧向右，站立。	西壁第四层胡汉交战场面左23—25。
	48、49号		2人。48号跪地持笏，侧向右，向胡王汇报战况，49号为胡王，体型大，面前有几案。	西壁第四层胡汉交战场面左26、27。
	50—66号	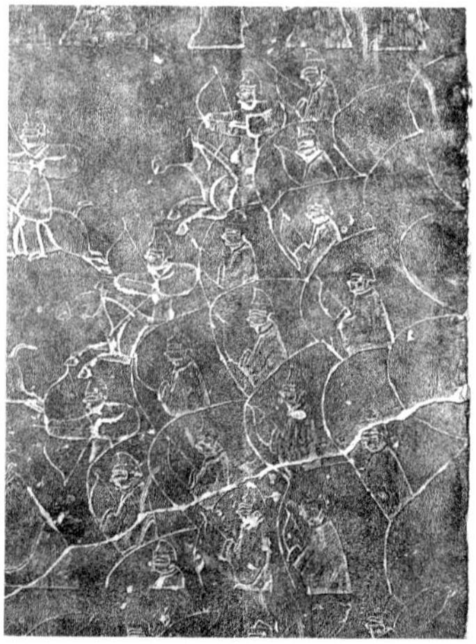	共17人。胡人骑兵藏于山中，只露半截身子。前排骑兵拉弓射箭，后面骑兵持弓待命。	西壁第四层胡汉交战场面左28—45。

续表

种类	序号	图像	描述	位置
建筑			双层楼阁。上有屋脊，屋脊平直，形状如倒置梯形。上层殿阁设平坐，旁边有栏杆。	西壁第四层左端。
动物	1、2号		凤凰2。对面站立。	西壁第四层楼阙顶。
全景				
全景线描图				

4. 图像题材汇总

题材	数量	详细描述
人物	66人	汉人32（其中妇女5）、胡人34
动物	2种22只（匹）	战马20、凤凰2
星宿		
植物		
车		
建筑	1座	2层楼阙

续表

题材	数量	详细描述
家具	2 个	棚形几
兵器		弓箭 25、斧钺 1、环首刀 2、戟 6
乐器		
工具	3 种 7 个	架子 1、烧烤炉 1、铁钎子 5
装饰纹样		

（五）西壁第五层

1. 内容简述

西壁第五层是狩猎图。狩猎场面，采取合围的方式，左 9 人、右 11 人，向中间行进。3 人手牵猎犬，14 人持筚，1 人持戟，2 人张弓射箭，1 人持钩臂鹰，2 人以矛刺虎，2 人乘牛车。中间是猎犬与猎物四下飞奔，猎物有鹿、兔、狐狸、梅花鹿、豕、老虎、野鸡等等。狩猎图图像意义在于为祖先准备祭祀用品，驱除邪恶，佑护灵魂上天。

2. 图像位置图

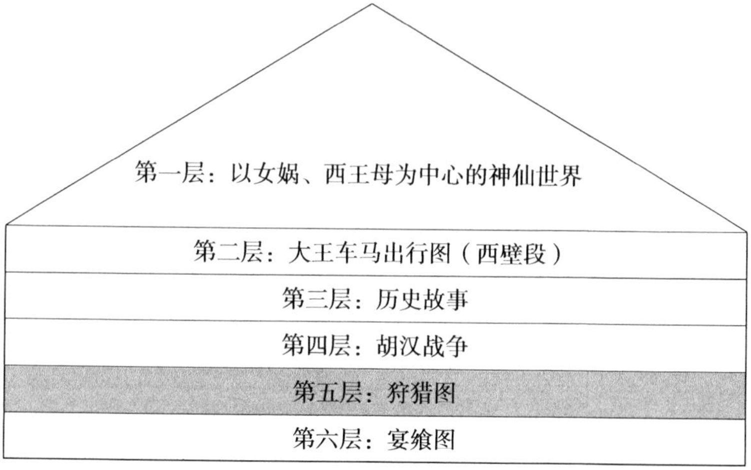

3. 图像分析

种类	序号	图像	描述	位置
人物	1—3号		共3人。向右行进。1号荷筚[①]牵犬。2、3号荷筚。	西壁第五层第一行左1—3。
	4号		1人。侧向右。右手持钩，左手上立有1只猎鹰。前面有2只猎犬奔跑。右下有鹿1只。	西壁第五层第一行左4。
	5—7号		共3人。向右行进。5号荷筚牵犬。6、7号荷筚。	西壁第五层第二行左1—3。
	8、9号		2人。2人坐于牛车上，向右行进，8号持戈，9号拉弓射箭，牛车后面挂有猎物。	西壁第五层第一行左5、6。
	10号		1人。持矛，踞身向左刺兽。下有1只狐狸。	西壁第五层第一行左7。

① 筚是一种古代的捕获工具，椭圆的网子，用以捕鸟兔。

续表

种类	序号	图像	描述	位置
人物	11号		1人。持矛，踞身向左刺虎。身边有兔1只，羊1只、鹿2只。	西壁第五层第二行左4。
	12号	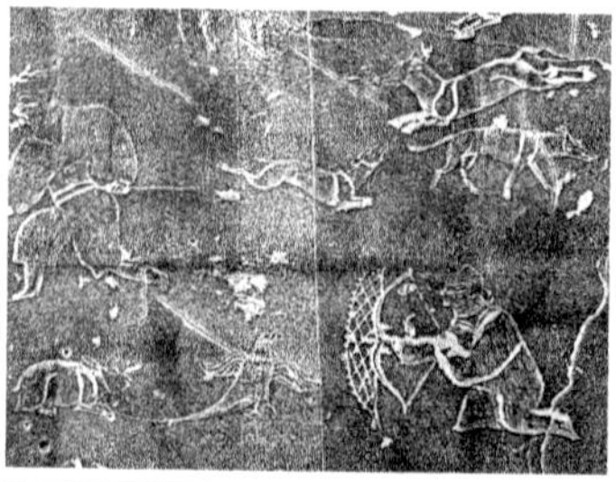	1人。侧向左，持弓射网捕鸟，前方有1只鸟、1只兔。上方有2只猎犬向右侧奔跑、1只鹿向左侧奔跑。	西壁第五层第二行左5。
	13、14号		2人。2人荷筚，向左行进。前有猎犬4只，上方3只向前奔跑。	西壁第五层右1、2。
	15—20号		共6人。荷筚，向左行进。	西壁第五层右3—8。

续表

种类	序号	图像	描述	位置
动物	1、2号		猎犬2只。	1、5号人手中所牵。
	3—21号		动物20只。猎犬3只，兔6只，鹿6只，牛1头，野猪1头，虎1只。侧向右，有卧有行有跑。敞车后挂猎物1只。	8、9号人物下面。
	22—34号	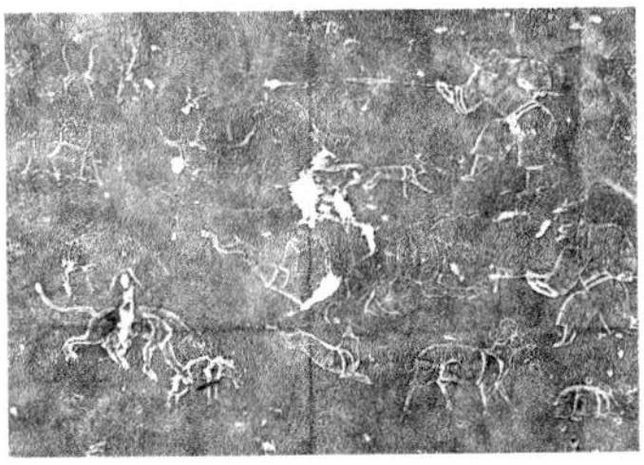	动物13只。豕1只，鹿3只，虎2只，狐狸1只，豹1只叼小兽1只，羊1只，兔3只。侧向右。有卧有行有跑，有的倒地卧毙。	10号人物左侧。
	35—48号		动物14只。猎犬6只，鹿6只，鸟2只。	12号人物上方。
全景				

4. 图像汇总

题材	数量	详细描述
人物	20 人	
动物	13 种 47 只	猎犬 11、兔 9、鹿 15、牛 1、野猪 1、虎 3、豕 1、狐狸 1、豹 1、小兽 1、羊 1、猎物 1、鸟 2
星宿		
植物		
车	1 辆	敞车
建筑		
家具		
兵器	3 种 5 个	矛 2、戈 1、弓 2（其中 1 个带网）
乐器		
工具	2 种 14 件	筚 13、钩 1
装饰纹样		

（六）西壁第六层

1. 内容简述

西壁第六层是宴飨图。共 16 人，位于西壁最底层。图像内容简单，分 3 组。最左面二人下六博棋；中间二人持耳杯喝酒；右面二人谈话，其余为侍者。

2. 图像位置图

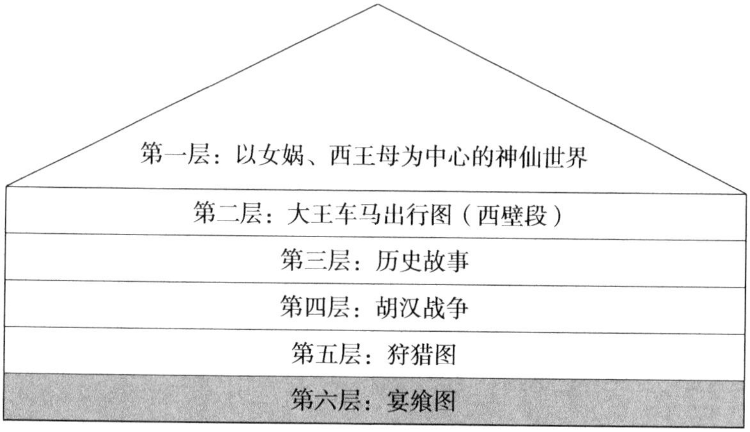

3. 图像分析

种类	序号	图像	描述	位置
人物	1—4号		共4人。1、2号跪坐，侧向右。3、4号相对跪坐在棋盘两侧，下六博棋，有棋盘，棋筹，2人摊手，通过划拳猜数的形式来确定先后手和行棋步数。	西壁第六层左1—4。
	5、6号		2人。对面跪坐，手持耳杯，对饮。中间有酒器，三足，漆器，贵族所用器物，中有勺。	西壁第六层左5、6。
	7—10号		共4人。跪坐。7、10号为随从，手捧酒罐。8号为主人，体型大，前有栅形几，侧向右。9号为来访者，拱手，侧向左。	西壁第六层左7—10。
	11—16号		共6人。拱手站立，侧向左，侍从。	西壁第六层左11—16。
全景				

4. 图像题材汇总

题材	数量	详细描述
人物	16 人	
动物		
星宿		
植物		
车		
建筑		
家具		
兵器		
乐器		
工具	6 种 8 个	六博棋盘 1、酒器 1、勺 1、耳杯 2、栅形几 1、酒罐 2
装饰纹样		

二、北壁

（一）北壁第一层

1. 内容简述

北壁第一层大王车马出行图（北壁段），是横贯三壁的大王出行图的中段部分，也是最重要的部分。共 44 人，40 匹马，阵容豪华整齐，体现了大王出行的壮观场面。画面在北壁中间部分断开，分成两段。东段 18 人，最前方有 2 人导骑，后跟 3 人乘坐轺车 2 辆，后面是 12 人乘骑队伍，4 人负箭筒，2 人吹排箫，1 人击花鼓，1 人吹竽。西段 26 人，2 个持棨戟、腰佩殳的伍佰开道，后跟 10 人乘骑队伍，其后是 6 人乘坐的鼓乐车，2 人击鼓，2 人吹排箫。后 2 人导骑，引领 2 人乘坐的大王车，后面 4 乘骑殿后。整个队伍连接西壁和东壁的车马，从左向右行进。

2. 图像位置图

第一层：大王车马出行图（北壁段）
第二层：楼阙拜谒图
第三层：孔子见老子
第四层：二千石出行图

3. 图像分析

种类	序号	图像	描述	位置
人物	1—4 号		共4人，骑马，分上下两层，在大王车后随侍。3号戴尖帽，为胡人。只有勾线，没经过沿勾线铲地凹面线刻处理，因此与别的图像相比，缺乏立体感，显得细弱。4号骑马者拉缰绳，马作急刹状，停步嘶叫。	北壁第一层1—4号。
	5、6 号	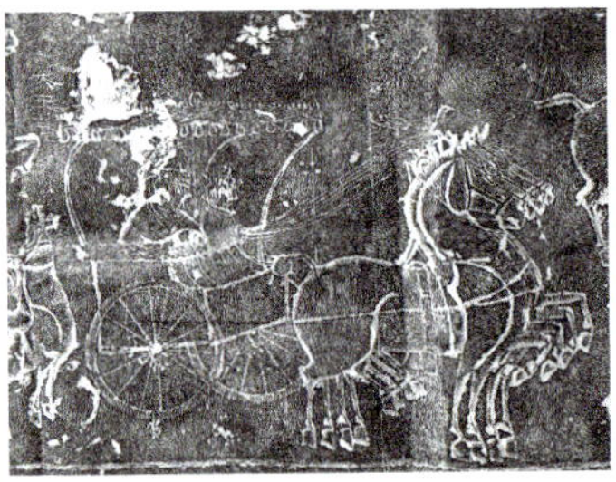	共2人。乘坐大王车，四马拉引，名曰为驷马安车。5号为大王，着通天冠。6号为御者。车盖后侧有“大王车”3字，原榜题。安车车体呈“凸”字形，四周立有栏板，上加方形车篷，结构精巧，装饰华丽，车栏板和顶篷上面饰菱形花纹。四马昂首挺胸，步履整齐，马尾用布袋扎住，装饰绸带，马头站一只凤凰。	北壁第一层5、6号。

续表

种类	序号	图像	描述	位置
人物	7、8号		共2人。骑马，为后面大王车导骑。	北壁第一层7、8号。
	9—14号		共6人。2马拉巨大乐车，为“大王车”前先导仪仗车。车盖如伞，两侧下垂做龙首状。车分两层，上层正中放置一装饰华丽的大鼓，鼓角悬铜铃。9、10号在旁边挥舞鼓槌，边敲边舞蹈。下层11—14号，两两相对而坐，吹奏排箫。	北壁第一层9—14号。
	15—24号	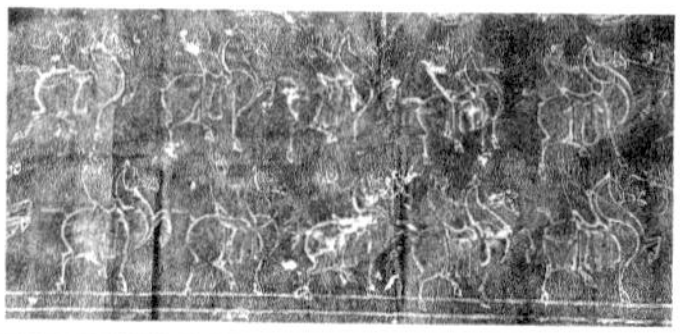	共10人。导骑队伍。	北壁第一层15—24号。
	25、26号		共2人。伍佰，持棨戟，腰佩殳。	北壁第一层25、26号。

续表

种类	序号	图像	描述	位置
人物	27—32 号		共 6 人。骑马。27 号击花鼓，28、31 号吹排箫，29、32 号背弓箭筒，30 号吹笙。	北壁第一层 27—32 号。
	33—38 号		共 6 人。骑马。33、34、35、38 号身无他物，36、37 号背弓箭筒。	北壁第一层 33—38 号。
	39—41 号		共 3 人。四维轺车 1 乘，驾 2 马，车上坐 3 人，39、40 号乘车，41 号挽缰。	北壁第一层 39—41 号。
	42—44 号		共 3 人。四维轺车 1 乘，驾 2 马，车上坐 3 人，42、43 号持棨戟，44 号挽缰。	北壁第一层 42—44 号。
	45、46 号		共 2 人。导骑。	北壁第一层 45、46 号。

续表

<table>
<tr><th>种类</th><th>序号</th><th>图像</th><th>描述</th><th>位置</th></tr>
<tr><td rowspan="3">动物</td><td rowspan="2">1、2号</td><td></td><td>大雁1只。向右上方飞。</td><td>40号人物上方。</td></tr>
<tr><td>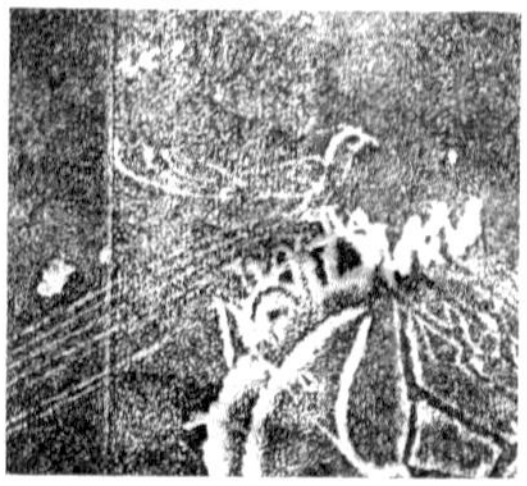</td><td>凤凰1只。站在驷马安车马头之上。</td><td>6号人物前方。</td></tr>
<tr><td>3—43号</td><td colspan="3">
马40匹，马骑30匹，驾车10匹</td></tr>
<tr><td>全景</td><td colspan="4">
（北壁西侧）
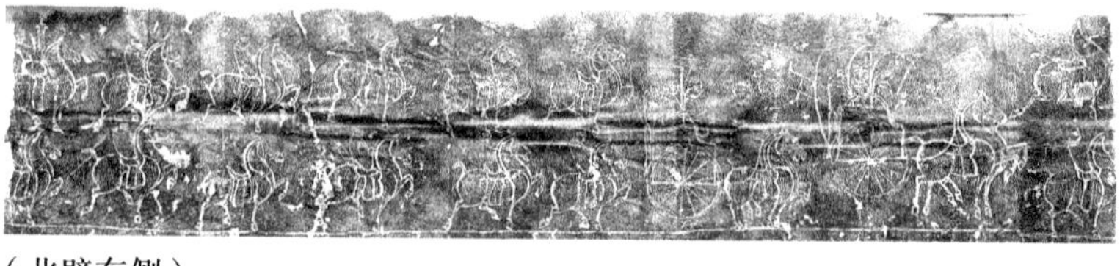
（北壁东侧）</td></tr>
<tr><td>全景线描图</td><td colspan="4">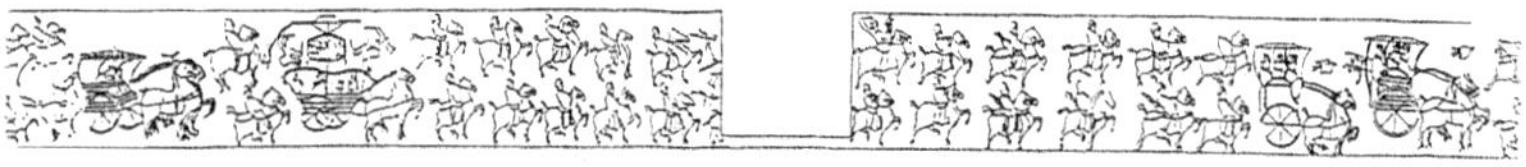

（北壁大王车线描图）</td></tr>
</table>

4. 图像题材汇总

题材	数量	详细描述
人物	46 人	
动物	3 种 42 只（匹）	马 40，大雁 1
星宿		
植物		
车	3 种 4 辆	驷马安车 1、乐车 1、四维轺车 2
建筑		
家具		
兵器	3 种 10 个	弓箭筒 4、棨戟 4、殳 2
乐器	4 种 12 个	排箫 6、花鼓 1、笙 1、鼓槌 4
工具		
其他		

（二）北壁第二层

1. 内容简述

北壁第二层图像是楼阙拜谒图。石祠北壁画像分成东西两段，东段高 1.03 米，宽 1.80 米，西段高 1.04 米，宽 1.80 米。画面分上下两段，中间用装饰纹样隔开。上段为第一层，是横贯三壁的大王车马出行图中间部分。下层画像是石祠画像的中心，外框用 4 层几何纹装饰，自外至里分别为斜线纹、菱角纹、菱纹加古钱纹。中心图像共 3 层。第一层是楼阙拜谒图，3 座两层殿阁，以 4 个两层阙门隔开。每个两层殿阁以 4 个斗拱柱子支撑，形制为五铺作出两跳。房檐刻垂直瓦陇，上有屋脊。屋脊平直，形状如倒置梯形。上层殿阁设平座，旁边有栏杆，栏杆内坐数人相互交谈。阙门下层立高柱，上出五铺作斗拱，斗拱之上也有房檐瓦陇。屋上安置银锭状攒尖顶。此楼阙建筑类似地上宫殿、陵墓之前置阙门，作为建筑的入口，以壮观瞻。3 座殿阁，上层分坐 7、9、9 人，均为正面，对坐交谈。下层分坐 14、12、15 人，展示拜谒场景。汉代的拜谒礼仪是当时社会的一种风俗习尚，体现在社会生活的各个层面，孝堂山画像中拜谒图出现多次，此幅是最大的一幅。

2. 图像位置图

第一层：大王车马出行图（北壁段）
第二层：楼阙拜谒图
第三层：孔子见老子
第四层：二千石出行图

3. 图像分析

种类	序号	图像	描述	位置
人物	1、2号		2人。妇女。两相对坐，拱手。身正面。似在交谈。	西殿上层左1、2。
	3、4号		2人。妇女。两相对坐，拱手。身正面。似在交谈。	西殿上层左3、4。
	5、6号		2人。妇女。两相对坐，拱手。身正面。似在交谈。	西殿上层左5、6。
	7号		1人。妇女。独坐，拱手。身正面。脸侧向左。	西殿上层左7。

续表

种类	序号	图像	描述	位置
人物	8、9号		2人。妇女。两相对坐，拱手。身正面。似在交谈。	中殿上层左1、2。
	10、11号		2人。妇女。两相对坐，拱手。身正面。似在交谈。	中殿上层左3、4。
	12号		1人。妇女。独坐，拱手。身正面。脸侧向右。	中殿上层左5。
	13、14号		2人。妇女。两相对坐，拱手。身正面。似在交谈。	中殿上层左6、7。
	15、16号		2人。妇女。两相对坐，拱手。身正面。似在交谈。	中殿上层左8、9。

续表

种类	序号	图像	描述	位置
人物	17号		1人。妇女。侍者，跪坐，面侧向右，手捧觚。	东殿上层左1。
	18、19号		2人。妇女。两相对坐，拱手。身正面。似在交谈。	东殿上层左2、3。
	20、21号		2人。妇女。两相对坐，拱手。身正面。似在交谈。	东殿上层左4、5。
	22、23号		2人。妇女。两相对坐，拱手。身正面。似在交谈。	东殿上层左6、7。
	24、25号		2人。妇女。两相对坐，拱手。身正面。似在交谈。	东殿上层左8、9。

续表

种类	序号	图像	描述	位置
人物	26、27号		2人。站立。持笏。面侧向右。	西殿下层左1、2。
	28、29号		2人。站立。持笏。面侧向右。	西殿下层左3、4。
	30—32号		3人。站立。躬身，持笏。面侧向右。	西殿下层左5—7。
	33—37号	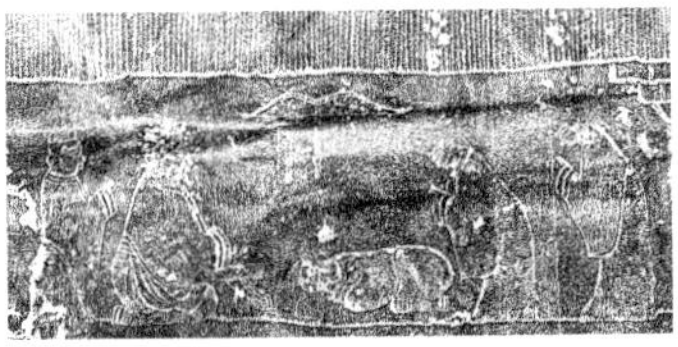	5人。33号站立，持笏，面侧向右。左34号为王侯，跪坐，衣着华丽，腰束带，前置栅形几。35号向左伏地致礼，36、37号躬身持笏致礼，侧向左。殿中悬挂1弩、1箭箙。	北壁下段第一层楼下西殿左8—12。

续表

种类	序号	图像	描述	位置
人物	38、39号		2人。站立。持笏。面侧向左。	西殿下层左13、14。
	40、41号		2人。站立。持笏。面侧向右。	中殿下层左1、2。
	42—45号		4人。42、43号站立，躬身持笏，面侧向右。44号为王侯，跪坐受礼，衣着华丽，腰束带，佩玦，前置栅形几。45号躬身持笏致礼，侧向左。	中殿下层左3—6。
	46—49号		4人。站立。躬身持笏。面侧向左。	中殿下层左7、8。

续表

种类	序号	图像	描述	位置
人物	50、51号		2人。站立。持笏。面侧向左。	中殿下层左9、10。
	52、53号	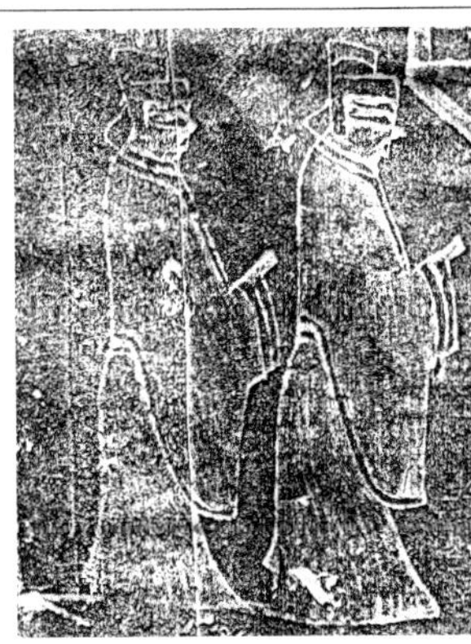	2人。站立。持笏。面侧向右。	东殿下层左1、2。
	54—56号		3人。站立。躬身持笏。面侧向右。56号手提一罐。	东殿下层左3、4、5。
	57—59号		3人。57号为王侯，跪坐受礼，腰束带，前放一栅形几，侧向右。58号伏地致礼，59号躬身执笏致礼。房顶正中悬一弩。	东殿下层左6—8。

续表

种类	序号	图像	描述	位置
人物	60—62号		3人。站立。躬身持笏。面侧向左。	东殿下层左9—11。
	63、64号		2人。站立。躬身持笏。面侧向左。	东殿下层左12、13。
	65、66号		2人。站立。躬身持笏。面侧向左。	东殿下层左14、15。
动物	1、2号		2鸟。1号为鸱鸮（又叫鹞鹰），2号为鹰。	西阙上层顶部。

续表

种类	序号	图像	描述	位置
动物	3号	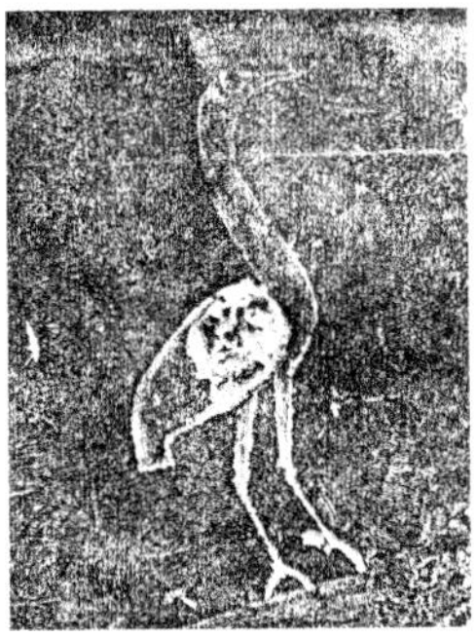	1鸟。鹤。	西阙下层顶部。
	4—7号	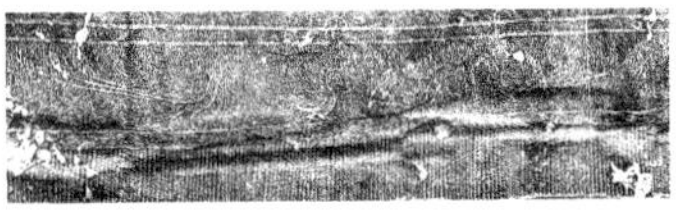	4鸟。4、7号为凤凰，相向而行；5号为大雁；6号为鸽，立凤凰间。	西殿顶部。
	8、9号		2动物。8号为大雁；9号为猿。	中殿西侧阙顶。
	10、11号		2鸟。均为鹤。	中殿西侧下层阙顶。
	12—15号	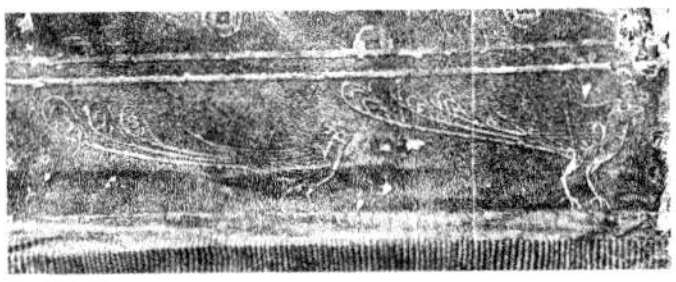	4鸟。12、13号为凤凰，侧向右；14号为小凤凰，侧向左；15号为锦鸡。	中殿顶上。
	16、17号	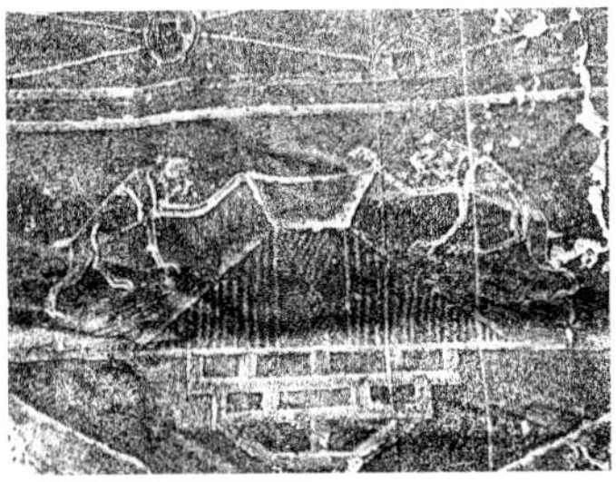	2猿。2猿相对，一爪放屋脊，一爪扶阙顶。	中殿东侧上层阙顶。

续表

种类	序号	图像	描述	位置
动物	18、19号	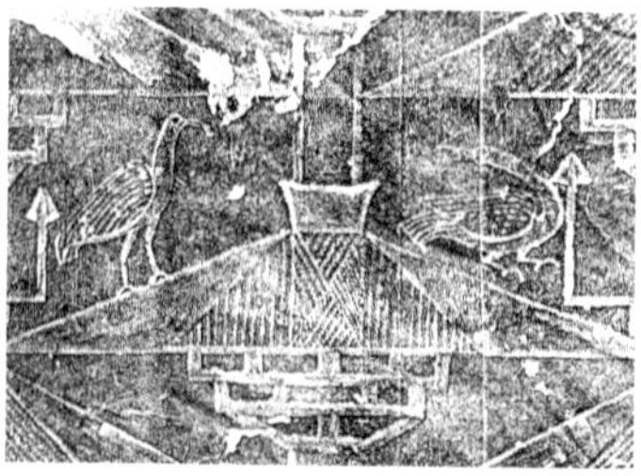	2鸟。大雁。18号侧向右，口中叼有虫子；19号身侧向右，头颈向左回望。	中殿东侧下层阙顶。
	20—22号	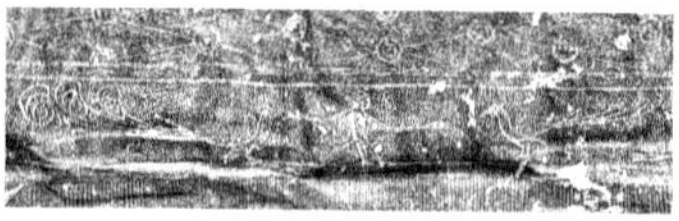	3动物。20、22号为凤凰；21号为仙人，手臂长，裸身，脸侧向右。两手左右伸向凤凰之嘴，手中有珠作喂食状。	东殿顶上。
	23号		1鸟。鹰。	东殿顶上。
	24、25号		2鸟。24号为锦鸡，25号为鸱鸮。相对而立。	东阙上层顶部。
	26—28号	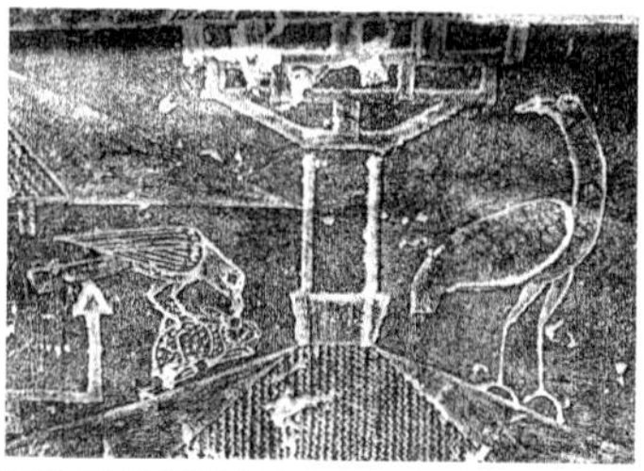	3动物。26、27号为鹰攫食兔，28号为鹤。	东阙下层顶部。
建筑			楼阙是3座两层殿阁，以4个两层阙门隔开。每个两层殿阁以4个斗拱柱子支撑，形制为五铺作出两跳。	装饰纹样带内部。

续表

种类	序号	图像	描述	位置
全景		 （全图）  （中殿上层）		
		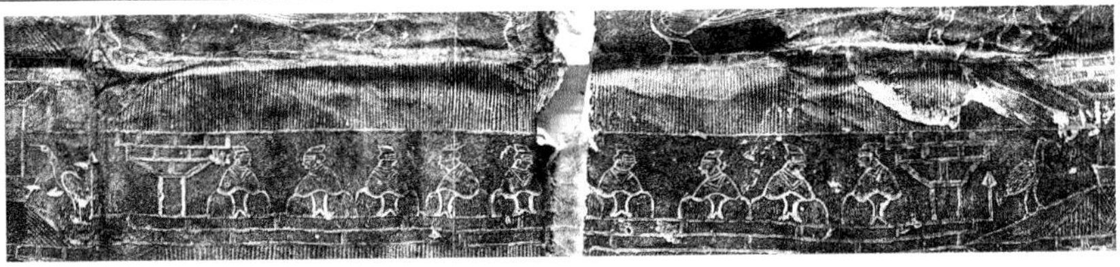 （东殿上层）  （西殿下层）		
		 （中殿下层） 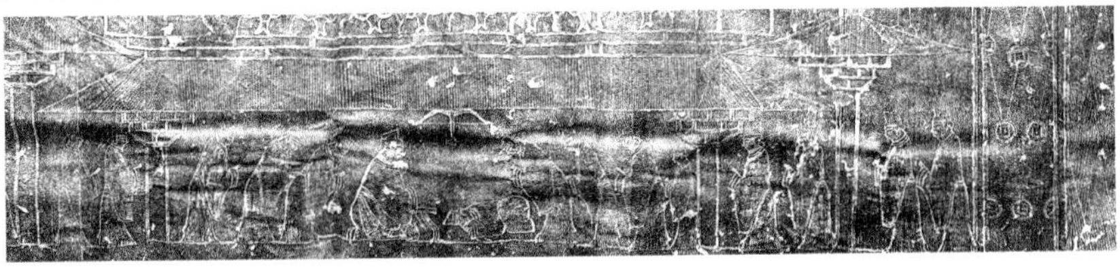 （东殿下层）		

续表

种类	序号	图像	描述	位置
全景线描图	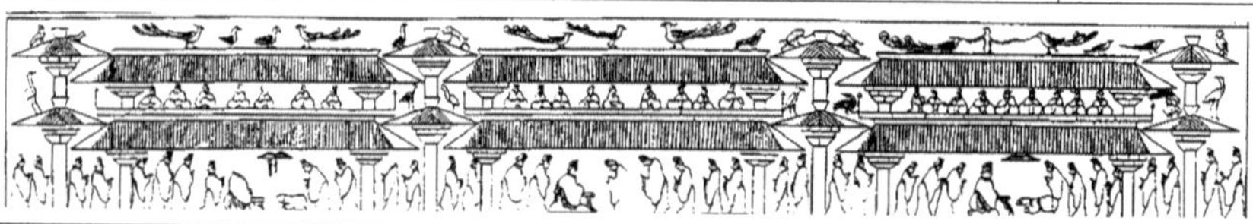			

4. 图像题材汇总

题材	数量	详细描述
人物	67 人	妇女：25 人、男性：41 人、仙人：1 人
动物	8 种 26 只	鸱鸮 2、鹤 4、凤凰 7、猿 3、锦鸡 2、大雁 4、鹰 3、兔 1
星宿		
植物		
车		
建筑	2 种 7 座	双层殿 3，双层阙 4
家具	3 个	栅形几
兵器	3 个	弩 2、箭箙 1
乐器		
工具	2 种 2 个	酒罐 1、提手罐 1
其他		

（三）北壁第三层

1. 内容简述

北壁第三层一般叫作“孔子见老子”，实则将“孔子见老子”和“孔子项橐相问书”两个故事合二为一。共 48 人，其中除去孔子、老子、项橐三人外，还有孔子身后弟子 31 人，老子身后弟子 14 人。孔子后有隶书题刻“孔子”二字，应为原刻。45 个弟子排成一行，只有高矮胖瘦的区分，殊少变化，营造一种尊师重道的秩序感和厚重庄严的氛围。此种构图在视觉上形成一个整齐的隔离带，将上层楼阙图和车马出行图分开。

2. 图像位置图

北壁第一层：大王车马出行图（北壁段）
北壁第二层：两层楼阙拜谒图
北壁第三层：孔子见老子
北壁第四层：二千石车马出行图

3. 图像分析

种类	序号	图像	描述	位置
人物	1—4 号		共 4 人。孔子弟子，站立，侧向右，手捧简牍。	北壁第三层左 1—4。
	5—8 号		共 4 人。孔子弟子，站立，侧向右，手捧简牍。	北壁第三层左 5—8。
	9—12 号		共 4 人。孔子弟子，站立，侧向右，手捧简牍。	北壁第三层左 9—12。
	13—16 号		共 4 人。孔子弟子，站立，侧向右，手捧简牍。	北壁第三层左 13—16。

续表

种类	序号	图像	描述	位置
人物	17—21号		共5人。孔子弟子，站立，侧向右，手捧简牍。	北壁第三层左17—21。
	22—25号		共4人。孔子弟子，站立，侧向右，手捧简牍。	北壁第三层左22—25。
	26—29号		共4人。孔子弟子，站立，侧向右，手捧简牍。	北壁第三层左26—29。
	30、31号		共2人。孔子弟子，站立，侧向右，手捧简牍。	北壁第三层左30、31。
	32—34号		3人。孔子见老子，孔子项橐相问书。32号为孔子；34号为老子，均着宽大衣服，戴进贤冠。孔子持直杖；老子持曲形杖。孔子手捧向老子进献的大雁，侧向右低头看33号项橐。项橐个子矮小，侧向左，一手上指，抬头看孔子，正在问话。	北壁第三层左32—34。

续表

种类	序号	图像	描述	位置
	35—37 号		共 3 人。孔子弟子，站立，侧向左，手捧简牍。	北壁第三层左 35—37。
	38—40 号		共 3 人。孔子弟子，站立，侧向左，手捧简牍。	北壁第三层左 38—40。
人物	41—43 号		共 3 人。孔子弟子，站立，侧向左，手捧简牍。	北壁第三层左 41—43。
	44—46 号		共 3 人。孔子弟子，站立，侧向左，手捧简牍。	北壁第三层左 44—46。
	47、48 号		共 2 人。孔子弟子，站立，侧向左，手捧简牍。	北壁第三层左 47、48。

续表

<table>
<tr><th>种类</th><th>序号</th><th>图像</th><th>描述</th><th>位置</th></tr>
<tr><td>动物</td><td>1 号</td><td></td><td>大雁 1。孔子手捧大雁，执弟子礼送给老子。</td><td>北壁第三层左 32 号　孔子手中。</td></tr>
<tr><td>全景</td><td colspan="4">
（全图左）

（全图右 1）

（全图右 2）</td></tr>
</table>

续表

种类	序号	图像	描述	位置
线图		 （线图全）  （线图局部）		

4. 图像题材汇总

题材	数量	详细描述
人物	48 人	孔子 1、老子 1、项橐 1、孔子弟子 45 人
动物	1 只	大雁
星宿		
植物		
车		
建筑		
家具		
兵器		
乐器		
工具	3 种 47 个	简牍 45、直杖 1、曲形杖 1
其他		

（四）北壁第四层

1. 内容简述

北壁第四层是二千石车马出行图。共一行。祠堂北壁最下端的车马出行图几乎每座祠堂都有，并且其位置都在北壁最下层。孝堂山石祠中二千石车马出行图是这类图的典型例子。因图中主要人物乘坐的四维轺车后有题刻“二千石”，因此被称为“二千石车马出行图”。出行图的画面自右向左展开，1 人在最右边躬身迎接，1人在最左边持笏恭送，其他人和车从左往右行进。拉着主人的四维轺车在中心偏后的位置，前有1辆敞车，5辆轺车，4匹导骑，2个步卒开路，后有3匹导骑，2辆轺车护送。此行图像象征墓主人由墓室中乘车上来祠堂，享用后世子孙的祭奠。

2. 图像位置图

第一层：大王车马出行图（北壁段）
第二层：两层楼阙拜谒图
第三层：孔子见老子
第四层：二千石车马出行图

3. 图像分析

种类	序号	图像	描述	位置
人物	1号		1人。持笏，着袍服，戴进贤冠，腰系绶带。侧向右。站立，低头恭送前面车队。	北壁第四层左1。
	2号		1人。骑吏。马作昂首阔步状。	北壁第四层左2。
	3、4号		2人。乘坐轺车。3号手执鞭、辔驾车，4号坐车，执笏。	北壁第四层左3、4。

续表

种类	序号	图像	描述	位置
人物	5、6号		2人。乘坐轺车。5号坐车，执笏，6号手执鞭、辔驾车。	北壁第四层左5、6。
	7、8号		2人。骑马，手持幡。马尾以绸带装饰。	北壁第四层左7、8。
	9、10号		2人。12号体型胖大，拱手端坐，整个车马行列的主人，也应为祠堂主人，乘坐四维轺车主车，车后有“二千石”题记，为原刻。10号挽缰驾驶马车。马头有装饰性飘带。	北壁第四层左9、10。
	11、12号		2人。伍佰。步行，右手持棨戟。	北壁第四层左11、12。

续表

种类	序号	图像	描述	位置
人物	13、14号		2人。骑吏。持戟。	北壁第四层左13、14。
	15、16号		2人。骑吏。鞍佩装饰华丽，2马步伐整齐。	北壁第四层左15、16。
	17、18号		2人。17号坐车，执笏，18号手执鞭、辔驾车。马作昂首阔步状，马尾作随风飘舞状。	北壁第四层左17、18。
	19、20号		2人。19号坐车，执笏，20号手执鞭、辔驾车。马作昂首阔步状，马尾作随风飘舞状。	北壁第四层左19、20。
	21、22号		2人。乘坐轺车。21号坐车，执笏，22号手执鞭、辔驾车。马尾作随风飘舞状。	北壁第四层左21、22。

续表

种类	序号	图像	描述	位置
人物	23、24号		2人。乘坐轺车。23号坐车，执笏，24号手执鞭、辔驾车。马尾作随风飘舞状。	北壁第四层左23、24。
	25、26号		2人。乘坐轺车。25号坐车，执笏，26号手执鞭、辔驾车。马尾作随风飘舞状。	北壁第四层左25、26。
	27、28号		2人。先导，乘坐敞车。27号坐车，手捧鸾旗。28号执鞭、辔面侧向右。马尾用布袋扎住，并装饰绸带。	北壁第四层左27、28、26。
	29号		1人。亭长。双手捧盾，侧向左，正深躬身迎接从左面驶过来到车马行列。	北壁第四层左29。

续表

<table>
<tr><th>种类</th><th>序号</th><th>图像</th><th>描述</th><th>位置</th></tr>
<tr><td>全景</td><td colspan="4">
（图左）

（图右）</td></tr>
<tr><td>全景线描图</td><td colspan="4"></td></tr>
</table>

4. 图像题材汇总

题材	数量	详细描述
人物	29 人	
动物	16 匹	马
星宿		
植物		
车	9 辆	轺车
建筑		
家具		
兵器	5 种 12 件	盾 1，鸾旗 1，戟 2，棨戟 2、鞭辔 6
乐器		
工具		
其他		

三、东壁

（一）东壁第一层

1. 内容简述

东壁第一层为三角形，表现了以伏羲和风伯为主的仙界。图像分三行，第一行左为赤身作舞仙人，中间是蛇身人首的伏羲氏。伏羲手中持矩，与西壁持规女娲像对称，旁有云气缭绕。右为1人坐于彩虹状云气纹下，应为雨师，与下行风伯对称。第二行左侧4个持棍棒、树枝和类似耕具状人物。旁有5人，两人持刀对向三人。第三行是各为六人组的雷神出行和风伯吹屋。左侧有1人荷棍，2人顶盆。右侧有2组共6人实施刖刑，2人戴桎梏观刑。最右侧有1犬奔跑。本层画面表现了和西王母相对的东方世界。“在汉代的民间文化里，女娲被看成是人类的创造者，因此象征着生命，而伏羲被描绘成具有保持宇宙统一和秩序的权利。”① 因此，本组图像有定规矩准绳、设立刑法之意，喻开天辟地之意，并显示了农耕社会的起源，人们希冀风调雨顺、治理家园的愿望。正如《国语·卷十八·楚语下》所表达的一样：于是乎有天地神民类物之官，是谓五官，各司其序，不相乱也。民是以能有忠信，神是以能有明德，民神异业，敬而不渎，故神降之嘉生，民以物享，祸灾不至，求用不匮。

2. 图像位置图

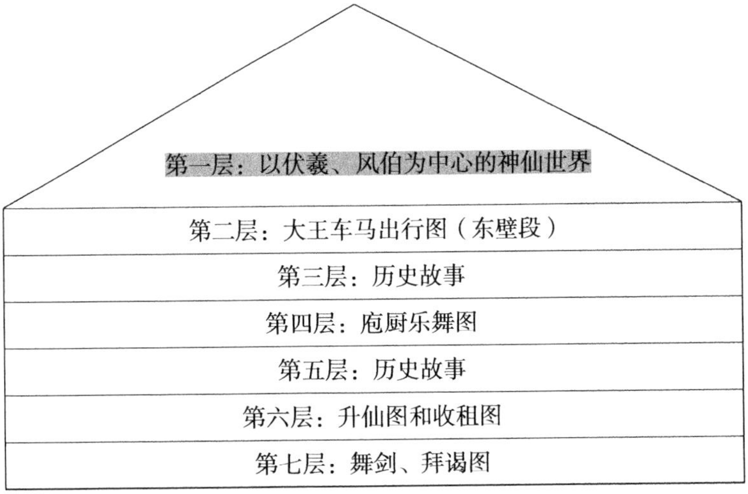

① 余英时：《东汉生死观》，何俊编，侯旭东等译，上海古籍出版社2005年版，第125页。

3. 图像分析

种类	序号	图像	描述	位置
人物	1号		1人。仙人。手长臂长，裸身赤脚，舞蹈状。侧向右。	东壁第一层第一行左1。
	2号		1人。伏羲。人首蛇身，手持矩。侧向右。左旁有云气纹。	东壁第一层第一行左2。
	3—6号		共4人。3号短裤，荷农具，棍状，有倒钩。4号袍服，手捧树枝。5号袍服，手持禾苗。6号短裤，手持农具，棍状，一头粗。	东壁第一层第二行左1—4。
	7号		1人。雨师。身正，脸侧向右。头顶有彩虹和云气纹。	东壁第一层第二行左5。

续表

种类	序号	图像	描述	位置
人物	8—12号		共5人。站立。8—10号侧向右，拱手，11、12号侧向左，持刀。	东壁第一层第二行左6—9。
	13号		1人。短裤，面南，荷棍急行。	东壁第一层第三行左1。
	14、15号		2人。仙人，头顶圆盆，盆中似为花草或火苗。着裙装，类少数民族。	东壁第一层第三行左2、3。
	16—21号	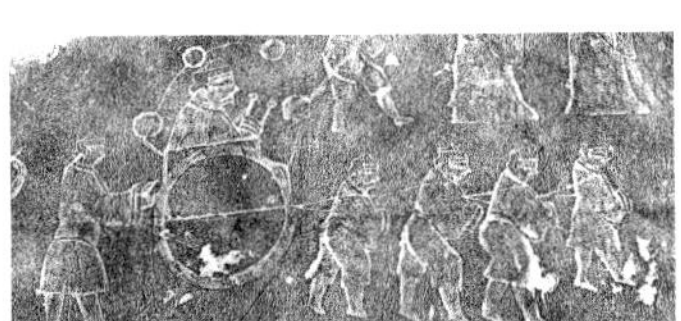	6人1车。雷神出行。向右行进。16号推车，17号坐车中，双手持槌，击鼓，头顶有4个圆球状物系于圆环之上，与车连接。18—21号背绳拽车。	东壁第一层第三行左4—9。
	22—27号		共6人。风伯吹屋。22号风伯，身躯庞大，正腾身跃起，并吹一器物，似吹出风将面前屋顶吹走。23号身侧向右，回头看左1。24号站立，侧向左，拱手而立，衣袍鼓起，似亭中有风。25号怀抱弓箭，衣角也鼓起。26、27号面向左持笏恭立。房顶下挂弓。	东壁第一层第三行左10—15。

续表

种类	序号	图像	描述	位置
人物	28、29号		共2人。手脚戴桎梏。身正面，脸面南，似在观南面刖刑。	东壁第一层第三行左16、17。
	30、31号		共2人。刖刑场面。对面而立。30号一手挽袖，一手持刀，为行刑之人。31号戴手铐，捂右膝，脸作痛苦哀伤之状。	东壁第一层第三行左18—19。
	32、33号		共2人。实施刖刑场面。对面而立。32号戴手铐，捂右膝，脸作痛苦哀伤之状。33号一手挽袖，一手持刀，为行刑之人。	东壁第一层第三行左20—21。
云气纹	1号	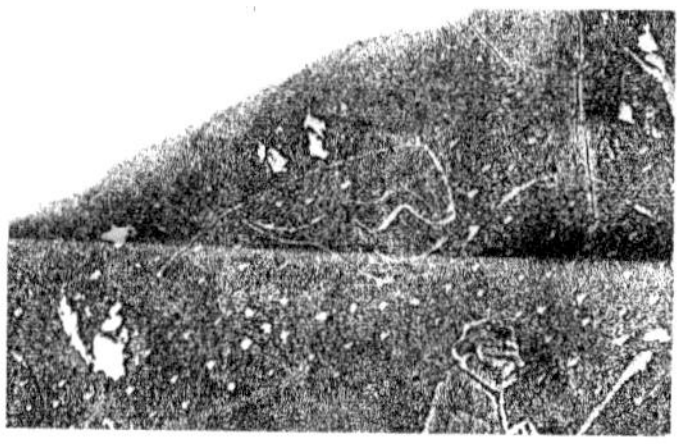		东壁第一层第一行左上方。
	2号	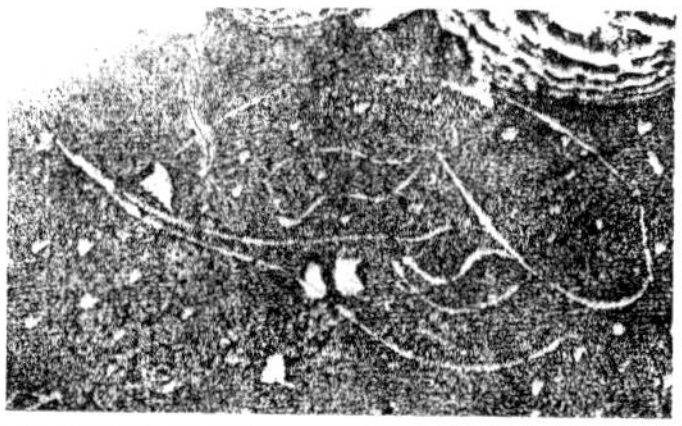		东壁第一层第一行中间。

续表

种类	序号	图像	描述	位置
云气纹	3 号			东壁第一层第一行右部。
	4 号			东壁第一层第二行右部。
动物	1 号	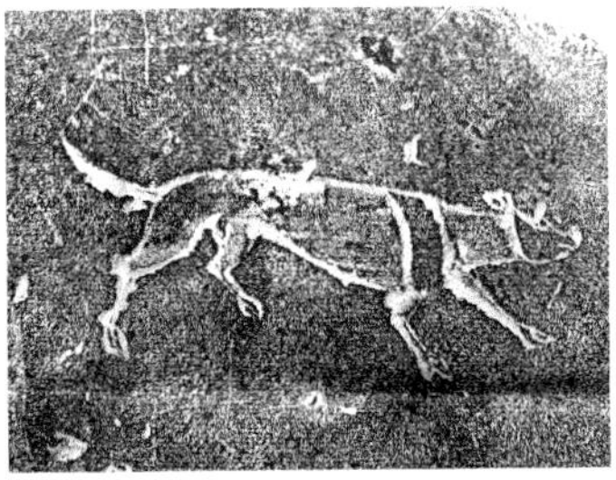	犬 1。	东壁第一层第三行右部。
全景				
全景线描图				

4. 图像题材汇总

题材	数量	详细描述
人物	33 人	仙人
动物	1 只	犬
星宿	1 个	雷神
植物	2 种 2 个	树枝、禾苗
车马	1 辆	鼓车
建筑	1 座	房屋
家具		
兵器	3 种 9 件	弓 1、短刀 4、桎梏 4
乐器		
工具	5 种 7 件	矩 1、未知名 1、棍 1、农具 2、火盆 2
装饰纹样	4 组	云气纹

（二）东壁第二层

1. 内容简述

东壁第二层是大王车马出行图东壁段。自西向东的大王车马出行图从西壁三角下端开始，经北壁上端，一直到东壁三角下端结束，横贯三壁，表现了东汉王者出行的壮观场面。此段为大王出行图先导部分。分两行，共 40 人，从左向右行进。最前面 4 人，持笏，为汉人欢迎队伍中文官，后跟 4 名持戈武士。再后面为 2 名胡人使者头戴尖帽，持弓向 2 名汉人官员致礼，1 名官员身旁题刻为“相”。后面 6 名胡人士兵，4 人骑马，2 人步行持弓，引 2 胡人骑骆驼，3 胡人乘象，手中持钩往前行进。5 胡人士兵荷戈步行殿后。4 汉人导骑引导 2 轺车，车内共乘坐 4 人，后跟 2 导骑，2 伍伯荷戈步行引道。描写了汉“相”在前呼后拥之中迎接胡人进贡来访队伍的盛大场面，表现了汉人对胡人的“压倒性”胜利，体现了驱恶辟邪之意。

2. 图像位置图

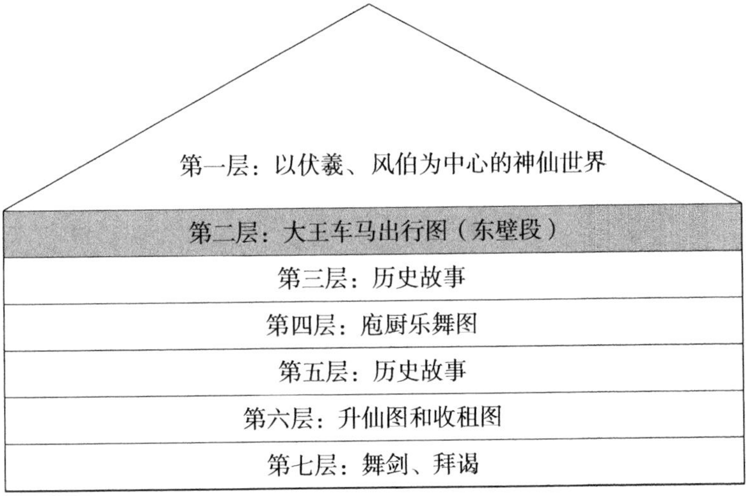

3. 图像分析

种类	序号	图像	描述	位置
人物	1、2号		共2人。车行队伍中步卒，亦称伍伯，荷戈。	东壁第二层左1、2。
	3、4号		共2人。导骑。	东壁第二层左3、4。

续表

种类	序号	图像	描述	位置
人物	5—8 号		共 4 人，轺车 2 乘，各内坐 2 人，一人挽缰。	东壁第二层左 5—8。
	9—12 号		共 4 人。导骑。	东壁第二层左 9—12。
	13—17 号		共 5 人。胡人士兵，荷戈，步行。	东壁第二层左 13—17。

续表

种类	序号	图像	描述	位置
人物	18、19号		共2人。胡人，骑骆驼。	东壁第二层左18、19。
	20—22号	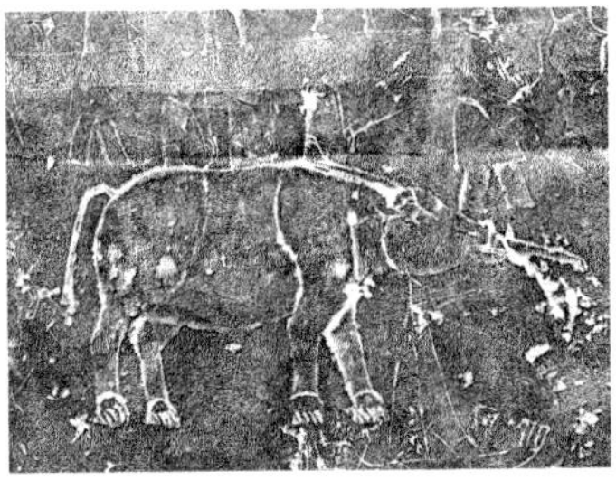	共3人。骑象，手中持3个钩子，驱使大象。	东壁第二层左20—22。
	23—28号		共6人。胡人士兵。24、25、27、28号骑马，23、26号步行持弓。	东壁第二层左23—28。
	29—32号		共4人。上下图各2人，两两相对。29、30号为胡人使者，头戴尖帽，手持弓，向汉人官员致礼。31、32号为汉官员，手持笏板迎接胡人进贡来使队伍，31号头上方刻有“相”字，应为原刻。	东壁第二层左29—32。

续表

种类	序号	图像	描述	位置
人物	33—36 号		共 4 人，上下各 2 人，手持戈，裤装。跟在汉人官员身后，欢迎胡人进贡来访队伍中之士兵。	东壁第二层左 33—36。
	37—40 号		共 4 人。上下各 2 人，持笏，为欢迎胡人进贡来访队伍中之文官。	东壁第二层左 37—40。
动物	1—10 号	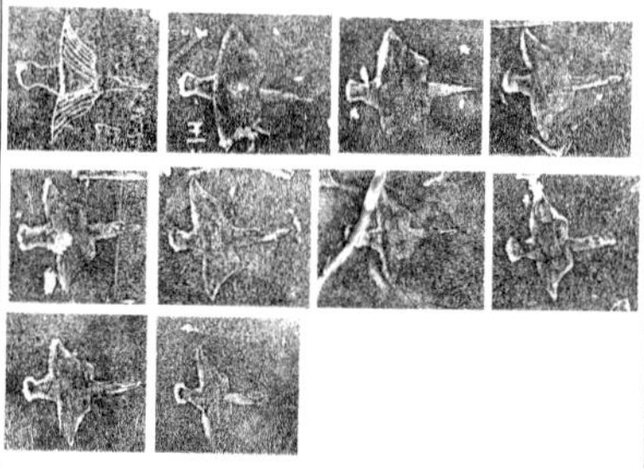	大雁 10。	上排人物上方。

续表

种类	序号	图像	描述	位置
动物	11 号		骆驼 1。	东壁第二层左 18、19 号人所骑。
	12 号	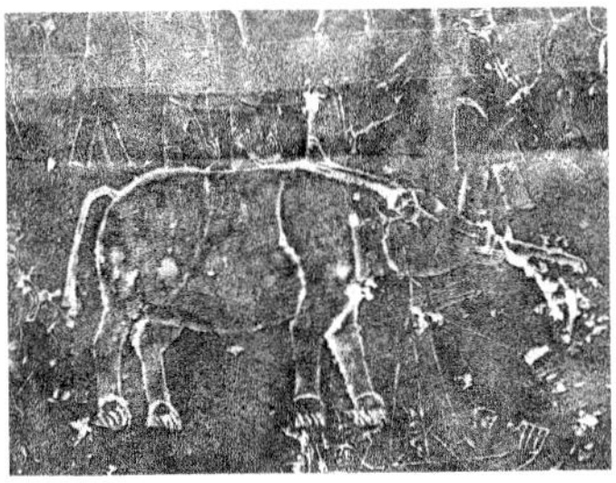	大象 1。	东壁第二层左 20—22 号人所骑。
	13—24 号	 	共 12 匹。马骑 10 匹，拉车 2 匹。	东壁第二层 3、4、9、10、11、12、24、25、27、28 号人物骑马，5—8 号人物乘马车。
全景				

续表

种类	序号	图像	描述	位置
全景线描图				

4. 图像题材汇总

题材	数量	详细描述
人物	40 人	
动物	4 种 24 个	马 12 匹、骆驼 1 头、大象 1 头、大雁 10 只
星宿		
植物		
车	轺车	2 辆
建筑		
家具		
兵器	2 种 14 个	戟 11 支、弓 3 张
乐器		
工具	3 个	钩子
装饰纹样		

（三）东壁第三层

1. 内容简述

东壁第三层为历史故事。此行人物从图像位置看，位于画面比较复杂的大王车马出行图下方，庖厨乐舞图上方，构图和内容都比较简单，构成大型画面之间的分界线。此行列为一排站立人物，分三组。左边为周公辅成王故事，共 13 人，成王正面，个子矮小显示其为幼龄，上方有原刻“成王”二字。周公、召公二人躬身站立两旁，身后各有随从。中间一组有 5 人，相互致礼。右边为韩朋与贞夫故事。最右 1 人为韩朋负笼荷锸前行，后跟随 2 个身形较小的人，再后 1 人为贞夫持弓指向韩朋射书，后面 8 人，1 人为宋王，前 1 名后 6 名为宋王随从。

2. 图像位置图

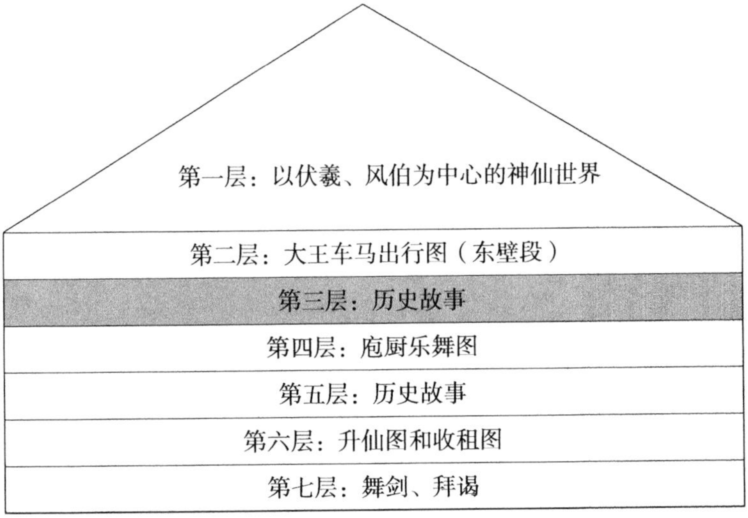

3. 图像分析

种类	序号	图像	描述	位置
人物	1—3 号		共 3 人。持笏，站立，侧向右。为周公随从。	东壁第三层左 1—3。
	4—7 号		共 4 人。持笏，站立，侧向右。为周公随从。	东壁第三层左 4—7。
	8—10 号		共 3 人。周公辅成王。9 号居中，正面拱手而立，上方题刻“成王”二字，为幼龄成王。两侧 2 人相对作揖，持笏。8 号为周公，10 号为召公。	东壁第三层左 8—10。

续表

种类	序号	图像	描述	位置
人物	11—13号		共3人。持笏，站立，侧向左。为召公随从。	东壁第三层左11—13。
	14—18号		共5人。对面站立，相互持笏致礼。14—16号侧向右，17、18号侧向左。	东壁第三层左14—18。
	19—24号		共6人。站立，持笏，皆侧向右。	东壁第三层左19—24。
	25—30号		6人。韩朋与贞夫故事。站立，向右行进。25号高冠，着宽大袍服，系绶带，身形也较旁人大，为宋王。26号随从，回首面向宋王。27号贞夫对30号韩朋作持弓射书姿势。28、29号为两个身形较小的人。30号为韩朋，负笼荷锸，低头前行。	东壁第三层左25—30。
动物	鱼	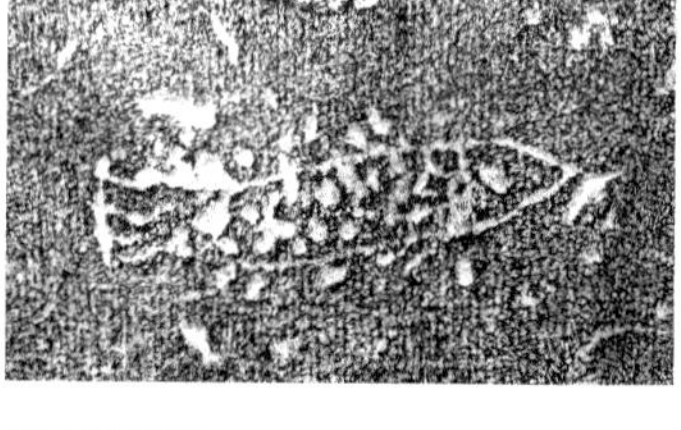	1条。	23号人物上方。

续表

种类	序号	图像	描述	位置
全景	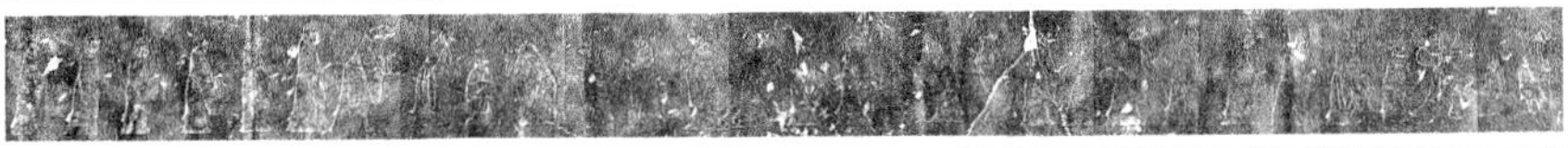			

4. 图像题材汇总

题材	数量	详细描述
人物	30 人	
动物	1 只	鱼
星宿		
植物		
车马		
建筑		
家具		
兵器	1 支	弓箭
乐器		
工具	2 个	笼，锸
装饰纹样		

（四）东壁第四层

1. 内容简述

东壁第四层可分三组：庖厨、百戏和拜谒场面。庖厨安排了准备筵席的过程，描绘了待宰杀的活的动物和悬挂在挂钩上的肉食，以及人们在厨房打水、淘米、切菜、宰杀、蒸煮、烧火的忙碌场面。乐舞以一座建鼓为中心，舞人身着长袖的舞蹈服饰，边舞边击鼓，乐队在一侧伴奏。旁边还有缘竿、弄丸等高难度杂技节目。右侧是一组人物，主人迎宾，互相拜候的拜谒场面。画面共分两行。

2. 图像位置图

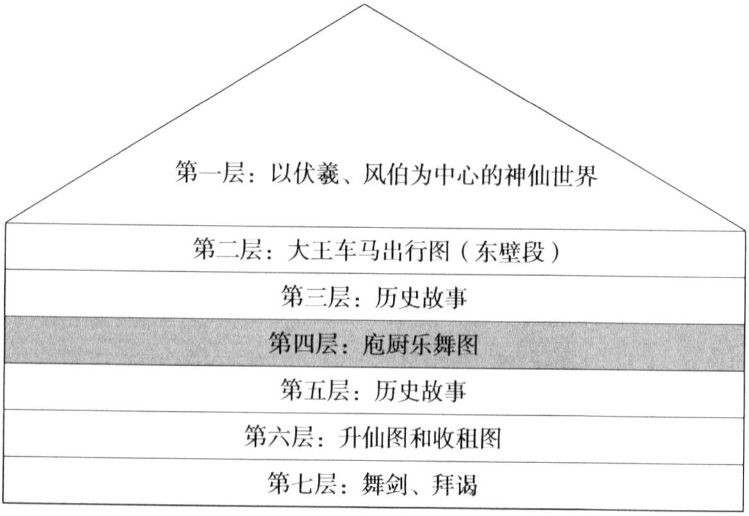

3. 东壁第四层图像分析

种类	序号	图像	描述	位置
人物	1号		1人。侧向右，单膝跪地，右手持刀，在一个栅形腿支撑的案板上切肉或菜，切好的肉或菜掉进旁边一个圆盆里。	东壁第四层第一行左1。
	2号		1人。拉羊。人面侧向右，手拉系住羊角的绳子，前往挂刀和肉的架子前宰杀。	东壁第四层第一行左2。
	3号	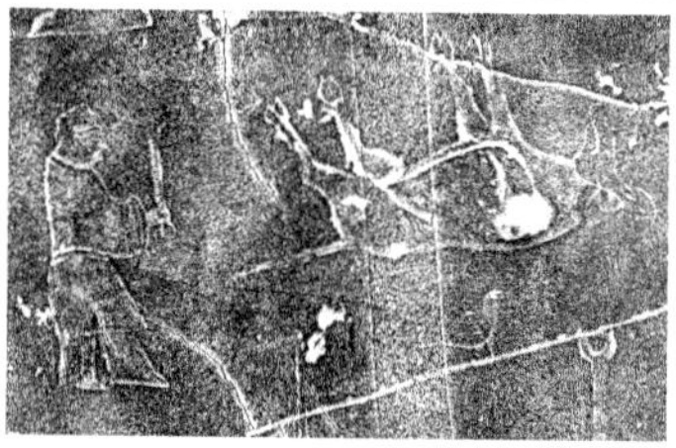	1人。侧向右。站立，手持环形刀，准备解剖牛。右侧牛已经被椎倒，昂天倒地。	东壁第四层第一行左3。

续表

种类	序号	图像	描述	位置
	4号		1人。侧向左，持火棍作拨火状，前面有方形炉灶，灶上有大小二灶头，大灶头上有甑。	东壁第四层第二行左1。
	5号		1人，侧向右，单膝跪地，右手持木槌，左手拿一根铁钎，应该为支解冻肉或煤炭。	东壁第四层第二行左2。
人物	6、7号		共2人。相对站立，似为淘米。中间有两只器皿，下面是瓮，上面是竹筐子。组合成一套过滤装置。一般是烧酒前的洗米。	东壁第四层第二行左3、4。
	8、9号		共2人。相对，8号牵狗；9号举棍打击。	东壁第四层第二行左5、6。
	10、11号		2人。站立。10号面侧向右，在用桔槔取水。桔槔上站有1鸟，下方有1狗被拴在竿上。11号面侧向左，持刀，准备杀狗。	东壁第四层第二行左7、8。

续表

种类	序号	图像	描述	位置
人物	12—21号		共10人。分两行。12号吹竽，13、21号敲放置地上的小鼓，14号打镲，15、16号着长袖，边舞蹈边击建鼓。15号下面地上还有面鼓。16—19号吹排箫。人物上方有两只大雁在飞。建鼓装饰华丽，分虎形跗（底座）、建木、大鼓和羽葆四部分。	东壁第四层中部。
	22—26号		5人。缘竿。22号脚踩鼓伴奏。23号手持竖立木竿，竿上横放一竿，竿上有3人，竿中间24号倒立，竿左侧25号双脚倒挂，竿右侧26号单臂挂于竿上，姿势优美，作舞蹈状。	东壁第四层中部偏右。
	27号		1人。弄丸。侧向右，站立，手中2丸，7丸抛在空中，双手交替接丸。	东壁第四层第一行右6。

续表

种类	序号	图像	描述	位置
人物	28号		1人。正面跪坐，脸侧向右。左手持鼗，正在转动，右手持棍，做敲击状。	东壁第四层第二行右7。
	29—33号		共5人。拜谒。跪坐。29、30号侧向右，持笏。31号为主人，侧向左，褒衣博带，面前摆放1栅形几。32、33号侧向左，持笏。	东壁第四层第一行右1—5。
	34—39号		共6人。跪坐。持笏。34、35号相互对坐，36—39号两两对坐。	东壁第四层第二行右1—6。
动物	1—2号		2鱼1兔。挂于横杆之上，杆上有6只钩子，2鱼与兔子分别挂于从左侧起第2、4只钩子。第6只钩子上挂有1把环首刀。	东壁第四层左上角。
	3—8号		动物6。分三排，第一排为鸭和鹅；第二排为母鸡和公鸡；第三排为羊和猪，猪的四脚被缚。	2号人右边。

续表

种类	序号	图像	描述	位置
动物	9号	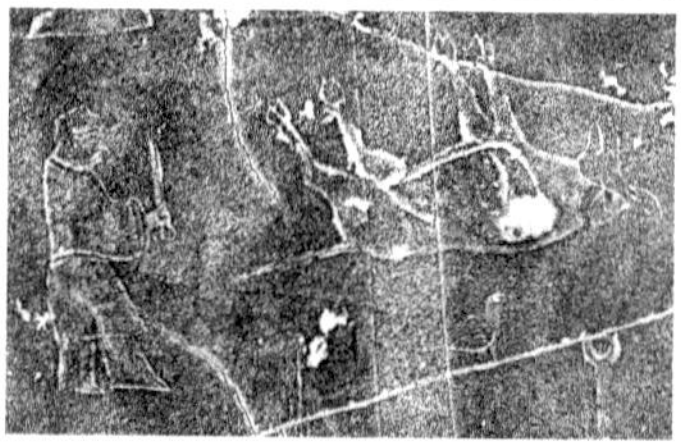	牛1。	3号人右边。
	10—11号		犬1。	8号人右边。
			犬1。	10号人右边。
	12、13号	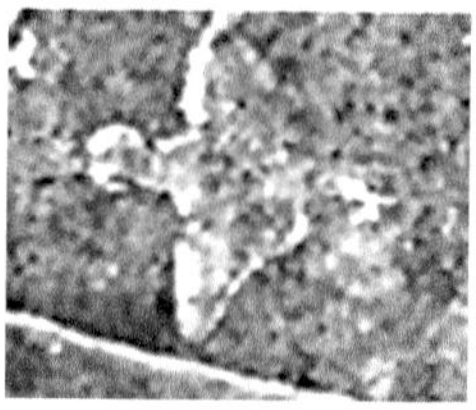 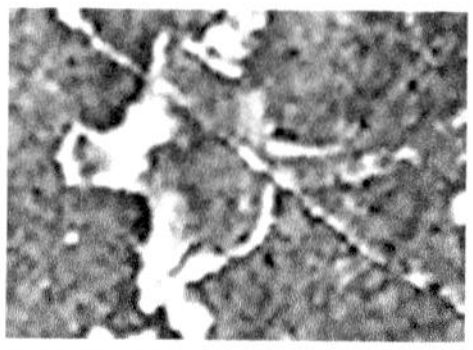	大雁2。	
全景	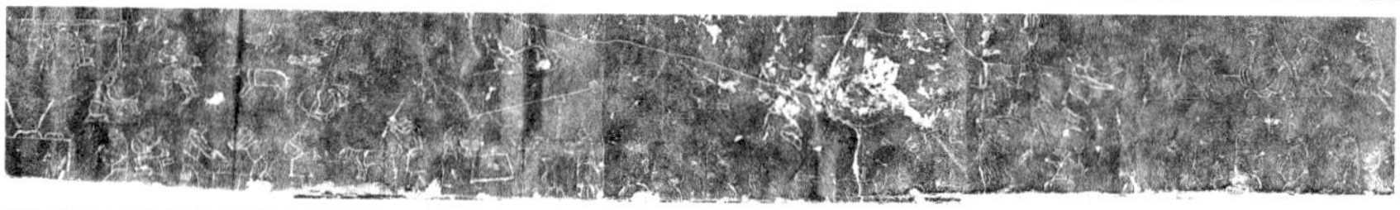			

4. 图像题材汇总

题材	数量	详细描述
人物	39 人	
动物	11 种 13 只	鱼 2、兔 1、鸭 1、鹅 1、母鸡 1、公鸡 1、羊 1、猪 1、牛 1、狗 2、大雁 1
星宿		
植物		
车马		
建筑	2 件	炉灶 1、水井 1
家具		
兵器		
乐器	4 种 10 件	竽 2、小鼓 3、建鼓 1、排箫 4
工具	16 种 34 件	刀 4、木槌 1、铁钎 1、盆 1、案板 1、支架 1、桔槔 1、甑 1、瓮 1、竹筐 1、木杆 2（1 竖 1 横）、横杆 1、丸 9、鼗 1、钩 6、木棍 2
装饰纹样		

（五）东壁第五层

1. 内容简述

东壁第五层为历史故事。共 23 人，分两组，前组 9 人，后组 14 人。具体故事不详。此组同第三组一样，位于图像复杂的庖厨乐舞图和交纳贡品图像之间，起到隔离的作用。

2. 图像位置图

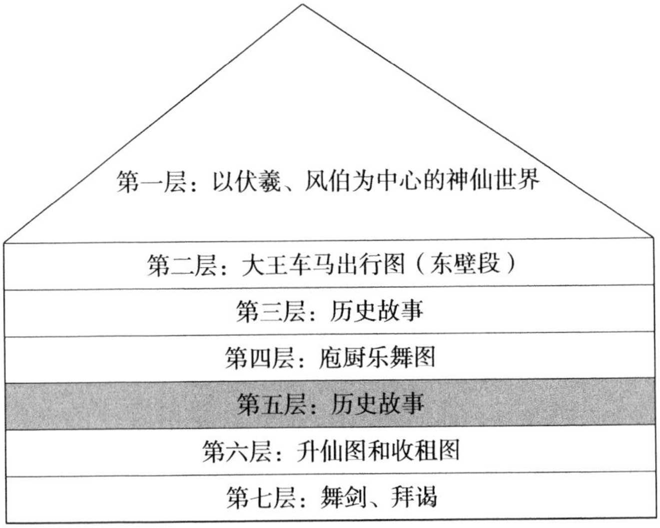

3. 图像分析

种类	序号	图像	描述	位置
人物	1、2号		2人。侍从。站立，侧向右。	东壁第五层左1、2。
	3、4号	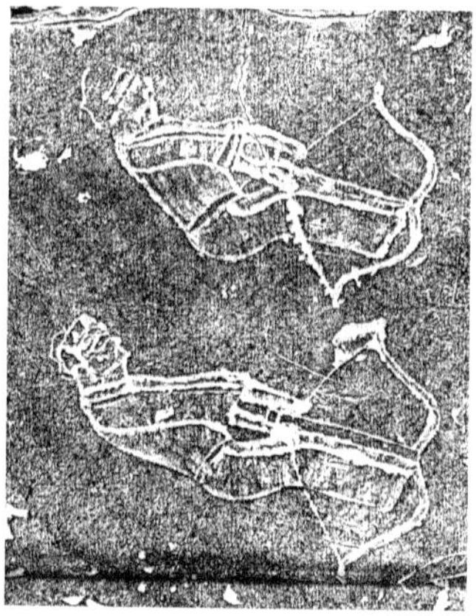	2人。弩手。侧立。双足踩弓背，双手以全身满力拉弓弦。	东壁第五层左3、4。
	5、6号		2人。弩手，站立，侧向右，双手拉弩。	东壁第五层左5、6。
	7—9号		3人，右侧1人右手拉住马缰，左手持刀，欲刺杀轺车中的主人。中间1人坐于车中，头向后，作求救状，车后一人跪坐，为侍从。	东壁第五层左7—9。

续表

种类	序号	图像	描述	位置
人物	10、11号	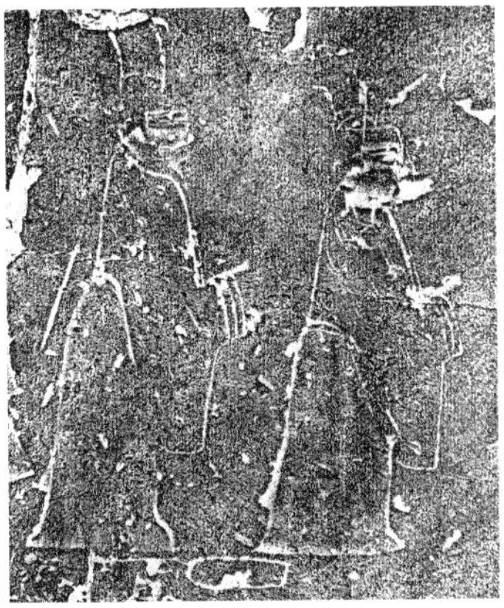	2人。持笏。站立，侧向右。	东壁第五层左10、11。
	12、13号		2人。骑马，侧向右，分别牵猎犬1只。	东壁第五层左12、13。
	14—18号		5人。左侧2人持笏站立，侧向右，身微低，作致礼状。中间1人跪坐，右侧2人站立前行。	东壁第五层左14—18。
	19—21号	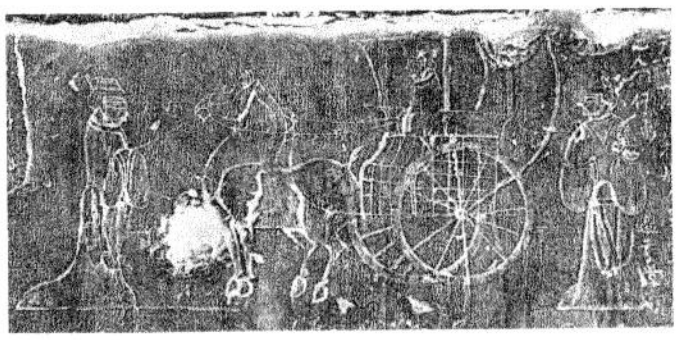	3人。左侧1人侧向右，手中持马缰，为侍从。中间1人坐于轺车中，为主人。右侧一人侧向左，持扇。	东壁第五层左19—21。
	22、23号		2人。持笏站立，侧向左。	东壁第五层左22、23。

续表

种类	序号	图像	描述	位置
动物	1—3号	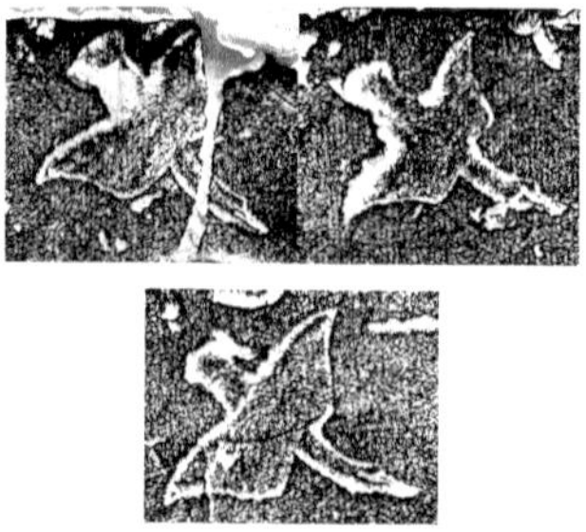	大雁3。	5、6、7号人物上方。
	4、5号		猎犬2。	12、13号人物右侧。
	6—9号		马4。	分别在9号人物左侧，12、13、19号人物右侧。
全景				

4. 图像题材汇总

题材	数量	详细描述
人物	23人	
动物	3种9只（匹）	大雁3、犬2、马4
星宿		
植物		
车	2辆	轺车2
建筑		
家具		
兵器	2种5件	弩4，剑1
乐器		

续表

题材	数量	详细描述
工具	1 件	扇 1
装饰纹样		

（六）东壁第六层

1. 内容简述

东壁第六层为送葬图和交租图。分两部分：左边为第一部分，是人、兽、鱼杂处的送葬图，并由祥瑞动物引领墓主人升仙的景象，右边为第二部分，为交租的情景。第一部分上边是 4 鱼 1 龟开道，后跟 2 人骑鲤鱼，手持魂幡和戟的仪仗队伍，后面主要人物为 2 人，驾 3 鲤鱼拉轺车，向右行驶。轺车前有 1 条大鱼，后有 3 条大鱼护送。迎面是人、兽组合的一张队伍。2 鹿开道，后跟 1 只犬，1 只白虎，2 人骑鹿，手中分持魂幡和戟，主要人物为 2 人，乘 3 只长角鹿拉轺车，向左行驶。轺车前有 1 只鹿护送。第一部分下层 10 人分两边对坐，右边第一人弹琴。中间两行动物，分别是鸟 2 只，头上长灵芝站立鹿 1 只，卧鹿 6 只。第二部分交纳贡品，分两层，上层左边有楼阁 1 座，主人褒衣博带，踞几跪坐，身前身后各有 1 人持笏跪坐，楼阁外 3 人持笏等待。右边 2 人干活，似为筛米一类，上有大雁 2 只，旁有 1 人 1 马。下层分 4 组：第 1 组 3 人对坐，1 人手持刻刀竹简，记录交接情况。第 2 组 3 人对站，1 人等候，2 人扛袋。第三组 2 人对站，1 人持袋，1 人持细棍。均为交租图。第 4 组 4 人持笏站立。第一部分中出现的大鱼和白鹿，都是可通天界的使者，而人骑鱼、人骑鹿或驾鱼车、鹿车等图像都有灵魂升仙的象征意义，所以第一部分为送葬、升仙图。许多汉画像石在粮仓图或交租图旁有榜题："此上人马皆食太仓"，"太仓"指"天国粮仓"。本图虽然没有榜题，但表达的意义是一样的，它体现出建祠者的美好愿望：希望死者顺利升仙，在天国中仍有官位，享受到"仙界俸禄"，过着衣食无忧的生活。

2. 图像位置图

第一层：以伏羲、风伯为中心的神仙世界

第二层：大王车马出行图（东壁段）

第三层：历史故事

第四层：庖厨乐舞图

第五层：历史故事

第六层：升仙图和收租图

第七层：舞剑、拜谒

3. 图像分析

种类	序号	图像	描述	位置
人物	1、2号		共2人。2人 驾3条鲤鱼拉轺车，向右行驶。前有一条大鱼，后有3条大鱼护车。	东壁第六层第一行左1、2。
	3号	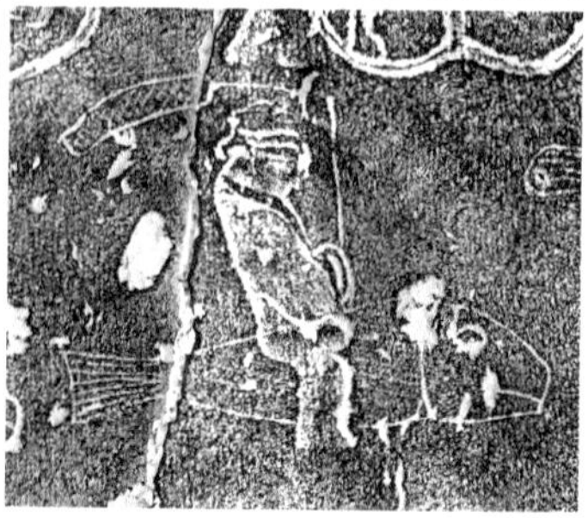	1人。骑大鲤鱼，手持魂幡，向右行进。	东壁第六层第一行左3。
	4号		1人。骑大鲤鱼，手持戟，向右而行。	东壁第六层第一行左4。

续表

种类	序号	图像	描述	位置
人物	5号	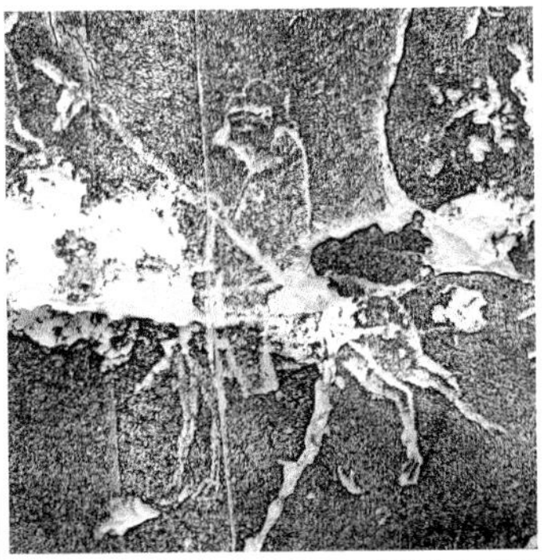	1人。骑鹿，持戟。向左行进。	东壁第六层第一行左5。
	6号		1人。骑鹿，手持魂幡，向左行进。	东壁第六层第一行左6。
	7、8号		2人。2人驾鹿车，鹿为3只，长角，梅花鹿，车为四维轺车。向左行进。	东壁第六层第一行左7、8。
	9—12号		4人。左1跪坐，持笏，侧向右，左2为主人，跪坐，高大，侧向右，腰系绶带，面前放栅形几。左3跪坐，持笏，侧向左。左4站楼阁外，沿台阶上楼，持笏，侧向左。	东壁第六层第一行左9—12。

续表

种类	序号	图像	描述	位置
人物	13、14 号		共 2 人。站立，侧向左，朝楼阙持笏致礼。	东壁第六层第一行左13、14。
	15、16 号		共 2 人。两人之间有架子，上面挂两个斗，地面有两个斛，带两耳。15 号为女人，跪坐，侧向右，右手持棒，左手扶斗。16 号站立，侧向左，手捧圆盆往斗里倾倒粮食。	东壁第六层第一行左15、16。
	17 号		1 人。站立，侧向右，手持一物，前有 1 马。	东壁第六层第一行左17。
	18—22 号		共 5 人。跪坐，侧向右。	东壁第六层第二行左1—5。
	23—27 号		共 5 人。跪坐，侧向左。23 号跪坐，弹琴，前方有 1 鹿。24—27 号在 23 号身后。	东壁第六层第二行左6—10。
	28—30 号	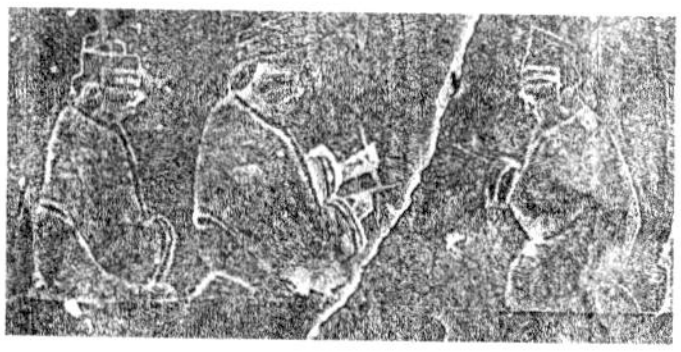	共 3 人。文吏，跪坐。28 号侧向右，29 号与 30 号对坐，29 号右手持简，左手持刻刀记录，30 号持竹简传达，为交接、刻录租录清单。	东壁第六层第二行左11—13。

续表

<table>
<tr><th>种类</th><th>序号</th><th>图像</th><th>描述</th><th>位置</th></tr>
<tr><td rowspan="3">人物</td><td>31—33 号</td><td></td><td>共 3 人。收租。站立。31 号侧向右。32、33 号肩扛布袋向左而行。</td><td>东壁第六层第二行左 14—16。</td></tr>
<tr><td>34、35 号</td><td></td><td>共 2 人。对面站立。34 号侧向右，面前放 1 大袋子，双手解开口袋上的绳子。35 号侧向左，手持细棍。</td><td>东壁第六层第二行左 17、18。</td></tr>
<tr><td>36—39 号</td><td></td><td>共 4 人。站立，持笏致礼。36 号侧向右，37—39 号侧向左。</td><td>东壁第六层第二行左 19—22。</td></tr>
<tr><td rowspan="2">动物</td><td rowspan="2">1—14 号</td><td></td><td>鱼 7。鲤鱼。3 鱼驾轺车，1 鱼在右上方开道，3 鱼殿后。向右行进。</td><td>东壁第六层第一行左 1—7。</td></tr>
<tr><td></td><td>鱼 1。坐骑。向右行进。</td><td>东壁第六层第一行左 8。</td></tr>
</table>

续表

种类	序号	图像	描述	位置
动物	1—14 号		鱼 1。坐骑。向右行进。	东壁第六层第一行左 9。
			鱼 4 龟 1。左 1 为类似带鱼，左 2 为龟，左 3 为鲟鱼，左 4、5 为鲤鱼。向右行进。	东壁第六层第一行左 10—14。
	15—28 号	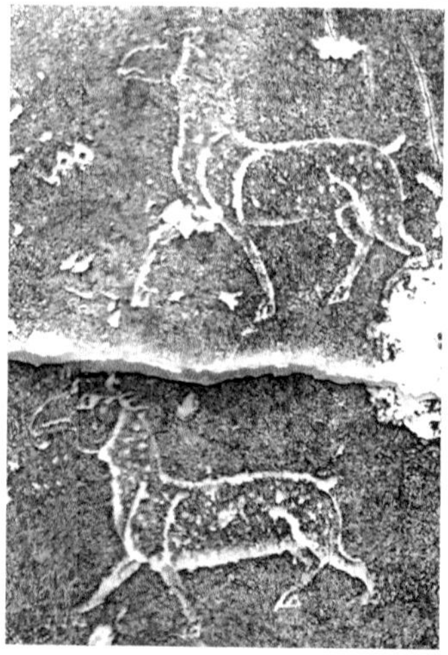	雌鹿 2。短耳，短尾，身有斑点。向左行进。	东壁第六层第一行左 15、16。
		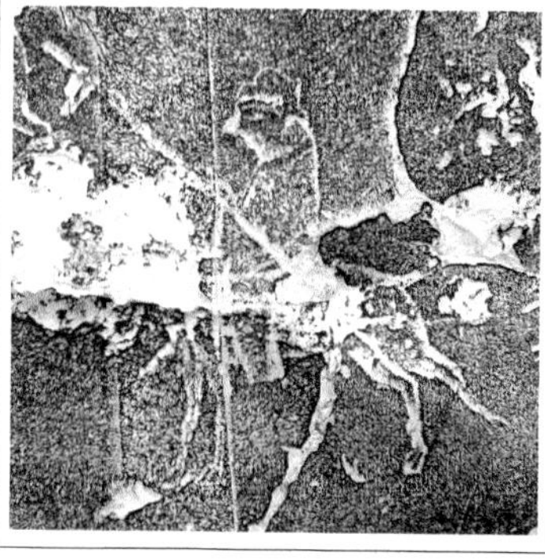	雌鹿 1。坐骑，短尾。脚为蹄状。向左行进。	东壁第六层第一行左 17。

续表

种类	序号	图像	描述	位置
动物	15—28号		雌鹿1。坐骑，向左行进。	东壁第六层第一行左19。
		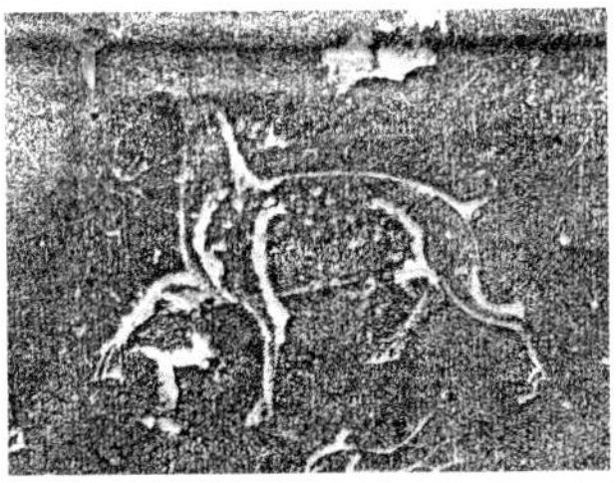	雌鹿1。向左行进。	东壁第六层第一行左21。
		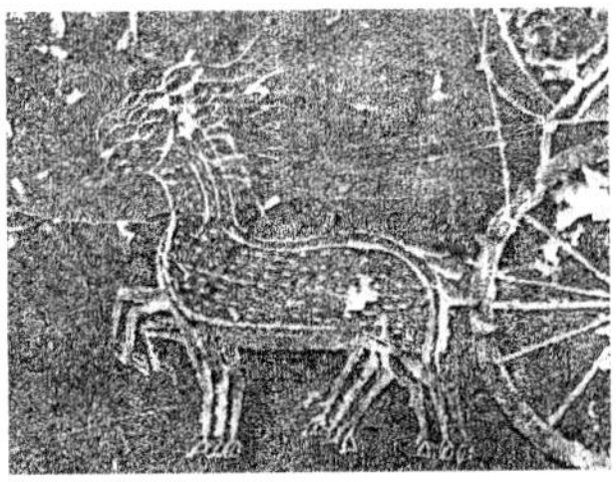	雄鹿3。驾车，长角，身有斑点。向左行进。	东壁第六层第一行左24。
			鹿6。身有斑点，整齐列成两行，俯卧，侧向右。左4个为雌鹿，短耳短尾，个小。右2个为雄鹿，长角，个大。	东壁第六层第二行左3—8。
		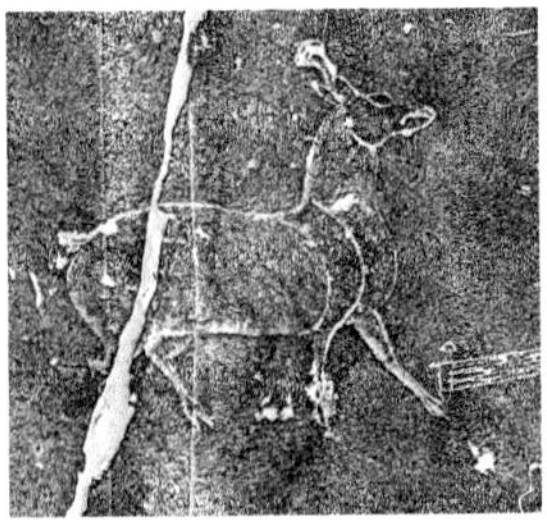	白鹿1。短耳短尾，肥，头长灵芝。侧向右。	东壁第六层第二行左9。

续表

种类	序号	图像	描述	位置
动物	29号		犬1。姿态矫健，向左奔跑。	东壁第六层第一行左18。
	30号	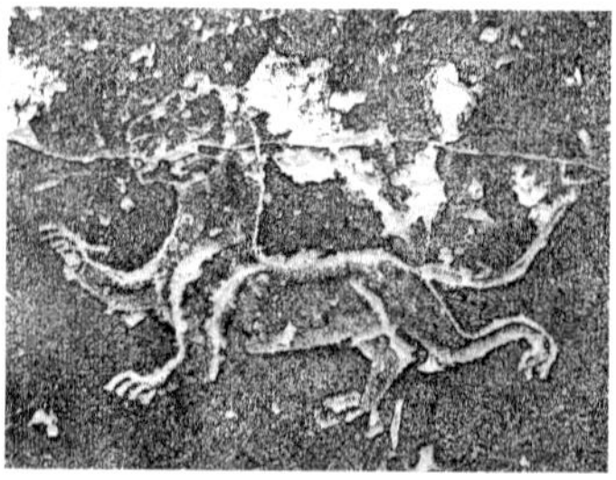	白虎1。昂首阔步，向左行进。	东壁第六层第一行左20。
	31、32号	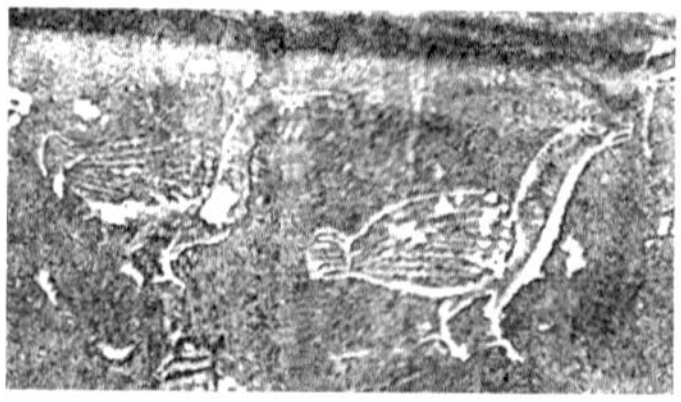	大雁2。站立，侧向右。	东壁第六层第一行左22、23。
	33号	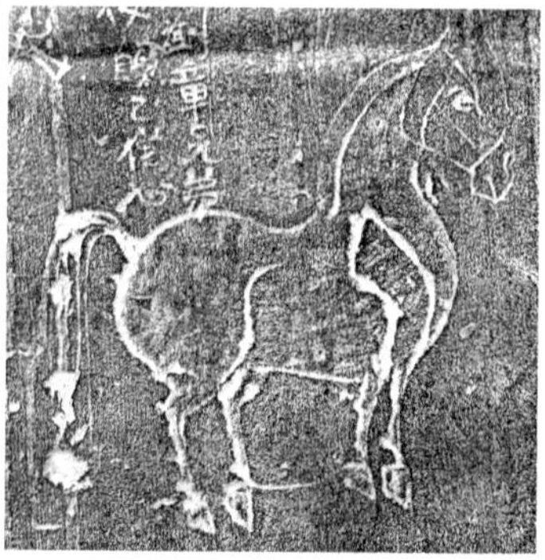	马1。侧向右。	东壁第六层第一行左25。
	34、35号	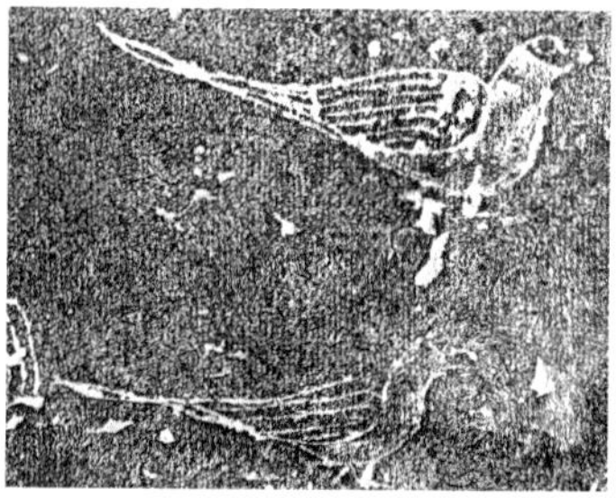	鸟2。尾羽细长，站立地上，侧向右。	东壁第六层第二行左1、2。

续表

种类	序号	图像	描述	位置
全景				

4. 图像题材汇总

题材	数量	详细描述
人物	39 人	
动物	8 种 36 只（匹）	鱼 13、龟 1、鹿 15、大雁 2、犬 1、白虎 1、马 1、鸟 2
星宿		
植物		
车	2 辆	轺车，1 辆鹿拉，1 辆鱼拉
建筑	1 座	楼阁
家具		
兵器	2 个	戟
乐器	1 个	琴
工具	9 种 14 个	袋子 3，竹简 1，刻刀 1，细棍 1，架子 1、圆盆 1、斗 2、斛 2、魂幡 2
装饰纹样		

（七）东壁第七层

1. 内容简述

东壁第七层为舞剑、拜谒图。位于东壁最底层。图像左下角空。其余图像共 17 人，分 2 组。左边 2 人舞剑，4 人旁观；右边 11 人，2 人互相致礼，后跟随 9 人。南阳汉画像石墓中多见舞剑图，一般刻在门楣上，类似傩舞，画面生动，攻防兼备，表现的主题主要是“驱鬼除疫”，保佑死者不受地下恶鬼侵害，安享太平。舞剑图放在祠堂最下层，应也为此种涵义。此行图像比较简单。共一行。

2. 图像位置图

第一层：以伏羲、风伯为中心的神仙世界

第二层：大王车马出行图（东壁段）

第三层：历史故事

第四层：庖厨乐舞图

第五层：历史故事

第六层：升仙图和收租图

第七层：舞剑、拜谒

3. 图像分析

种类	序号	图像	描述	位置
人物	1—4 号		4 人。站立，侧向右。1 号持戈，2 号拱手，3、4 号拄剑。	东壁第七层左 1—4。
	5、6 号		2 人。对面站立，舞剑。宽袍大袖，长裙飘飘，造型具有流线型的美。具有仪礼的作用。	东壁第七层左 5、6。
	7—10 号		4 人。站立，侧向右。7 号拄剑。8—10 号拱手。	东壁第七层左 7—10。

续表

种类	序号	图像	描述	位置
人物	11—14 号		4 人。拱手站立，侧向右。	东壁第七层左 11—14。
	15—17 号		3 人。拱手站立。15、16 号对面互相致礼。17 号侧向左。	东壁第七层左 15—17。
全景	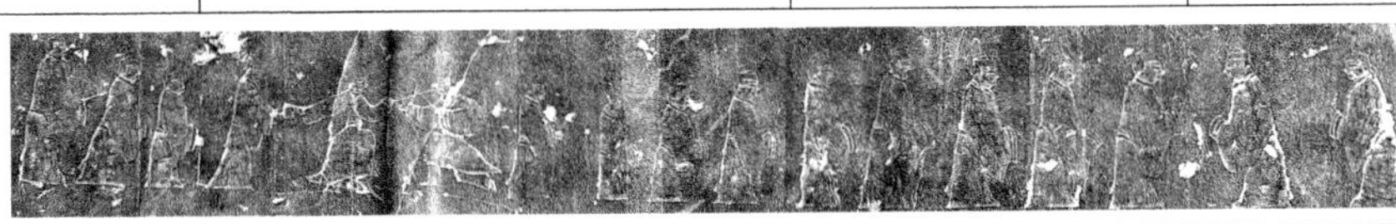			

4. 图像题材汇总

题材	数量	详细描述
人物	17 人	
动物		
星宿		
植物		
车		
建筑		
家具		
兵器	2 种 5 件	戈 1，剑 4
乐器		
工具		
装饰纹样		

四、三角隔梁石

（一）三角隔梁石东壁

1. 内容简述

三角石梁东壁画像正中为升鼎故事。图像中间有河，两岸用石块整齐叠涩挑出，呈三角形。桥下有4只小船，每船2人，其中1人划桨。水中有鱼，船旁有飞鸟。平桥上共坐5人观看升鼎。桥中间开口，两边安装有滑轮装置，上有绳索，左边绳索一端垂下系住一侧鼎耳，鼎中探出一龙咬断鼎耳，右边绳索一端从鼎耳脱钩，只余挂钩。平桥下岩上共8人齐力拉拽绳。桥下船上1人正用竿支鼎，鼎已升到井口，因右端脱钩，鼎向右侧倾斜。在河岸南侧有飞鸟5只，2人对坐，右1人面前摆放1弩，弩前1鸟。岸北侧有扶桑树，上旁飞2鸟，1人正引弓射之，旁边还有狗身双面人头兽、兽身两端人头兽、三颈人头兽。

2. 图像分析

种类	序号	图像	描述	位置
人物	1、2号		2人。1号侧向右，跪坐。上有飞行的大雁5只，地上站立1只。2号侧向左，跪坐，左侧有一弩，正引射前方的大雁。	三角石梁东壁左下角。
	3—9号		共7人。3—5号，侧向右，于桥上。5号为主要人物，秦王，戴进贤冠，褒衣博带，跪坐观升鼎。6—9号，由左下向右上沿坡行进，手中持绳，用力拉拽。右上角为轴杆。	东壁左上段。

续表

种类	序号	图像	描述	位置
人物	10—15 号		共 6 人。10、11 号于桥上，跪坐，侧向左，观升鼎。10 号为主人，戴进贤冠，褒衣博带。12—15 号，侧向左。由右下向左上沿坡行进，手中持绳，用力拉拽。左上角为轴杆。左上的鼎已脱钩。	东壁右上段。
	16、17 号		2 人。在船中，16 号侧向右站立，手持竿用力顶鼎，左侧有飞鸟 1 只。17 号侧向右，跪坐，手持桨橹，划船。上方的鼎向右倾斜。	东壁中上部。
	18、19 号		2 人。侧向右，跪坐船中，18 号持橹，划船。	东壁中部左 1、2。
	20、21 号	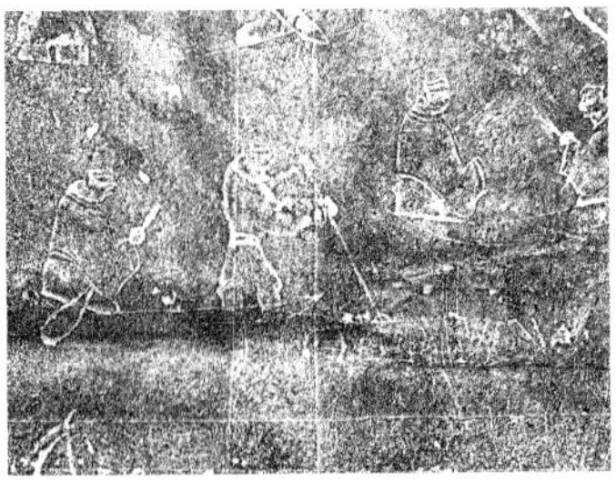	2 人。侧向右，跪坐船中，20 号持橹，21 号持叉捉鱼。	东壁中部左 3、4。

续表

种类	序号	图像	描述	位置
人物	22、23号	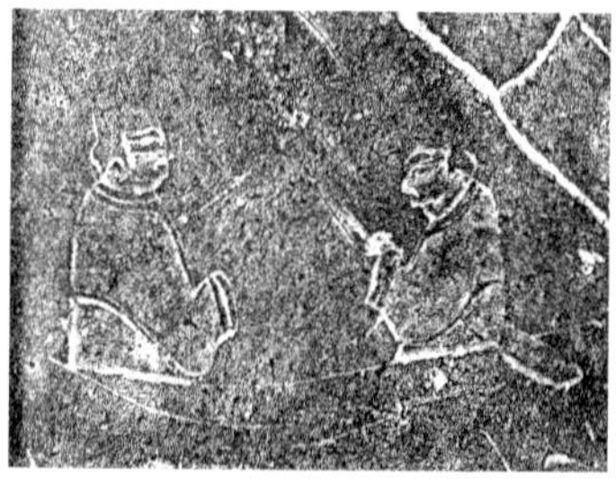	2人。对面跪坐。23号持橹，划船。	东壁中部左5、6。
	24—26号		共3人。24号站立，侧向右，吹箫。25、26号骑马，向右骑行。	东壁底部左1—3。
	27、28号		2人。坐于敞车中。28号执鞭、辔驾车。向右行进。	东壁底部左4、5。
	29、30号		2人。坐于敞车中。30号执鞭、辔驾车。向右行进。	东壁底部左6、7。
	31、32号		2人。坐于敞车中。32号执鞭、辔驾车。向右行进。	东壁底部左8、9。

续表

种类	序号	图像	描述	位置
人物	33—35号		共3人。导骑，骑马向右行进。	东壁底部左10—12。
	36—38号		3人。36、37号，吹箫，侧向右。38号持笏，低头鞠躬，作迎接姿态。	东壁底部左13—15。
动物、植物	1—4号	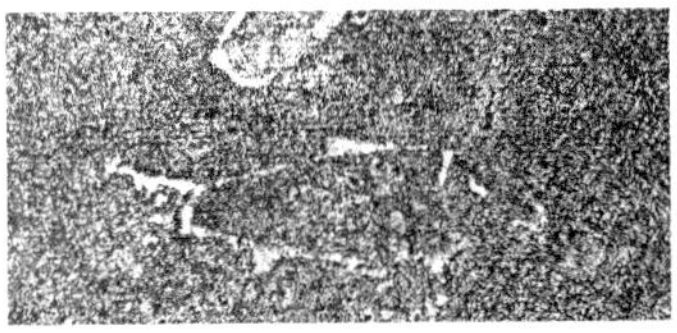 	鱼4。其中一条大鱼被小船上人用鱼叉叉住。	东壁中部船下。
	5—10号		大雁6。5只在空中飞，1只站地上。	东壁左下角。
	11—18号		马8。5乘骑，3拉敞车。	东壁底部。

续表

种类	序号	图像	描述	位置
动物、植物	19—23号	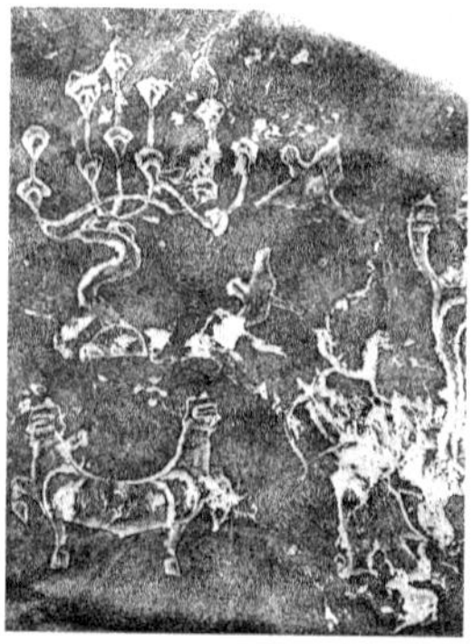	图像5。左上扶桑树1。树右下方有大雁2。右下角有人1，正持弓往左上方引射，为后羿射日。扶桑树下有并封1。	东壁右下角左1—5。
	24号		山狎1。	东壁右下角左6。
	25号		三头鸟1。	东壁右下角左7。
	26号		人面鸟身1。	东壁右下角左8。

续表

<table>
<tr><th>种类</th><th>序号</th><th>图像</th><th>描述</th><th>位置</th></tr>
<tr><td>全景</td><td colspan="4">

（线描图，邢义田绘①）
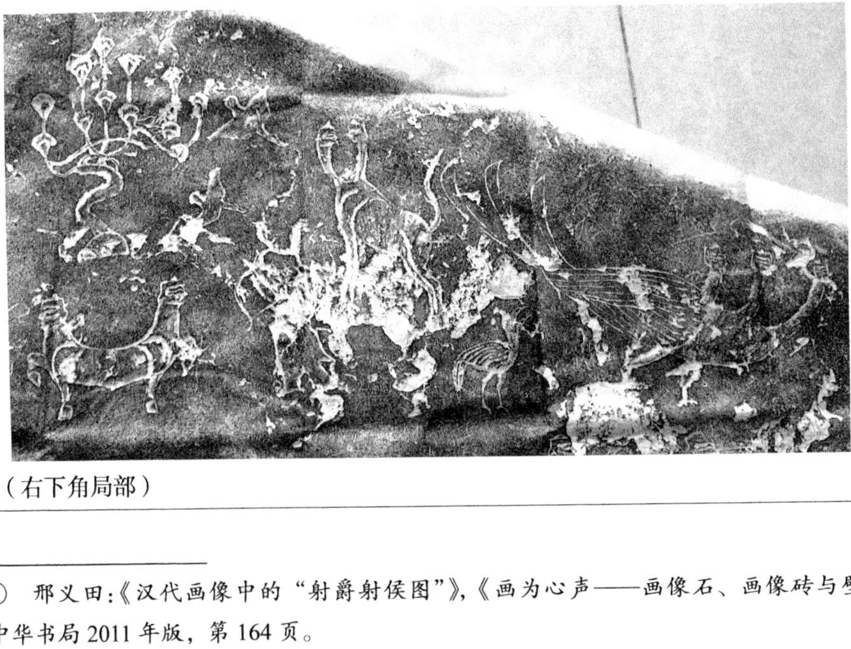
（右下角局部）</td></tr>
</table>

① 邢义田:《汉代画像中的“射爵射侯图”》,《画为心声——画像石、画像砖与壁画》，中华书局2011年版，第164页。

续表

种类	序号	图像	描述	位置
全景		 （右下角线描图）		

3. 图像汇总

题材	数量	详细描述
人物	39 人	
动物	7 种 24 个	鱼 4、大雁 8、马身双面人头兽 1、山狎 1、三头鸟 1、人面鸟身 1、马 8
星宿		
植物	1 棵	扶桑树
车船	2 种 7 辆（只）	敞车 3、小船 4
建筑	1 座	桥梁
家具		
兵器	2 个	弓
乐器	2 个	箫
工具	7 种 15 个	橹 4、竿 1、鱼叉 1、鞭辔 4、轴竿 2、绳索 2、鼎 1
装饰纹样		

（二）三角隔梁石梁西壁

1. 内容简述

三角隔梁石梁西壁画像是“七女为父报仇”故事。在画上边三角形下，两旁各有飞雁 6 只。正中刻 1 垂虹，两端作龙首。垂虹下 1 人正坐，四周布满云气纹，为虹神。桥为平拱形，正中水平，旁为斜面，用细直线画出。桥上有栏杆，平拱两端立2柱，上面2鸟相对而立。桥左面，1队人马正在前行，第1人持短戈，第2、3人坐于马上，后3人骑马持戈、矛，最后1人步行荷戈。桥右侧有4马迎来，前面1马鞍空，马前1人手持1物与桥中坠车的惊马相遇。桥正中有一翻仰马车，车上乘者已坠于桥下，车后1人举手屈腿，似惊恐之状。桥下4舟，每舟2人，1人划桨，1人持器；其中3人用1长矛顶住2坠桥人，另1舟中人持剑与盾，舟旁有游鱼9条。《金石萃编》《石索》等均称为坠车故事，桥下舟为救援落水者。但从画面上看，更像战斗场面。武梁祠及沂南汉墓等处汉代画像石中亦有类似水陆攻战图，研究考证为“七女为父报仇”图，汉人推崇“义”和“孝”，此故事为此类经典之作。

2. 图像分析

种类	序号	图像	描述	位置
人物	1号	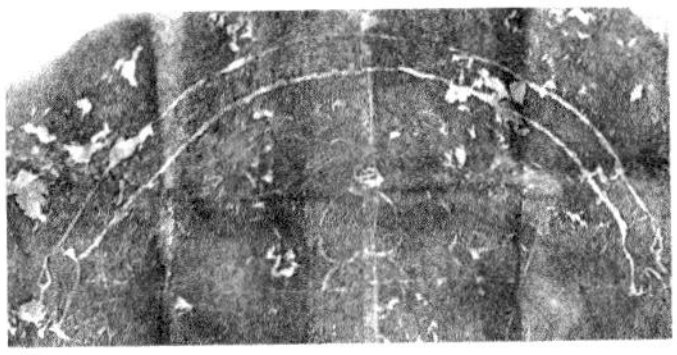	1人。虹神。正面左，脸侧向右。身旁有云气纹缭绕，头顶一垂虹，两端刻龙首。	三角石梁西壁顶端
	2号	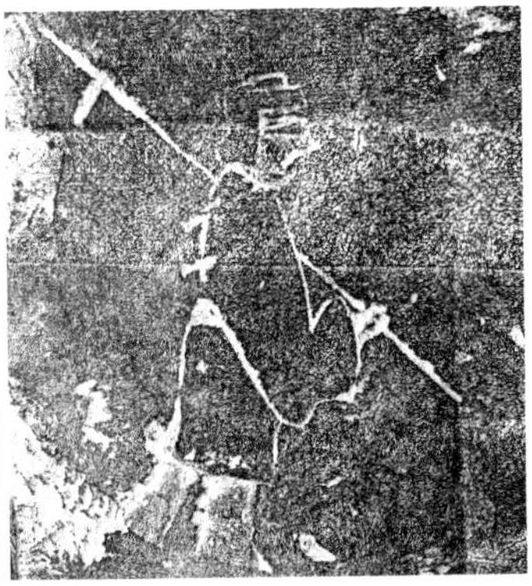	1人。荷戈，立行，侧向右。	西壁左下角
	3—5号		3人。侧向右上。骑马。3、4号持戈。5号右手持矛作投射状。沿桥向右上方行进。	西壁桥上1—3

续表

种类	序号	图像	描述	位置
人物	6、7号		2人。骑马。6号腰中佩剑。向右上方桥上行进。	西壁桥上4、5
	8—10号		3人。在桥上。8号侧向右，持短戈。9号侧向左，举手跪地，作求饶状。10号持长矛戳马，侧向左，右侧有马1匹。中间为辀车，倾倒。	西壁桥上6—8
	11—13号		3人。骑马，沿桥向左上方行进。	西壁桥上9—11
	14—23号		10人。8人分坐4船，2人从桥上掉下。其中4人持橹划船，1人持剑，3人持矛刺桥上掉2人。从桥上坠落中1人已身中一戈。	西壁桥下1—10
动物	1—13号	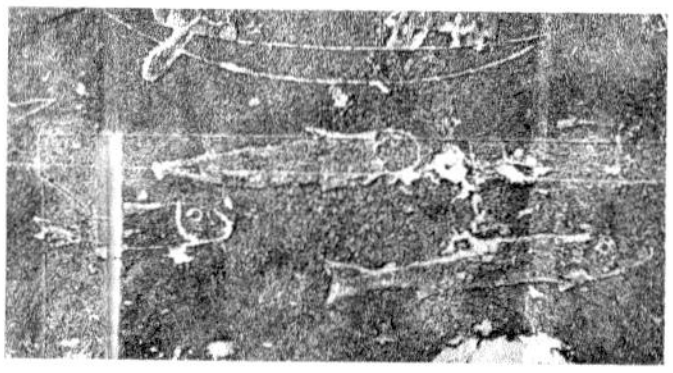	13条。形态各异。	船下水中

续表

种类	序号	图像	描述	位置
动物		  		
	14—23号	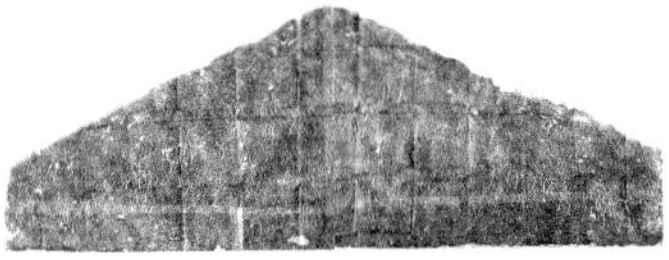	马10。9匹马骑，1匹拉车。	桥上
	24—38号	 	15只。桥左侧依次向右飞行6只，桥右侧依次向右飞行7只，桥头立柱上站2只，对面。	三角石梁左右两边
全景				

3. 图像题材汇总

题材	数量	详细描述
人物	22 人	
动物	3 种 37 个	鱼 13、大雁 14、马 10
星宿	1 个	垂虹
植物		
车马	2 种 5 个	軿车 1、船 4
建筑	1 座	平拱桥
家具		
兵器	3 种 12 个	剑 2、矛 5、戈 5
乐器		
工具	4 个	橹
装饰纹样	1 组	云气纹

（三）三角隔梁石梁底

1. 内容简述

在三角隔梁石底部，石祠的正中顶上，为日月星辰图像。靠近石祠北端刻一月，中有玉兔和蟾蜍，与北斗星相连；靠近石祠南端刻一日，中有金乌，与南斗星相连。画像中间部位是拟人化的牛郎星和织女星形象。日为阳，月为阴，北斗主死，南斗主生。此图位置与画像内容都代表天空中含有掌握人间的宇宙力量的象征意义。

2. 图像分析

种类	序号	图像	描述	位置
日月星辰	1、2 号		星座 2。北斗星 1。北斗星在月的左侧，形状似勺。月 1。月中有玉兔 1 只、蟾蜍 1 只。	梁底左 1、2

续表

种类	序号	图像	描述	位置
日月星辰	3号	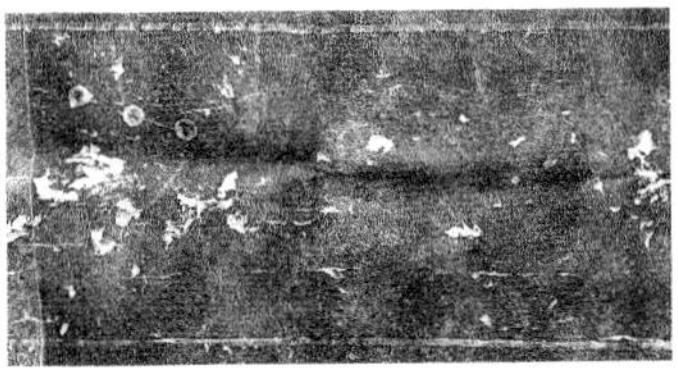	牛郎星1。三星一线，中间是牵牛牛郎（河鼓二），两边是两个孩子（河鼓一和河鼓三），牛郎挑着担子。	梁底左3
	4号	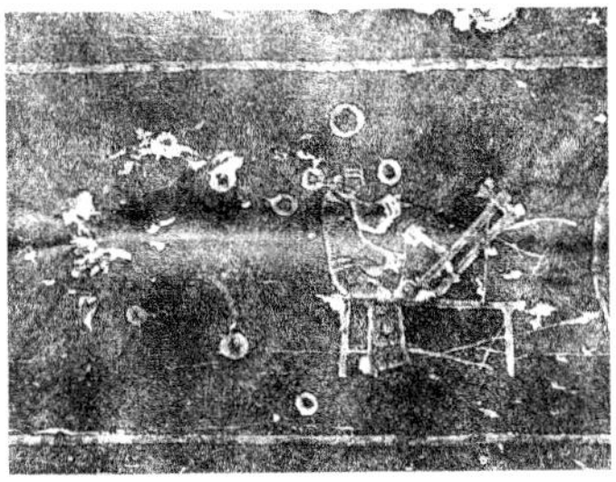	织女星1和天琴星座。1女坐于织机上织布，为织女，她头上最大的一颗星是织女星。织女身旁有6颗星星用线连起来，是天琴星座。	梁底左4
	5号	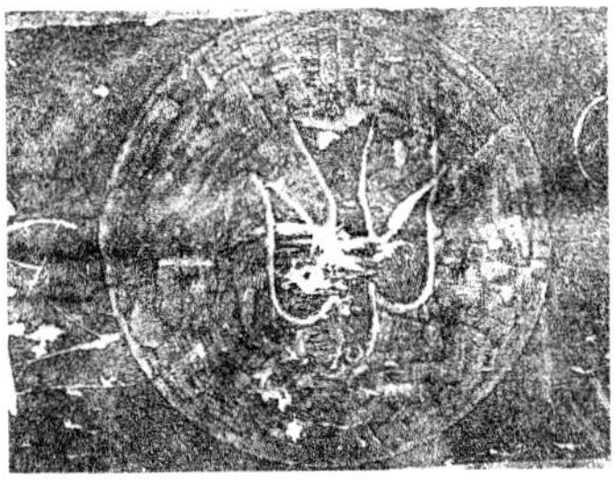	日1。日中刻飞鸟，名曰为金乌。	梁底左5
	6、7号	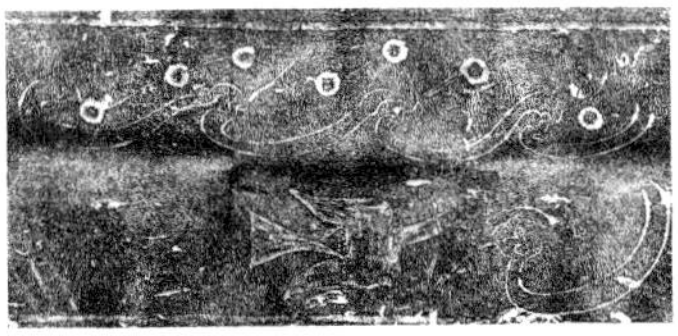	星座2。南斗星1。鸟星1。	梁底左6、7
全景	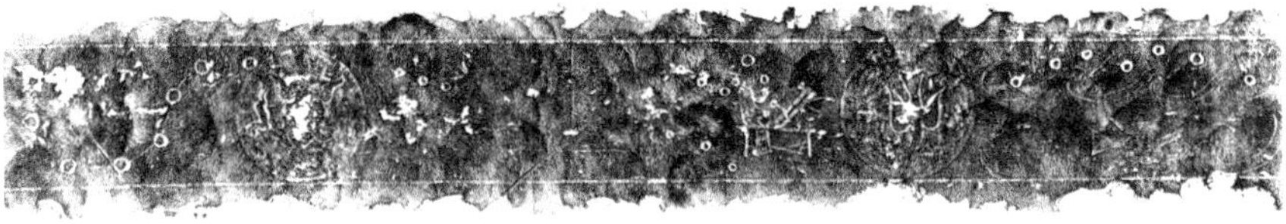			

3. 图像题材汇总

题材	数量	详细描述
人物		
动物	4只	兔1、蟾蜍1、金乌1、鸟1

续表

题材	数量	详细描述
星座	8 个	日 1、月 1、南斗星 1、北斗星 1、牛郎星 1、织女星 1、天琴星座、鸟星 1
植物		
车		
建筑		
家具		
兵器		
乐器		
装饰纹样		

参考文献

一、古文献类

[1] 续修四库全书编撰委员会编《续修四库全书·金石类》，上海古籍出版社 2013 年版。

[2] 新文丰出版公司编辑部辑《石刻史料新编》，台北新文丰出版公司 1982 年版。

[3] 中华书局编辑部《诸子集成》，中华书局 1990 年版。

[4][汉]许慎:《说文解字》，中华书局 1963 年版。

[5][汉]司马迁:《史记》，中华书局 1963 年版。

[6][北魏]郦道元:《水经注》，商务印书馆 1929 年版。

[7][南朝宋]范晔:《后汉书》，浙江古籍出版社 2000 年版。

[8][唐]欧阳询:《艺文类聚》，上海古籍出版社 1982 年版。

[9][唐]房玄龄等撰《晋书》，中华书局 1974 年版。

[10][宋]赵明诚:《金石录》，刘晓东、崔燕南点校，齐鲁书社 2009 年版。

[11][宋]李昉撰《太平御览》，中华书局 1995 年版。

[12] 李诫:《营造法式》，商务印刷馆 1954 年版。

[13][清]孙星衍:《寰宇访碑录》，江苏书局 1883 年版。

[14][清]邵承熙修、凌紱曾纂《(光绪)肥城县志·卷二》，光绪十七年(1891)刻本。

[15][清]钟树森修、李传熙纂《(光绪)肥城县乡土志·卷七》，光绪三十四年(1908)石印出版。

[16][清]李传修等编纂《肥城县乡土志》，台北成文出版社 1968 年版。

[17] 李起元修、王连儒纂《(民国)长清县志·卷一·地舆志上》，民国二十四年（1934）刻本。

二、著作类

[1] 古汉语常用字字典编写组:《古汉语常用字字典》，商务印书馆 1997 年版。

[2] 中国社会科学院语言研究所词典编辑室编《现代汉语词典》，商务印书馆 1978 年版。

[3] 中国汉画学会北京大学汉画研究所:《中国汉画研究第一卷》，广西师范大学出版社 2004 年版。

[4] 中国社会科学院考古研究所:《新中国的考古发现和研究》，文物出版社 1984 年版。

[5] 山东省博物馆、山东省文物考古研究所编《山东汉画像石选集》，齐鲁书社 1982 年版。

[6] 徐复观:《两汉思想史》，华东师范大学出版社 2001 年版。

[7] 王伯敏:《中国绘画通史》，生活·读书·新知三联书店 2008 年版。

[8] 李如森:《汉代丧葬礼俗》，沈阳出版社 2003 年版。

[9] 孙机:《汉代物质文化资料图说》，文物出版社 1990 年版。

[10] 钱穆:《秦汉史》，生活·读书·新知三联书店 2004 年版。

[11] 白寿彝总主编:《中国通史》，上海人民出版社 1995 年版。

[12] 信立祥:《汉画像石综合研究》，文物出版社 2000 年版。

[13] 信立祥:《汉画像石的分区和分期》，北京大学出版社 1982 年版。

[14] 李发林:《汉画考释和研究》，中国文联出版社 2000 年版。

[15] 李发林:《山东画像石研究》，齐鲁书社 1982 年版。

[16] 刘宗超:《汉代造型艺术及其精神》，人民出版社 2006 年版。

[17][美]巫鸿:《礼仪中的美术：巫鸿中国古代美术史文编》，郑岩、王睿编，郑岩等译，生活·读书·新知三联书店 2005 年版。

[18][美]巫鸿:《武梁祠：中国古代画像艺术的思想性》，柳扬、岑河译，

生活·读书·新知三联书店 2006 年版。

[19] 张道一:《汉画故事》，重庆大学出版社 2006 年版。

[20] 朱锡禄:《武氏祠汉画像》，山东美术出版社 1986 年版。

[21] 杨爱国:《幽冥两界：纪年汉代画像石研究》，陕西人民美术出版社 2006 年版。

[22] 张从军:《黄河下游的汉画像石艺术》，齐鲁书社 2004 年版。

[23] 黄佩贤:《汉代墓室壁画研究》，文物出版社 2008 年版。

[24] 邢义田:《画为心声：画像石、画像砖与壁画》，中华书局 2011 年版。

[25] 贺西林:《古墓丹青》，陕西人民美术出版社 2001 年版。

[26] 郑岩:《魏晋南北朝壁画墓研究》，文物出版社 2002 年版。

[27] 李立:《汉墓神画研究：神话与神话艺术精神的考察与分析》，上海古籍出版社 2004 年版。

[28] 张光直:《考古学专题六讲》，生活·读书·新知三联书店 2013 年版。

[29] 王伯敏:《中国美术史》，山东教育出版社 1997 年版。

[30] 张之恒:《考古学通论》，南京大学出版社 1991 年版。

[31] 朱存明:《汉画像的象征世界》，人民文学出版社 2005 年版。

[32] 蒋英炬、吴文祺:《汉代武氏墓群石刻研究》，山东美术出版社 1985 年版。

[33] 蒋英炬、杨爱国:《汉代画像石与画像砖》，文物出版社 2001 年版。

[34] 山东省沂南汉墓博物馆编:《山东沂南汉墓画像石》，齐鲁书社 2001 年版。

[35] 刘凤君:《美术考古学导论》，高等教育出版社 2014 年版。

[36] 刘凤君:《考古中的雕塑艺术》，山东画报出版社 2008 年版。

[37] 常宁生:《穿越时空——艺术史与艺术教育》，中国人民大学出版社 2004 年版。

[38] 汪小洋:《汉墓壁画宗教思想研究》，上海古籍出版社 2010 年版。

[39] 张道一:《画像石鉴赏》，重庆大学出版社 2009 年版。

[40] 长清县志编撰委员会编《长清县志》，济南出版社 1992 年版。

[41] 赵化成、高崇文等:《秦汉考古》，文物出版社 2002 年版。

[42] 杨泓:《汉唐美术考古和佛教艺术》，科学出版社 1999 年版。

[43] 吴曾德:《汉代画像石》，文物出版社 1984 年版。

[44] 陈锽《古代帛画》，文物出版社 2005 年版。

[45] 张广立编绘:《中国古代石刻纹样》，人民美术出版社 1988 年版。

[46] 李玉洁:《先秦丧葬制度研究》，中州古籍出版社 1991 年版。

[47] 杨爱国:《山东汉画像石》，山东文艺出版社 2004 年版。

[48] 李发林:《李发林考古论文集》，中国文联出版社 1999 年版。

[49] 李发林:《汉画考释研究》，中国文联出版社 2000 年版。

[50] 杨宽:《中国古代陵寝制度史研究》，上海古籍出版社 1985 年版。

[51] 熊传薪、游振群:《长沙马王堆汉墓》，生活・读书・新知三联书店 2006 年版。

[52] 王娟:《汉代画像石审美研究》，文物出版社 2013 年版。

[53] 王建中:《汉代画像石通论》，紫禁城出版社 2001 年版。

[54] 冯友兰:《中国哲学史》，华东师范大学出版社 2000 年版。

[55] 闻一多:《闻一多全集》，古籍出版社 1956 年版。

[56] 宋兆麟:《巫与民间信仰》，中国华侨出版公司 1990 年版。

[57] 牛天伟、金爱秀:《汉画神灵图像考述》，河南大学出版社 2009 年版。

[58] 陈锽:《古代帛画》，文物出版社 2005 年版。

[59] 郑军:《汉代装饰艺术史》，山东美术出版社 2006 年版。

[60] 马承源:《中国青铜器》，上海古籍出版社 1998 年版。

[61] 杨伯达:《试论山东画像石的刻法》，紫禁城出版社 2002 年版。

[62][美]张光直:《中国青铜时代》，生活・读书・新知三联书店 1983 年版。

[63] 王爱和:《中国古代宇宙观与政治文化》，[美]金蕾译，徐峰译、校，上海古籍出版社 2011 年版。

[64][德]雷德侯:《万物——中国艺术中的模件化和规模化生产》，张总等译，生活・读书・新知三联书店 2005 年版。

[65][日]林巳奈夫:《刻在石头上的世界》，唐利国译，商务印书馆出版社 2010 年版。

第3期。

[35] 陈萍:《浅论汉画像庖厨图的祭祀意义——“鬼犹求食”》,《大众文艺》2010年第21期。

[36] 杨爱国:《汉画像石中的庖厨图》,《考古》1991年第11期。

[37] 杨爱国:《“祠主受祭图”再检讨》,《文艺研究》2007年第2期。

[38] 杨孝军、郝丽荣:《论汉画像石中“祭案”与“庖厨”的意义》,《雅海文汇》2013年第5期。

[39] 李淞:《从“永元模式”到“永和模式”——陕北汉代画像石中的西王母图像分期研究》,《考古与文物》2000年第5期。

[40] 汪怀君:《儒家人伦思想的精神意蕴》,《船山学刊》2005年第2期。

[41] 张达:《论齐鲁文化的形成及其根本特征》,《理论学刊》2003年第6期。

[42] 姜生:《汉画孔子见老子与汉代道教仪式》,《文史哲》2011年第2期。

[43] 王煜:《“车马出行——胡人”画像试探——兼谈汉代丧葬艺术中胡人形象的意义》,《考古与文物》2012年第1期。

[44] 蒋英炬:《汉代画像“楼阁拜谒图”中的大树方位与诸图像意义》,《艺术史研究》2004年第6期。

[45] 杨爱国:《山东苍山城前村画像石墓二题》,《华夏考古》2004年第1期。

[46] 扬之水:《沂南画像石墓所见汉故事考证》,《故宫博物院院刊》2004年第6期。

[47] 潘鲁生:《民间丧俗中的纸扎艺术》,《民族艺术》1988年第1期。

后　记

本书是由博士论文修改而成的。在山东大学艺术学院学习过程中，我遇到了许多良师益友，得到了他们的教诲与帮助，在此对他们表示最真诚的感谢。

本书是在山东大学博士生导师刘凤君教授的悉心指导下完成的。从论文选题、材料搜集到撰写完善过程，每一个环节都凝聚着刘老师的心血。刘老师严谨求实的治学态度和乐观豁达的人格魅力让我受益匪浅，在今后的人生道路上，我将始终铭记恩师的谆谆教诲。在此，向导师致以最诚挚的敬意。同时，感谢张丛军教授提供部分石祠线描图；感谢同事韩特在资料搜集和实地考察中提供帮助；感谢同门师兄弟、师姐妹谷建辉、臧丽娜、刘菲、赵鹏、胡新华、郭阳、秦树景在论文撰写期间给予我的关心和帮助。这次论文能出版，也要向接受书稿的中国戏剧出版社致谢，张霞作为责任编辑，为本书花了很多心力。

谨以本书献给所有关怀、帮助、支持、鼓励我的亲人、师长、学友和朋友们！